保险实务系列教材

商业银行理论与实务

SHANGYE YINHANG LILUN YU SHIWU

袁　丽　主　编
蒋桂松　雷　泶　副主编
钱　文　韩　昆　张　雱　参　编
王健康　主　审

電子工業出版社
Publishing House of Electronics Industry
北京 · BEIJING

图书在版编目（CIP）数据

商业银行理论与实务 / 袁丽主编. —北京：电子工业出版社，2015.8
保险实务系列教材
ISBN 978-7-121-26416-0

Ⅰ. ①商… Ⅱ. ①袁… Ⅲ. ①商业银行－高等学校－教材 Ⅳ. ①F830.33

中国版本图书馆 CIP 数据核字(2015)第 138315 号

策划编辑：晋 晶
责任编辑：杨洪军
印 刷：三河市鑫金马印装有限公司
装 订：三河市鑫金马印装有限公司
出版发行：电子工业出版社
北京市海淀区万寿路 173 信箱 邮编 100036
开 本：787×980 1/16 印张：13.25 字数：282 千字
版 次：2015 年 8 月第 1 版
印 次：2015 年 8 月第 1 次印刷
定 价：38.00 元

凡所购买电子工业出版社图书有缺损问题，请向购买书店调换。若书店售缺，请与本社发行部联系，联系及邮购电话：（010）88254888。
质量投诉请发邮件至 zlts@phei.com.cn，盗版侵权举报请发邮件至 dbqq@phei.com.cn。
服务热线：（010）88258888。

前言 References

本教材从高职高专金融专业的实际出发，体现“实践为主、理论够用”的高职课程设置原则，在编写的过程中，除了课程涉及的基础知识，更加突出教材的应用性和操作性，使学生在掌握专业知识的基础上，具有实际操作技能。

本教材主要有以下特色：

（1）以商业银行的主要业务及其流程作为写作主线，将商业银行理论知识有机地融于流程操作中。全书分为10章，内容包括商业银行导论、商业银行实务操作基础知识和基本技能、商业银行现金业务、商业银行存款业务、商业银行贷款业务、商业银行支付结算业务、银行卡与电子银行业务、商业银行个人理财业务、商业银行外汇业务和商业银行其他业务。

（2）注重知识的延伸和技能训练。为了更好地体现知识的覆盖性和可迁移性，书中设置了补充资料、课堂实训、案例分析等板块，以丰富和拓展学生的知识面。

本教材由袁丽担任主编，王健康担任主审；蒋桂松、雷棠担任副主编。具体分工如下：袁丽编写第1、4、6章；钱文编写第2章；韩昆编写第5章；张雳编写第7章；蒋桂松编写第3、10章；雷棠编写第8、9章。

本教材在编写过程中，参阅了中外学者相关方面的诸多教材和文献的最新研究成果，在此向他们表示衷心的感谢。

本教材的出版得到了电子工业出版社、保险职业学院的大力支持和帮助，在此也一并致谢。

由于作者水平有限，本教材难免存在不足之处，恳请读者提出宝贵意见，今后修订时进一步完善。

编　者

2015年5月

目录 References

第 1 章 商业银行导论

知识目标

- 了解商业银行的产生与发展。
- 掌握商业银行的性质与职能。
- 掌握商业银行的业务种类及其相互关系。
- 掌握商业银行经营的原则。

现代商业银行是以获取利润为经营目标，以多种金融资产和金融负债为主要经营对象，为客户提供多样化、综合性服务的具有多种功能的金融企业。在各类金融机构中，商业银行的历史最为悠久、业务范围最为广泛、对社会经济生活影响最大，是唯一能吸收活期存款，又有派生存款创造能力的特殊的金融企业。在传导中央银行调控指标方面，商业银行也发挥着重要作用，是金融机构体系的主体。

《中华人民共和国商业银行法》（简称《商业银行法》）把商业银行定义为："依照本法和《中华人民共和国公司法》设立的吸收公众存款、发放贷款、办理结算等业务的企业法人。"概括地说，商业银行可定义为：商业银行是以获取利润为目的，以经营金融资产和负债业务为对象，综合性、多功能的金融中介机构。

1.1 商业银行的产生与发展

1.1.1 商业银行的产生

人们公认的早期银行的萌芽，起源于文艺复兴时期的意大利。"银行"一词英文为"Bank"，是由意大利文"Banca"演变而来的。在意大利文中，Banca 是"长凳"的意思。最初的银行家均为祖居在意大利北部伦巴第的犹太人，他们为躲避战乱，迁移到英伦三岛，以兑换、保管贵重物品、汇兑等为业。在市场上人各一凳，据以经营货币兑换业务。倘若有人遇到资金周转不灵、无力支付债务时，就会招致债主们群起捣碎其长凳，兑换商的信用也即宣告破碎。英文"破产"为"Bankruptcy"，即源于此。

现代商业银行的形成主要有两个途径：一是由高利贷者转化而来；二是工商业者根据资本主义经济发展的要求，以股份公司的形式组建而成。资本主义前形成的高利贷制度，虽然历史悠久，但由于其不利于资本主义的发展，因此生存发生困难。这样，一部分高利贷者选择关闭；另一部分高利贷者选择适应资本主义生产发展的需要，降低利率，为资本主义工商企业提供贷款，从而成为商业银行。同时，资本主义工商业主为了尽快改变自己经营的金融环境，按照股份公司的形式组建商业银行。例如，1694 年在英国成立的第一个股份制银行——英格兰银行，它的投资结构突破了传统的独资或合伙制投资结构对资金的限制，可以使银行的资本得到迅速扩张，增强了竞争实力；它对高利贷者产生了巨大的冲击，因为它的贷款利率为 4.5% ~ 6.0%，大大低于高利贷的 20% ~ 30%的利率；它还根据资本主义经济发展的需要建立了信用货币，打破了贵金属铸币的限制和垄断。英格兰银行是现代商业银行的鼻祖，由于其能够适应资本主义经济发展的需要，因此股份制这种模式很快被推广到欧洲其他国家，且大多数现代商业银行都是按照这一方式建立起来的。

同西方商业银行相比，中国的商业银行产生则较晚。中国关于银行业的记载，较早的是南北朝时的寺庙典当业。到了唐代，出现了类似汇票的“飞钱”，这是我国最早出现的汇兑业务。北宋真宗时，四川富商发行的“交子”成为我国早期的纸币。到了明清以后，当铺是中国主要的信用机构。明末，一些较大的经营银钱兑换业务的钱铺发展成为银庄。银庄产生初期，除兑换银钱外，还从事贷放业务，到了清代，才逐渐开办存款、汇兑业务，但最终在清政府的限制和外国银行的压迫下，走向衰落。我国近代银行业是在 19 世纪中叶外国资本主义银行入侵之后才兴起的。最早到中国来的外国银行是英商东方银行，其后各主要资本主义国家纷纷来华设立银行。在华外国银行虽给中国国民经济带来巨大破坏，但在客观上也对我国银行业的发展起到了一定的刺激作用。为了摆脱外国银行的支配，清政府于 1897 年在上海成立了中国通商银行，标志着我国现代银行的产生。此后，浙江兴业、交通银行相继建立。

1.1.2 商业银行的发展

从商业银行的发展来看，商业银行的经营模式可以分为职能分工型商业银行与全能型商业银行，或分业经营型商业银行（简称“分业经营”）和混业经营型商业银行（简称“混业经营”）。

1. 分业经营

通常所说的分业经营是指银行、证券、保险、信托业之间的分离，有时特指银行业与证券业之间的分离。实行分业经营的金融制度被称作分离银行制度或专业银行制度。分业经营的典型代表有美国、日本和英国。

（1）分业经营的优点。① 有利于培养不同类业务的专业技术和专业管理水平，如一般证券业务要根据客户的不同要求，不断提高其专业技能和服务，而商业银行业务则注重与客户保持长期稳定的关系。② 分业经营为不同种业务发展创造了一个稳定而封闭的环境，避免了竞争摩擦和合业经营可能出现的综合性银行集团内的竞争和内部协调困难问题。③ 分业经营有利于保证商业银行自身及客户的安全，阻止商业银行将过多的资金用在高风险的活动上。④ 分业经营有利于抑制金融危机的产生，为国家和世界经济的稳定发展创造条件。

（2）分业经营的缺点。① 以法律形式所构造的不同类业务相分离的运行系统，使得不同类业务难以开展必要的业务竞争，具有明显的竞争抑制性。② 分业经营使商业银行、证券公司、保险公司和信托公司缺乏优势互补，证券业难以利用、依托商业银行的资金优势和网络优势，商业银行也不能借助证券公司的业务来推动其本源业务的发展。③ 分业经营也不利于银行进行公平的国际竞争，尤其是面对规模宏大、业务齐全的欧洲大型全能银行，单一型商业银行很难在国际竞争中占据有利地位。

2. 混业经营

金融混业经营即银行、保险、证券、信托机构等金融机构都可以进入上述任一业务领域甚至非金融领域，进行业务多元化经营。

从实践看，混业经营分为两种模式：一是全能银行制，即在银行内部配置业务部门全面经营银行、证券、保险和信托业务。德国的银行组织模式，是典型的全能银行模式。二是金融集团模式，此模式目前有三种形式：各金融机构相互独立运作，在组织结构上没有联系，相互之间只是通过签订合作协议确立一种形式松散的合作关系；商业银行对保险公司、证券公司、信托公司直接控股，直接进行业务渗透和扩张；在相关的金融机构之间建立一个金融控股公司，通过在各金融子公司和控股公司之间设立一个行政中心，形成金字塔式的组织体系。

（1）混业经营的优点。① 规模经济。从理论上说，在投资规模或经营成本既定的情况下，业务量越大，其单位成本越低，从而效益越高。由于混业性金融机构的金融资源由不同业务部门或机构共同分享，其总体经营成本通常应低于每一机构单独经营时的成本总和。② 分散风险，调整灵活。从业务多样化角度看，由于混业经营性金融机构从事不同领域的业务，其业务波动的周期与基础多有不同，因此，当其中一个部门或机构的业务因某种原因陷入低谷时，有其他部门或机构的收益冲抵，并可以随时进行内部调整，果断转入其他市场，而不至对该金融机构本身产生重大乃至致命的影响。③ 金融服务多样化。混业性金融机构既能为客户提供全方位、低价位的金融服务，又有利于自身参与竞争。

（2）混业经营的缺点。① 道德风险。如果缺乏健全的金融监管体系作保证，混业经营体制难以阻止道德风险问题的产生。② 管理难度大。混业性金融机构往往从事多种业务，在一个机构框架内同时管理、协调多类业务，如果没有充分的资源、适当的规划和高效能的管理能力是难以如愿的。③ 风险传递。通常可能出现的连锁反应有：经济形势严峻—股票下跌—混业性金融机构受到严重损失—银行信用危机—银行挤兑—全社会信用危机—出现金融危机。而这种风险传递的危机在分业经营的专业性金融机构之间是较为容易避免的。

补充资料 1-1 国内商业银行的综合化经营

目前我国已经涌现出多种类型的综合化经营，主要包括：第一类是由非银行金融机构投资形成的控股公司；第二类是产业资本投资形成的控股公司；第三类是一些地方政府整合当地金融机构组建的综合化经营机构；第四类是由商业银行搭建的综合化经营平台。银行、证券、保险、基金等金融业务相互交叉融合的时代正在到来。

目前，工行、建行、中行、农行、交行都已成立证券、保险、租赁、基金类公司。工行、中行、交行已拥有股权投资基金公司；中行、交行则拥有资产管理公司；建行、交行拥有信托公司；农行、交行拥有财务公司；中行还拥有投资公司及消费金融公司。浦发银行拥有租赁、基金管理公司；兴业银行有证券、租赁、信托公司。通过打造综合经营平台，一些商业银行正在加速从传统单一的商业银行向综合经营的银行控股集团转变，中国商业银行的经营范围和经营战略正在发生历史性变化。

（资料来源：http://bank.hexun.com/2013-04-15/153169865.html）

1.2 商业银行的职能与组织形式

1.2.1 商业银行的职能

商业银行的职能是由它的性质和业务所决定的。在中国，按照《商业银行法》的规定，商业银行是吸收公众存款、发放贷款、办理结算等业务的企业法人；商业银行可以经营下列部分或全部业务：吸收公众存款；发放短期、中期和长期贷款；办理国内外结算；办理票据贴现；发行金融债券；代理发行、代理兑付、承销政府债券；买卖政府债券；从事同业拆借；买卖、代理买卖外汇；提供信用证服务及担保；代理收付款项及代理保险业务；提供保管箱服务等。商业银行主要有以下五个基本职能。

1. 信用中介职能

信用中介是商业银行最基本、最能反映其经营活动特征的职能。这一职能的实质，是通过商业银行的负债业务（如吸收存款等储蓄业务），把社会上的各种闲散货币集中到商业银行里，再通过资产业务（如贷款业务），把它投向经济各部门；商业银行是作为货币资本的贷出者与借入者的中介人或代表来实现资本融通的，并从吸收资金的成本与发放贷款利息收入、投资收益的差额中获取利益，形成自身的经营利润。商业银行是金融市场上买卖“资本商品”的“大商人”，是间接融资的重要主体。商业银行通过信用中介的职能实现资本盈余和短缺之间的融通，并不改变货币资本的所有权，改变的只是货币资本的使用权。

2．支付中介职能

支付中介是指商业银行借助支票这种信用流通工具，通过客户活期存款账户的资金转移为客户办理货币结算、货币收付、货币兑换和存款转移等业务活动。商业银行发挥支付中介职能主要有两个作用：节约流通费用；降低银行的筹资成本，扩大银行的资金来源。支付中介是商业银行的传统职能，借助这一职能，商业银行成了工商企业、政府、家庭的货币保管人、出纳人和支付代理人。基于商业银行的支付中介职能，在社会经济活动中形成了以商业银行为中心、无始无终的现金流与各种经济关系。

3．信用创造职能

商业银行在信用中介职能和支付中介职能的基础上，产生了信用创造职能。商业银行是能够吸收各种存款的银行，也是能够用其所吸收的各种存款发放贷款的银行。这样，在支票流通和转账结算的基础上，银行贷款又转化为银行存款，在这种存款不提取现金或不完全提现的基础上，就增加了商业银行的资金来源，最后在整个银行体系，形成数倍于原始存款的派生存款，也就使商业银行具备了信用创造的职能。长期以来，商业银行是各种金融机构中唯一能吸收活期存款，开设支票存款账户的机构；也是唯一具有信用创造职能的金融机构。

4．金融服务职能

随着经济的发展，工商企业的业务经营环境日益复杂化，金融需求日益多样化。银行由于联系面广，信息比较灵通，使其具备了为客户提供各种信息服务的条件，商业银行咨询服务应运而生；工商企业生产和流通专业化的发展，又要求把许多原来的属于企业自身的货币业务转交给银行代为办理，如发放工资、代理支付其他费用等；随着人们收入水平和生活水平的提高，个人家庭消费也由原来的单纯钱物交易，发展为转账结算。总之，现代化的社会生活从多方面给商业银行提出了金融服务的要求，银行也很快适应了这种需求，金融服务已成为商业银行的重要职能。

5．调节经济职能

调节经济是指商业银行通过其信用中介活动，调剂社会各部门的资金短缺，同时在央行货币政策和其他国家宏观政策的指引下，实现经济结构、消费投资、产业结构等方面的调整。此外，商业银行通过其在国际市场上的融资活动还可以调节本国的国际收支状况。

商业银行因其广泛的服务，使得它对整个社会经济活动的影响十分显著，在整个金融体系乃至国民经济中居于特殊而重要的地位。随着市场经济的发展和全球经济的一体化发展，现在的商业银行已经呈现出职能多元化的发展趋势。

1.2.2 商业银行的组织形式与组织结构

1. 商业银行的外部组织形式

受国际、国内政治、经济、法律、文化传统等多方面因素的影响，世界各国商业银行的组织形式可以分为单一银行制、分支银行制、集团银行制和连锁银行制度。

（1）单一银行制。单一银行制也称单元制、单元银行制，即商业银行只有一个独立的银行机构，不设立分支机构。实行单一银行制度的商业银行在经营管理上较灵活，但其经营范围受到地城的限制，难以在大范围内调配资金，风险抵御能力相对较弱。目前，实行这种制度的国家主要是美国，因为美国是一个崇尚自由的国家，实行这种制度可以从一定程度上限制垄断，提倡自由竞争。

美国是各州独立性较强的联邦制国家，在历史上经济发展极不平衡，东西部悬殊较大，为了适应经济均衡发展的需要，特别是适应中小厂商发展的需要，反对金融权力的集中，反对银行吞并，各州都通过银行法，禁止或者限制银行开设分支行。1980 年，美国商业银行系统有 14 836 家银行，其中约有 8 000 家为单一银行（每家只有一个营业所）。21 世纪以来，设立分支行的限制有所放松，约 1/3 的州准许银行在本州范围内开设分支机构，1/3 的州准许在商业银行总行所在地的城市设分支机构；其余 1/3 的州不准许设立分支机构，或者要经过许多审批手续，限制仍严。1994 年 9 月美国国会通过《瑞格-尼尔跨州银行与分支机构有效性法案》，允许商业银行跨州设立分支机构，宣告单元银行制在美国被废除。

（2）分支银行制。分支银行制也称总分行制度，是指银行机构除总行外，还在国内外各地设立分支机构，总行一般设在大城市，所有分支行由总行统一领导指挥。目前，世界上大多数国家主要采用这种制度，尤其以英国、日本、德国、法国最具代表性。例如，英国的巴克莱银行，其散布于不列颠群岛内的分支机构达 3 100 个，分别由 35 个地方总办公处管理；在全球 70 个国家和地区设有 1 700 个分支处，聘雇近 10 万名员工；其业务区域包括不列颠群岛、非洲、地中海、法国、加勒比海地区、纽约和加州，业务代表处则遍及欧洲、南北美洲、中东及远东地区。

中国的商业银行采取的是总分行制，即法律允许商业银行在全国范围或一定区域内设立分支行，各分行不具有独立法人资格，整个银行对外是一个独立法人。但商业银行设立分支行机构有严格的限制：一是必须经过中国人民银行批准；二是商业银行境内分支机构不按行政区域设立；三是商业银行总行要按规定拨付运营资金，拨付的各分支机构的运营资金总和不得超过总行资本金的 60%。此外，其资产负债比例应达到中国人民银行规定的各项管理指标；经营业绩良好；没有违反金融监管法规；要遵守一定的审批、登记程序等。

（3）集团银行制。集团制银行也称持股公司制银行，一般是指由某一集团成立一个股权公司或持股公司，再由该公司收购和控制两家以上的银行股票。在法律上，这些银行是独立的，但其业务和经营政策受同一持股公司控制。

银行控股公司分为两种类型：一类是非银行性控股公司，它是通过企业集团控制某一银行的主要股份组织起来的，该类型的控股公司在持有一家银行股票的同时，可以持有多家非银行企业的股票。另一类是银行性控股公司，是指大银行直接控制一个控股公司，并持有若干小银行的股份。

目前，集团银行制已成为美国商业银行最基本的组织形式。集团银行制的优点是能够有效扩大资本总量，增强银行实力，提高银行抵御风险的能力，弥补单一银行制的不足；缺点是容易引起金融权力过度集中，并在一定程度上影响了银行的经营活力。

（4）连锁银行制度。连锁银行制度是指由某个人或某些个人集团购买两家以上独立银行的股权，其数量足以起控制作用。它不以股权公司的形式出现，成员银行在法律上是独立的，但受控于某个人或个人集团。

此外，随着金融全球化的发展，银行业又产生了一种新的制度，即跨国联合制。跨国联合制是指由国籍不同的大商业银行合资成立的一种国际性银行财团的组织模式，是银行业国际化的主要途径，是生产和资本等国际化的产物。

2. 商业银行的内部组织结构

商业银行的内部组织结构是指单个银行为有效发挥商业银行的各项职能、提高经济效益而进行的内部组织的设置方式。以股份制银行为例，商业银行的内部组织结构一般由决策机构、执行机构、监督机构和管理机构四个部分组成。

（1）决策机构。商业银行的决策机构主要由股东大会、董事会及董事会下设置的各种委员会构成。

1）股东大会。股东大会是商业银行的最高权力机构，每年定期召开股东大会和股东例会。在股东大会上，股东有权听取银行的各项业务报告，有权对银行业务经营提出质询，并且拥有选举董事会的权力，表决时持有的股票享有投票权。股东大会对银行的经营方针、管理决策和各种重大议案进行表决。

2）董事会及其下设的各种委员会。商业银行董事会是由股东大会选举产生的决策机构。各商业银行董事会的人数依银行规模大小不同而定，美国规定每家商业银行的董事至少要有 5 人，多者可达 25 人，董事的任期一般为 1～3 年，可连选连任。许多国家对当选的银行董事长都规定了一些条件。在股东大会休会期间，银行的决策机构实际上就是董事会。

由董事长召集董事会会议，以做出各项决策。

商业银行董事长的选任由董事会决定。由于董事长在银行中处于举足轻重的地位，因此这一职能通常由那些具有较强的预测能力和交际能力，并与政府有较密切关系的人担任，以便为银行的发展提供有利条件。

（2）执行机构。商业银行的执行机构由总经理（行长）和副总经理（副行长）以及各业务、职能部门组成。

1）总经理（行长）。总经理（行长）是银行的行政首脑。总经理（行长）的职责是执行董事会的决定，组织银行的业务活动。有些商业银行实行董事长制，即董事长既是董事会首脑，又是银行内部的首脑，总经理（行长）只是董事长的助手。

2）副总经理（副行长）及各业务、职能部门。在总经理（行长）的领导下，商业银行一般设置若干个副总经理（副行长）以及业务、职能部门。以一个小型商业银行为例，在其内部可设置贷款、信托与投资、营业、会计、人事和公共关系及研究开发等部门。

一般商业银行的贷款、信托与投资、营业、会计等部门称为业务部门，专门经办各项银行业务，而把商业银行的人事、公共关系等部门称作职能部门，主要负责内部管理，协助业务部门开展经营活动。

（3）监督机构。通常，商业银行的监督机构由股东大会推选产生的监事会及银行的稽核部门组成。

1）监事会。股东大会在选举董事长的同时，还要选举监事，组成监事会。监事会的职责是代表股东大会对全部经营管理活动进行监督和检查。监事会比董事会下设的稽核机构的权威性更大，它除检查银行业务经营和内部管理外，还要对董事会制定的经营方针和重大决定、规定、制度的产生和执行情况进行检查，对发现的问题具有督促限期改正的权力。

2）总稽核。总稽核负责银行日常营业账务项目及操作方法的核对工作，其主要任务是持续地对银行的各项工作进行检查，以确定银行会计、信贷及其他业务是否符合金融当局的有关规定，是否按照董事会的方针、纪律和程序办事，目的在于防止篡改账目、挪用公款和浪费，以确保资金安全。总稽核是董事会的直接代表，通常定期向董事会汇报工作，指出发现的各种问题并提出可行性意见和建议。

总之，商业银行在不同国家由于银行体制、经营环境不同，其内部组织结构不可能完全一致。但一般而言，商业银行内部组织结构在许多国家有相似之处。

1.3 商业银行的业务分类及其相互关系

按照商业银行资产负债表的构成，银行业务主要分为三类：负债业务、资产业务、中间业务。负债业务是商业银行形成资金来源的业务，是商业银行中间业务和资产的重要基础。商业银行负债业务主要由存款业务、借款业务、同业业务等构成。资产业务是商业银行运用资金的业务，包括贷款业务、证券投资业务、现金资产业务。中间业务是指不构成商业银行表内资产、表内负债，形成银行非利息收入的业务，包括交易业务、清算业务、支付结算业务、银行卡业务、代理业务、托管业务、担保业务、承诺业务、理财业务、电子银行业务。

1.3.1　商业银行的负债业务

负债业务是商业银行通过对外负债方式筹措日常工作所需资金的活动，主要由自有资金、存款和借款构成。其中，存款和借款属于吸收的外来资金。另外，联行存款、同业存款、借入或拆入款项或发行债券等，也构成银行的负债。

1．自有资金

商业银行的自有资金是指其拥有所有权的资本金，主要包括股本金、储备资金以及未分配利润。其中，股本金是银行成立时发行股票所筹集的股份资本；储备资金即公积金，主要是税后利润提成而形成的，用于弥补经营亏损的准备金；未分配利润是指经营利润尚未按财务制度规定进行提取公积金或者分利处置的部分。

在商业银行的全部信贷资金来源中，自有资金占比小，一般为全部负债业务总额的10%左右，但是自有资金在银行经营活动中发挥着十分重要的和不可替代的作用。首先，它是商业银行开业并从事银行业务的前提；其次，它是银行资产风险损失的物质基础，为银行债权人提供保障；再次，它是提高银行竞争力的物质保证。

2．存款

存款是银行负债业务中最重要的业务，是商业银行资金的主要来源。存款是商业银行赖以生存和发展的基础，占到负债总额的70%以上。商业银行的存款种类可以按不同的标准来划分：按存质可划分为活期存款、定期存款、储蓄存款和通知存款等；按长短可划分为短期、中期、长期存款；按存款的经济来源可划分为工商业、农业、财政性、同业存款等。

3．借款

借款是商业银行通过票据的再抵押、再贴现等方法从中央银行融入资金和通过同业拆借市场向其他银行借入短期资金的活动。

（1）向中央银行借款，是商业银行为了解决临时性的资金需要进行的一种融资业务。向中央银行借款的方式有再贴现、再抵押和再贷款三种。

（2）同业借款，是商业银行向往来银行或通过同业拆借向其他金融机构借入短期资金的活动。同业借款的用途主要有两个方面：一是为了填补法定存款准备金的不足，这一类借款大多属于日拆借行为；二是为了满足银行季节性资金的需求，一般需要通过同业拆借市场来进行。同业借款在方式上比向中央银行借款灵活，手续也比较简便。

4. 其他负债

其他负债是指商业银行利用除存款负债和借款负债以外的其他方式形成的资金来源。主要包括代理行的同业存款负债、金融债券负债、大额可转让定期存单负债、买卖有价证券、占用客户资金、境外负债等。

在商业银行的负债业务中，自有资金是基础，标志着商业银行的资金实力；存款负债是其主要业务，标志着商业银行的经营实力；借款负债和其他负债是商业银行资金的重要调剂和补充，体现商业银行的经营活力。

1.3.2 商业银行的资产业务

资产业务，是指商业银行运用资金的业务，也就是商业银行将其吸收的资金贷放或投资出去赚取收益的活动。商业银行盈利状况如何、经营是否成功，很大程度上取决于资金运用的结果，商业银行的资产业务一般有现金资产、贷款和投资等，其中以贷款和投资最为重要。

现金资产是商业银行资产中流动性最好的资产，也是商业银行稳定经营、保障存款人权益的必不可少的基本资产，还是商业银行资产中营利性最低的资产，所以现金资产经营管理的基本宗旨是在确保商业银行负债流动性和安全性所需资产数量的前提下，尽量减少现金资产的占用数量，以扩大其他营利性资产在总资产中的比重，提高资金利用率。

贷款是商业银行资产业务中最重要的项目，在资产业务中所占比重最大。按保障程度（风险程度），贷款可划分为信用贷款、担保贷款和抵押（贴现）贷款。按期限，贷款可分为短期贷款、中期贷款和长期贷款。按对象和用途，贷款可以分为工业贷款、农业贷款、科技贷款、消费贷款、投资贷款、证券贷款等。按贷款的质量，贷款可以分为正常贷款、关注贷款、次级贷款、可疑贷款、损失贷款。

投资是指商业银行在金融市场上购买各种有价证券的活动。近年来，随着国际金融市场融资证券化的不断增强，证券投资业务在商业银行业务经营中的地位越来越重要。商业银行的投资业务按对象不同分为政府债券、金融债券、公司债券、股票和商业票据。其中，政府债券由于具有安全性高、流动性好、收益高等特点，长期以来一直是商业银行投资的主要对象，而商业银行进行股票投资则被多数国家禁止，仅有德国、奥地利等少数国家允许商业银行购买工商企业发行的股票。根据我国的金融法规，我国的商业银行也不能以这种方式进行投资。但是，随着政府管制的放松和商业银行业务综合化的发展，股票作为商业银行的投资对象已成为必然趋势。

1.3.3　商业银行的中间业务

中间业务，是指商业银行代理客户办理收款、付款和其他委托事项而收取手续费的业务。中间业务是银行不需动用自己的资金，依托业务、技术、机构、信誉和人才等优势，以中间人的身份代理客户承办收付和其他委托事项，提供各种金融服务并据以收取手续费的业务。银行经营中间业务无须占用自己的资金，是在银行的资产负债信用业务的基础上产生的，并可以促使银行信用业务的发展和扩大。商业银行的中间业务主要包括支付结算业务、银行卡业务、代理业务、担保及承诺业务、交易类业务、基金托管业务、咨询顾问类业务及其他中间业务。

1.3.4　商业银行业务之间的关系

商业银行各项业务相互间互为依存，应均衡发展。商业银行首先需要大力发展负债业务，形成规模才能提供服务，吸引更多的客户。其次要发展好资产业务，资产业务产生效益，用以承担支持正常经营活动的各种成本支出，实现利润。再次要努力开拓中间业务，传统业务收益增长较慢，而中间业务不仅能带来较高的收益，而且具有广阔的发展空间，是现代商业银行业务拓展的重点领域。因为商业银行依靠负债经营，所以资产业务应保证与其他负债业务对应，包括期限与额度。商业银行的负债业务不能无限扩张，要与其管理能力、机构规模对应。如果商业银行一味扩张负债业务，而资产业务没有得到相应发展，会产生比较严重的后果，不仅造成经营无序，而且生息资产不及时壮大会负债累累，入不敷出，危及商业银行的生存。负债有成本，且成本率呈现逐渐走高的态势。只有大力发展资产业务，才能弥补成本并能带来收益。假使资产业务与负债业务期限脱离，就会形成扭曲，造成流动性困难。

补充资料 1-2　国有大行中间业务收入情况

数据显示，2013 年上半年，国有五大行手续费及佣金净收入较快增长，共计 2 298.79 亿元，占营业净收入约为 21.37%。其中，工行手续费及佣金收入约为 673.82 亿元，位居五大行之首，建行、农行则分别以 555.24 亿元、475.97 亿元位于第二、三名；中行手续费及佣金净收入 454.81 亿元，同比增长 32.79%，增幅最高。

通过对 2013 半年报统计发现，16 家上市银行中，四大行中间业务收入占营业净收入的比重均超过 20%。工行、招行、建行、中行、光大、农行和兴业七家银行中间业务收入占比分别为 22.57%、22.11%、22.09%、22.07%、21.75%、20.26%和 20.24%，交行为 16.38%。

当前我国银行业收入占比大致为，净利息收入：投资及交易业务收入：中间业务收入

=5：2：3，可以通过大力发展非生息银行业务和非银行业务，使净利息收入占比降至50%，投资及交易类收入占比达到20%，中间业务收入达到30%。

目前，我国商业银行的中间业务进入稳定发展期，并呈现出以下趋势性特点：中间业务总体进入稳定增长期，业务基础将更加扎实，业务的深度和广度进一步拓展；中间业务仍将是商业银行转型发展的重要抓手和推动力，其重要性日益彰显；与金融资产管理相关的业务领域将是业务增长的热点；收入增长将更多地依赖科技手段来实现；来自国际业务的中间业务收入将会有明显增长。

（资料来源：http://www.chinairn.com/print/3119048.html）

1.4 商业银行的经营原则

目前，各国商业银行已普遍认同了经营管理中所必须遵循的“安全性、流动性、营利性”的“三性”原则，我国也在《商业银行法》中明确规定了商业银行“效益性、安全性、流动性”的经营原则。

1. 安全性原则

安全性原则是指商业银行应努力避免各种不确定因素对它的影响，保证商业银行的稳健经营和发展。商业银行之所以必须坚持安全性原则，是因为商业银行经营的特殊性。

首先，由于商业银行作为特殊企业，自有资本较少，经受不起较大的损失。作为专门从事信用活动的中介机构，商业银行比一般企业更容易取得社会信用，接受更多的负债。因此，在商业银行的经营中就有可能保持比一般企业更高的资本杠杆率，由此使得商业银行承受风险的能力要比一般企业小得多。由此可见，为了保证商业银行的正常经营，对资金业务的安全性给予充分关注是极其必要的。

其次，由于商业银行经营条件的特殊性，尤其需要强调它的安全性。一方面，商业银行以货币为经营对象，以负债的形式把居民手中的剩余货币集中起来，再分散投放出去，从中赚取利润。如果商业银行不能保证安全经营，到期按时收回本息的可靠性非常低，则商业银行对居民负债的按期清偿也就没有了保证，这会大大损害商业银行的对外信誉，将失去接受更多负债的可能性；更有甚者，若居民大量挤提存款，可能导致商业银行倒闭。另一方面，在现代信用经济条件下，商业银行是参与货币创造过程的一个非常重要的媒介部门，如果由于商业银行失去安全性而导致银行体系混乱，则会扰乱整个宏观经济的正常运转。

最后，商业银行在经营过程中会面临各种风险，因此，保证安全性经营就必须控制风险。概括起来，商业银行面临的风险主要有：

（1）国家风险。国家风险是指由于债务国政治动乱或经济衰退或政府采取某些政策和行动而导致债务人无法清偿债务，使债权人蒙受损失的可能性。

（2）信用风险。信用风险是指借贷双方产生借贷行为后，借款方不能按时归还贷款方的本息而使贷款方遭受损失的可能性。信用风险的存在非常广泛，商业银行的所有业务都有可能面临信用风险，其中以信贷业务的信用风险最大。

（3）利率风险。利率风险主要表现为经济主体在筹集或运用资金时选择的时机或方式不当，从而不得不付出比一般水平更高的利息或收到比一般水平更低的收益。

（4）汇率风险或市场风险。对于既有本币资产又有外币资产的商业银行来说，由于汇率波动带来损失的风险是无处不在的。

（5）流动性风险。流动性风险是传统商业银行的主要风险之一，是指商业银行掌握的可用于即时支付的流动性资产不足以满足支付需要，从而使其丧失清偿能力的可能性。

（6）经营风险或管理风险。经营风险或管理风险是指由于金融机构的交易系统不完善、管理失误、控制不力、诈骗或其他一些人为错误而导致的潜在损失。

（7）法律风险。法律风险是指当交易对手不具备法律或监管部门授予的交易权力时而导致损失的可能性。法律风险往往与信用风险直接相关。法律风险还包括合规性风险和监管风险，如内幕交易等。

商业银行的经营特点决定了商业银行保持经营安全的极端重要性。

2. 流动性原则

流动性是指商业银行能够随时满足客户提现和必要的贷款需求的支付能力，包括资产的流动性和负债的流动性两重含义。资产的流动性是指资产在不发生损失的情况下迅速变现的能力。同时，商业银行是典型的负债经营，资金来源的主体部分是客户的存款和借入款。存款是以能够按时提取和随时对客户开出支票支付为前提的，借入款是要按期归还或随时兑付的。资金来源流动性这一属性，决定了资金运用即资产必须保持相应的流动性。

资金运用的不确定性也需要资产保持流动性。商业银行所发生的贷款和投资会形成一定的占用余额，这个余额在不同的时点上是不同的。一方面，贷款逐步收回，即投资到期收回；另一方面，在不同的时点上又会产生各种各样的贷款需求和投资需求，也就是说，商业银行要有一定的资金来源应付贷款发放和必要的投资。贷款和投资所形成的资金的收和付，在数量上不一定相等，时间上也不一定对应，即带有某种不确定性，这就决定了商业银行资产也应具有一定程度的流动性，以应付商业银行业务经营的需要。

3. 营利性原则

营利性又称效益性，是商业银行经营管理活动的最主要动力。商业银行的一切经营活动，包括如何设立分支机构，开发何种新的金融产品，提供何种金融服务，建立什么样的资产组合等均要服从这一目标，这是由商业银行的性质决定的。

商业银行盈利水平的高低是其经营管理状况的综合反映。营利性不仅反映了商业银行现行战略与策略是否正确，更重要的是，为商业银行的进一步发展打下了良好的基础。因此，每个银行家所要考虑的首要问题就是如何提高本银行的盈利水平。

商业银行的利润是收入与经营成本的差额。因此，增加利润只能通过提高收入水平和降低成本来实现。商业银行的收入大致可分为资产收入与服务费收入两部分。资产收入是指从投资与贷款等业务所获取的收入，如贷款利息收入、证券投资收入、同业存款收入、外汇交易收入等，这是商业银行业务收入的主要部分；服务费收入则是指商业银行从事咨询、代理、租赁、信托等业务获取的收入。20 世纪末以来，服务费收入在商业银行业务收入中所占的比重有逐渐增大的趋势。业务支出则包括利息支出、同业拆借利息支出、职员工资支出、业务费用支出、固定资产折旧等。

一般来说，商业银行利润水平主要受内部经营管理水平的影响，因此，提高商业银行的盈利水平应从改善银行的经营管理水平入手。例如，要提高业务收入，可以采取提高贷款利率、扩大贷款规模、增加服务手续费、投资高收益的证券、吸引新客户、尽量降低非营利性资产的比例等方法；要降低经营成本，则可考虑降低存款利息支出、减少各项非经营性支出、降低管理费用、降低职员工资等手段，衡量商业银行盈利水平高低的指标主要包括利润率、资本收益率、资产收益率等。

此外，各种外部因素对商业银行的利润也有很大影响。例如，国家宏观经济形势的好坏、货币政策的松紧、证券市场行情、金融业的竞争情况等都可能影响银行预期利润水平。因此，必须注意处理长期利润与短期利益、收益与风险的关系问题。短期利润高的商业银行不一定有很大的发展潜力，如果高利润是在承担高风险条件下取得的，并不代表银行的发展状况良好。不能单从利润率的高低来评判银行管理的质量，银行管理者也不能仅着眼于短期盈利，还要考虑长远发展。

4．“三性”原则之间的协调与矛盾

作为企业，商业银行经营的首要目标在于盈利。盈利是企业生存、发展的必要条件。但作为一个经营货币信用的特殊企业，商业银行在实现这个目标的过程中又要受到流动性与安全性的制约，忽视这两者，单纯追求盈利，商业银行的经营必然陷入混乱。因此，现代商业银行在追求营利性目标的同时，必须兼顾安全性和流动性。

商业银行经营的安全性、流动性和营利性之间往往是相互矛盾的。从营利性的角度看，商业银行的资产可以分为营利性资产和非营利性资产，资金用于营利性资产的比重越高，商业银行获取的收益就越多，盈利规模也越大。从流动性的角度看，非营利性资产如现金资产随时可以应付存款的提现需要，具有十足的流动性，因此现金资产的库存额越高，商

业银行体系应付提现的能力越强。从安全性角度看，一般情况下，具有较高收益率的资产，其风险总是较大的。为了降低风险，确保资金的安全，商业银行就不得不把资金投向收益率较低的资产。不难看出，营利性原则要求提高营利性资产的运用率；而流动性原则却要求降低营利性资产的运用率；资金的营利性要求选择有较高收益的资产，而资金的安全性却要求选择有较低收益的资产。这样，就使得商业银行的安全性、流动性和营利性之间产生了尖锐的矛盾。商业银行的某些经营决策往往会有利于某一目标，但同时将损害另一目标；某一目标的实现，经常以另一目标的放弃为代价。这种矛盾关系要求商业银行的管理者必须对“三性”原则进行统一协调。

事实上，商业银行经营的“两性”原则之间存在着潜在的统一协调关系。例如，商业银行盈利与否的衡量标准并不仅仅是预期收益率指标，还要综合考虑商业银行的安全性和商业银行所面临的风险。因此，对各种风险因素进行综合计量后所得出的收益率指标，才是商业银行的实际盈利状况。因此，营利性与安全性之间存在着统一的一面。同时，商业银行的营利性与流动性也有统一协调的一面。商业银行的流动性要求商业银行保留一定水平的流动性资产，以满足人们对商业银行流动性的需求。如果商业银行将本应作为流动资产的资金全部投放到营利性资产上，在短期内会提高商业银行资产的营利性，但是当商业银行出现流动性需求或有新的高营利性资产投放机会时，原来投放在营利性资产上的资金不能及时抽回或抽回需蒙受重大损失，导致商业银行间不能保留流动性资产而使增加的效益最终损失殆尽。当然，安全性与流动性也存在统一的一面。安全性的反面是风险，而流动性风险就是商业银行风险中很重要的一种，因此，商业银行的流动性管理实质上是安全性管理的一个有机组成部分。

复习思考题

一、单项选择题

1.（　　）占负债的比重很小，但体现了商业银行的实力，是吸收外来资金的基础。

A. 自有资金　　B. 存款　　C. 借入资金　　D. 投资

2.（　　）是商业银行数量最大、内容最多的负债。

A. 金融债券　　B. 存款　　C. 自有资金　　D. 借款

3.（　　）是商业银行最重要的资产业务，也是商业银行利润的主要来源，特别是在我国。

A. 贷款　　B. 投资　　C. 票据贴现　　D. 现金资产

4. 以下（　　）不是商业银行经常可以得到的。

A. 向中央银行借款　　B. 同业拆借

C. 转贴现和转抵押　　D. 发行金融债券

5. 最能代表商业银行特点的职能是（　　）。

A. 信用中介职能　　B. 信用创造职能

C. 金融服务职能　　D. 支付中介职能

二、判断题

1. 早期银行的贷款业务具有高利贷的性质，主要是贷给政府，一般商人很难获得贷款，即使获得贷款，也会因为要支付高额的利息而无利可图。（　　）

2. 越来越多的国家的商业银行朝着综合性银行方向发展。（　　）

3. 目前，世界上大多数国家都实行单一银行制，我国也是如此。（　　）

4. 商业银行资本越多越好。（　　）

5. 商业银行的资产能给银行带来收益。（　　）

三、简答题

1. 商业银行的业务种类有哪些？商业银行如何权衡各业务之间的关系？

2. 商业银行经营的原则有哪些？各原则之间如何协调？

第 2 章 商业银行实务操作基础知识和基本技能

知识目标

- 掌握商业银行前台业务操作基础知识。
- 熟知商业银行业务管理的相关规章制度。

技能要求

- 掌握财经数字与日期的书写。
- 掌握点钞技能和货币鉴别技术。
- 掌握传票翻打技能。
- 掌握身份证件识别技术。

2.1 商业银行实务操作基础知识

2.1.1 商业银行重要凭证和印章管理

1. 重要空白凭证管理

重要空白凭证是指经银行或单位填写金额并签章后即具有支付效力的空白凭证，是银行凭以办理资金收付的书面依据。重要空白凭证的重要特征为每张凭证上均有凭证号码。

银行的重要空白凭证主要有现金支票、转账支票、银行本票、银行汇票、商业承兑汇票、银行承兑汇票、单位定期存款开户证实书、单位定期存单、人民银行电子联行贷方补充报单、存款证明书、电子凭证、银行汇票申请书、银行本票申请书、外币汇票、存折、存单、假币收缴凭证、国债收款凭证、银行卡等。

凡各银行总行统一规定的重要空白凭证，必须严格按照总行的规定订制和使用，不得自行设计格式，不得自行印制；凡总行未统一规定的重要空白凭证，可根据有关规定自行订制或印制，但要报总行备案。

重要空白凭证必须由专人保管，建立严密的进、出库和领用制度。各种重要空白凭证纳入表外核算，以一份（本）一元的假定价格入户。

重要空白凭证一般不得作为教学实习或练习使用。如确实需要重要空白凭证作为教学技术比赛等用具，应由主办部门提供所需重要空白凭证的种类、数据清单，经批准后方可领用。出库时，由库管员切去右下角，并在凭证明显处加盖“作废”戳记。用后，由主办部门指定专人清单，换人复核后，集中销毁。

对遗失重要空白凭证的当事人，应视情节轻重进行处罚。

（1）领用。柜员向库管员领用重要空白凭证时，应先填制一式两联重要空白凭证调拨单，库管员审核无误后，办理出库手续。柜员领用时，应逐份清点。

柜员领用的重要空白凭证应放置在专用的保管箱内或放置于柜员现金尾箱内，严格执行章、证、押三分管制度，临时离岗时及时上锁，午休时入库或放入保险柜保管，次日营业开始前双人开箱。

（2）出售。出售重要空白凭证时，应按凭证的号码自小到大的顺序出售。银行审核客户填写的空白凭证领用单无误后，办理重要空白凭证的出售手续。可以按本出售的重要空白凭证主要有现金支票、转账支票、普通支票、电汇凭证、银行汇票申请书、银行本票申请书等，原则上每个账户每次出售一本，对于业务量大的客户，经核实，可以适量出售凭证；对个人客户，可以按份数出售。商业承兑汇票和银行承兑汇票应根据业务需要按份数出售。

空白支票出售时，应预先加盖单位账号和开户行章，参加同城票据清分的机构还应将账号等要素打印在磁码区域内，不得交与客户自行填写。

（3）签发。

1）银行签发的银行汇票、银行本票等重要空白凭证不得交由客户签发，不得预先在空白凭证上加盖印章，不得跳号使用重要空白凭证。

2）柜员应按规定打印或手工填制重要空白凭证，不得自行设置打印格式。

3）柜员因填错或交易失败造成重要空白凭证作废，应在作废凭证上加盖“作废”戳记，并剪下右下角作为相关传票的附件。

4）柜员应按照号码顺序签发重要空白凭证，不得跳号。

5）柜员在使用重要空白凭证时，严禁私下调剂。

（4）收回。开户单位销户或银行更换凭证时，银行应将客户剩余未用的重要空白凭证收回，并在销户通知书上列明清单，由开户银行注销；开户单位未交回未使用的重要空白凭证，由此造成的一切经济纠纷，由开户单位承担责任。

柜员应将收回的重要空白凭证逐份剪角并加盖“作废”戳记，交与库管员保管，以备销毁，同时登记《缴回重要空白凭证登记簿》；银行卡在磁条处打双孔，放入尾箱保管，待集中交给库管员。

补充资料 2-1 重要空白凭证的管理和印制

人民币现钞是由中国人民银行统一发行，由印钞厂印制的，那么银行的重要空白凭证是如何管理、印制的呢？

在中国人民银行支付结算司 2004 年 12 月编写的《新版票据与结算凭证使用手册》中明确规定有 14 种票证由中国人民银行统一规范管理，分别是银行汇票、粘单、商业承兑汇票、银行承兑汇票、本票、转账支票、现金支票、支票（普通支票）、信汇凭证、电汇凭证、支付结算通知查询查复书、银行承兑汇票查询（复）书、托收凭证、拒绝付款理由书，这其中包括主要的重要空白凭证。这些凭证由中国人民银行统一规范管理，指定印刷厂印制。

另有包括重要空白凭证银行汇票申请书、银行承兑协议和贴现凭证在内的 9 种票证不再由中国人民银行统一规范格式。

具体到各个商业银行有价单证和重要空白凭证的管理原则一般是：统一设计审定，指定厂家印制，集中保管运送，会计部门主管。其具体实施办法一般是：有价单证和重要空白凭证由分行到总行指定或委托的厂家印制，并提供辖内机构使用。二级分行及其以下机构不得自行印制有价单证和重要空白凭证；印制计划由各级业务主管部门匡算凭证使用量，每半年或一年向同级会计部门报送一次；会计部门自下而上逐级汇总印制数量，报送印制厂家；有价单证和重要空白凭证集中由会计、出纳部门负责保管。

（**资料来源**：宋羽.商业银行教程:理论与实训）

案例分析 2-1 某银行西安分行堵截假存款证明案例

2010 年 3 月 5 日下午某客户持一份“单位存款证明”扫描件到某银行长安路支行对公柜台咨询此“证明”是否为分行制式凭证。经审核，此存款证明所加盖会计业务公章为“某银行深圳分行南山支行”，其中单位名称为“深圳市振江投资集团有限公司（账号为 1809014170011433），日期为 2009 年 12 月 10 日 10 时 06 分，金额为¥188 540 170.14，凭证号码为 00106686。

经与现有制式单位存款证明书比对，两者在格式上相符，但客户提供的“单位存款证明”扫描件存在两处疑点：

（1）扫描件上显示的深圳分行南山支行的会计业务公章无日期标志。

（2）存款证明抬头为空，并无“敬启者”或“使用机构”的名称。

基于以上疑点，长安路支行对该单位账户明细进行了查询，结果发现：账号存在且单位名称也相符。虽然此单位账户明细余额较大，但在存款证明所列时点中，却并无此余额，因此初步判断客户手持存款证明扫描件系伪造证明文件。

分析：银行核实存款证明的要点有哪些？针对这种情况，银行应该如何处理？

案例分析 2-2 某银行大连分行堵截假银行承兑汇票案例

2010 年 5 月 11 日，大连宝通科技有限公司持一张银行承兑汇票到分行申请办理质押贷款业务（客户经理称）。企业人员联系分行公司部客户经理到分行柜台做银承查询查复业务，该汇票要素如下：

汇票号码：GA\01 00010304

出票日期：20100401

出票人：广州科旺实业有限公司

收款人：广州友帮国际贸易有限公司

付款行：兴业银行广州五羊支行

汇票金额：5 000 000.00

汇票到期日：20101001

柜台人员于上午发出查询，在下午收到查复的时候发现回复内容有异议，其回复中注明了“查询汇票与我行承兑汇票记载内容不符，具体不符事项为：出票日期应为 20100301，到期日应为 20100601”。下午 2 点左右柜台收到兴业银行广州五羊支行的来电，其在电话中说明该汇票在广州当地已发现多起克隆票，其银行已经向公安局报案。事后分行柜台人员将此异常情况上报营业经理，营业经理上报运营管理部及分行保卫部，后会同分行票据业务部辨认，确定为伪造的银行承兑汇票，持票人当天被公安机关带走。

分析：银行承兑汇票审核的要点有哪些？银行如何规避重要凭证带来的风险？

2. 会计印章管理

会计印章是指在会计凭证、账簿、报表等会计资料上加盖并表示业务合法性的特定标识，包括会计业务印章和个人用章。

会计业务印章分为业务专用章、业务公章。业务专用章包括汇票专用章、结算专用章、本票专用章、转讫章、现金清讫章（或业务清讫章）、票据清算（交换）专用章、票据受理专用章、假币收缴专用章等。业务公章包括会计业务公章和储蓄业务公章。

个人用章包括个人名章和个人印鉴章。

（1）业务专用章的使用范围。

1）汇票专用章。用于签发银行汇票和承兑银行承兑汇票，办理商业汇票转贴现和再贴现时的背书等。

2）用于办理托收承付、委托收款等支付结算业务，办理商业汇票贴现、转贴现的委托收款背书，办理提出他行网上支付结算凭证业务，办理结算业务的查询查复，办理中国人民银行规定的其他结算业务。

3）本票专用章。用于签发银行本票。

4）转讫章。用于已完成记账处理或打印输出的银行记账单证、清单及客户付款和收款回单等。

5）现金清讫章。用于现金收付凭证和现金缴单回单、现金支票及现金调拨凭证等。

6）业务清讫章。用于转讫章和现金清讫章的合并。

7）票据清算（交换）专用章。用于同城票据清算提出票据等。

8）票据受理专用章。用于受理单位提交他行票据时签发客户回单等。

9）假币收缴专用章。用于收缴假币时加盖在人民币假钞上或装有外币假钞或伪造硬币的专用信封上。

（2）业务公章的使用范围。

1）会计业务公章。会计业务公章用于对外签发对公业务的重要单证及柜台受理部分业务的回单，还用于对外出具存款证明、挂失回单、止付通知、承付通知等，以及其他需要加盖会计业务公章的重要单证或报表，或者按照相关业务管理办法、规定要求加盖会计业务公章的合约、协议等。

2）储蓄业务公章。储蓄业务公章用于对外签发个人业务的重要单证及柜台受理部分业务的回单，还用于对外出具存款证明、挂失回单、假币收缴凭证等，以及其他需要加盖储蓄业务公章的重要单证或报表，或者按照相关业务管理办法、规定要求加盖储蓄业务公章的合约、协议等。

（3）个人用章的使用范围。

1）个人名章。用于会计人员经办和记载的凭证、账簿、报表等。对联机完成的账务处理或打印输出的会计凭证、账表必须按规定加盖个人名章，但如果会计凭证、账表上有计算机输出打印的操作员姓名，可代替会计人员的签章；对计算机自动处理的账务，输出打印的会计凭证、账表可以不加盖个人名章。

2）个人印鉴章。用于各级会计部门经过授权的经办人员在签发银行汇票和银行本票、承兑银行承兑汇票以及办理系统内现金、重要空白凭证和有价单证调拨等业务时，需加盖的个人签章。

（4）会计印章的使用和管理。

1）严禁任何机构和人员擅自刻会计印章。

2）领取会计印章后，须及时在《印章保管和交接登记簿》上预留印模，详细登记，并指定专人保管和使用；印章启用时，必须在《印章保管和交接登记簿》上详细记载；在发生交接时，移交人、接收人和监交人必须在登记簿上签署个人名章。《印章保管和交接登记簿》的记录必须完整、真实，严禁涂改。

3）会计印章的保管和使用，实行“专人使用，专人保管、专人负责”。

4）使用会计印章必须做到专匣保管、固定存放、人离章收；必须严格按规定的范围使用，严禁错用、串用、提前或过期使用；严禁在空白凭证、登记簿、报表等上预先加盖印章；严禁在无真实会计记录的凭证上加盖印章；不得将会计印章随身携带或者带离营业场所；不得将印章交他人带走使用；严禁多人同时使用同一枚（套）印章；严禁给非会计人员配备会计印章；非营业时间印章必须入库或存放保险箱（柜）保管。

5）个人名章由本人保管和使用；个人印鉴章原则上应由本人保管，不得随意交由他人使用，因特殊原因确需由他人使用的必须经过书面授权确认，并在《印章保管和交接登记簿》上办理交接登记。

6）一般会计人员保管的会计印章交接，必须由业务主管监交；业务主管保管的会计印章交接，必须由部门负责人监交。印章交接必须当面办理，并由有权人监交，不得办理隔夜交接，也不得通过第三人办理移交。

7）因机构撤并、更名或印章样式变更、损毁等原因，使会计印章停止使用的应在《印章保管和交接登记簿》上注明停止使用的原因和日期，并编制清单上缴上级（或同级）会计部门，双方经办人员应在上缴清单上签章确认。上缴清单应至少包括机构名称、印章名称、数量、印章编号、停止原因、上缴日期等相关要素，并加盖印模。

案例分析 2-3　某银行深圳分行堵截虚假私章支取现金案例

2010 年 3 月 3 日早晨 9 点，一男性客户至深圳分行柜台办理备用金取现业务，但来人不是经常来的财务。柜台人员审核票据要素及来人身份证件无误。验印时私章提示“？”号，柜台人员仔细对印鉴进行识别，发现该枚私章与预留私章基本相符，只是“燕”字的四点水和“军”字部分笔画存在偏差，柜台人员通知营业经理确认。营业经理仔细查看后，证实了柜台人员的疑点是正确的，于是询问该名客户是否有二枚私章，客户神情有些紧张，小声回答是有两枚私章。当营业经理询问客户为何要刻制两枚如此相似的私章时，旁边同来的一位先生马上表示是公司需要刻两枚私章，经理及柜台人员立即向客户阐明了用假私章办理业务的严重性，两人不作声离开了柜台。

分析：柜员在日常工作中如何避免类似的案件发生？

2.1.2　商业银行柜员管理

1. 柜员分类和权限管理

（1）柜员分类。由于柜员制的设置形式存在差异，各银行柜员的分类也存在差异，但一般来说，柜员主要分为前台柜员、营业经理（主管柜员）和监督柜员三类。前台柜员主要负责在权限范围内办理对外现金收付和转账等临柜业务；营业经理（主管柜员）主要负责营业网点的分工、业务学习和政治学习，对本网点操作柜员办理超权限的业务进行授权，并且对前台柜员的业务差错承担连带责任；监督柜员主要负责对临柜业务的事后监督。

（2）柜员权限管理。柜员权限由营业机构级别、柜员代号、柜员所属部门、柜员级别、交易性质、交易现金金额和转账金额等要素决定。

1）一般由分支行对柜员权限进行具体分配，根据统一设置的交易性质和柜员类型的对应关系，规定每种类型柜员可处理的交易范围及交易金额（包括现金和转账）的最高上限。

2）柜员在办理业务交易时，对超过本人权限额度（转账金额和现金金额）的交易，获得授权后方可办理。

3）对超过本网点最高级别授权人金额权限的交易，通过主机向上级行发出请求授权信息，申请授权码。待主机生成授权码后，由上级行通知申请行输入授权码对该笔交易进行控制。

4）对于特殊业务及超权限的业务必须由授权人员授权后才能完成，要做到授权人员与经办人员严格分离、相互制约，每日授权业务需经授权人签字确认。

5）授权人必须在权限范围内履行授权职责，不得越级授权或擅自将权限交给他人代为授权。

6）授权有两种形式，即签字授权和系统授权。签字授权和系统授权是两个独立的授权审批环节，两者不得相互替代。对于签字授权业务，必须由指定授权人进行签字审批，授权人必须依据审批核准的手续办理业务；对于系统授权业务，按照系统权限控制要求，由高级别柜员对低级别柜员进行操作授权审批。

7）授权采用刷卡或指纹认证的方式。

2. 柜员身份认证

柜员身份认证目前主要有指纹身份认证和权限卡认证两种方式。

（1）指纹身份认证。指纹身份认证是指柜员按照指纹系统设置要求，在完成指纹签约后，将手指肚正放在指纹仪上，由指纹系统对柜员指纹特性进行采集，并将指纹模板保存在指纹服务器中。当柜员进行系统签到、签退、操作授权等业务时，由指纹系统将操作人员指纹与原保存的指纹模板自动比对，对柜员身份进行确认和验证。

每个操作柜员必须预留三枚指纹的模板，一般为食指、中指和无名指；柜员在业务系统进行签到、签退、授权等业务时，必须按照要求，使指纹与实际使用人的指纹一致；指纹认证并不能代替原有的数字密码，柜员仍然要牢记自己的数字密码，并按要求更改，不允许将密码泄漏给他人使用。

（2）权限卡认证。权限卡认证是指柜员按照业务系统要求，在进行系统签到、签退、操作授权等业务时都要刷卡进行身份确认和验证。

1）一个柜员只能拥有一张权限卡，严禁拥有和使用两张权限卡。

2）柜员只能凭领用的权限卡上机操作，不得出借或借用他人权限卡。

3）在设置柜员密码时不得用身份证号码、电话或手机号码、本人或近亲属的生日、单号和规律号作为密码。

4）柜员必须妥善保管密码，定期或不定期更换，不得泄露，不得打听、探问他人密码。

5）柜员工作时间必须卡不离身，营业结束要妥善保管，严禁把卡带入公共场所。

6）柜员因故调离收回的权限卡、丢失后找回的权限卡或因保管、使用不当作废的权限卡，应剪角、登记并注明原因，及时上缴。

3. 柜员合规行为管理

（1）存款业务纪律。在办理存款业务中，严格执行存款实名制、反洗钱和客户身份识别的规定；坚持及时办理、身份确认、单证审核、准确操作的原则；严格执行储蓄工作原则，不得强拉客户开立储蓄账户；严格执行国家的利率政策，不得高息揽存和支付各种不正当的费用。

（2）结算纪律。银行柜员应严格遵守的结算纪律有以下几个方面。

1）不准以任何理由压票、任意退票、截留挪用客户和他行资金、受理无理拒付、不扣少扣滞纳金。

2）不准在结算制度之外规定附加条件，影响汇路畅通。

3）不准违反规定开立账户。

4）不准拒绝受理、代理他行正常结算业务。

5）不准放弃对企业单位违反结算纪律的制裁。

6）不准违章承兑、贴现商业汇票和逃避承兑责任，拒绝支付已承兑的商业汇票票款。

7）不准超额占用联行汇差资金、转嫁资金矛盾。

8）不准逃避向人民银行转汇大额汇划款项和清算大额银行汇票资金。

2.1.3　商业银行的客户和账户管理

1. 客户身份识别和信息管理

（1）以开立账户等方式与客户建立业务关系，为不在本机构开立账户的客户提供现金汇款，在现钞兑换、票据兑付等一次性金融服务且单笔交易金额在人民币 1 万元以上或者外币等值 1 000 美元以上的，应识别客户身份，了解实际控制客户的自然人和交易的实际受益人，核对客户的有效身份证件或者其他身份证明文件，登记客户身份基本信息，并留存有效身份证件或其他身份证明文件的复印件或者影印件。

（2）为自然人客户办理单笔人民币 5 万元以上或者外币等值 1 万美元以上现金存取业务的，应当核对客户的有效身份证件或者其他身份证明文件。

（3）为客户向境外汇出资金时，应当登记汇款人的姓名或者名称、账号、住所和收款人的姓名、住所等信息，在汇兑凭证或者相关信息系统中留存上述信息，并向接受汇款额境外机构提供汇款人的姓名或者名称、账户、住所等消息。

（4）采取合理方式确认代理关系的存在，对代理人进行客户身份识别，核对代理人有效身份证件或者身份证明文件，登记代理人的姓名或者名称、联系方式、身份证件或者身份证明文件的种类、号码等信息。

（5）在与客户的业务关系存续期间，金融机构应当采取持续的客户身份识别措施，关注客户及其日常经营活动、金融交易情况，及时提示客户更新资料信息。

（6）存在以下情况时，应当重新识别客户：

1）客户要求变更姓名或者名称、身份证件或身份证明文件种类、身份证件号码、注册资本、经营范围、法定代表人或者负责人的。

2）客户行为或者交易情况出现异常的。

3）客户姓名或者名称与国务院有关部门、机构和司法机关依法要求金融机构协助或关注的犯罪嫌疑人、洗钱和恐怖融资分子的姓名或者名称相同的。

4）客户有洗钱、恐怖融资活动嫌疑的。

5）获得的客户信息与先前已经掌握的相关信息存在不一致或者相互矛盾的。

6）获得的客户身份资料的真实性、有效性、完整性存在疑点的。

7）认为应重新识别新客户身份的其他情形。

（7）妥善保管客户身份资料，包括记载客户身份信息、资料以及反映客户身份识别工作情况的各种记录和资料。按照下列期限保存客户身份资料和交易记录：自业务关系结束当年或者一次性交易记账当年起至少保存 5 年；交易记录自交易记账当年起至少保存 5 年。

案例分析 2-4　某银行石家庄分行堵截假身份证开卡案例

2012 年 6 月 17 日下午客户李红芳持李保林身份证（后经核实系伪造证件）在营业部为李保林办理开卡业务。业务受理时柜台人员发现李保林二代身份证颜色较浅，有疑点。经联网核查系统查询姓名与证件号码匹配，照片也存在。后进一步辨别发现身份证多处防伪点与真实证件不符：证件手感偏软不平整；长城变色图案不变色，正面观察也可清晰地看到；照片边缘与背景图片结合不紧密，有明显白色边框；身份证背景线条不锐利，有喷墨打印痕迹；国徽图案边缘模糊，不清晰；缩微文字模糊不易辨认；发证机关与有效日期不在一条直线上，有错位感。系伪造身份证件。两名柜台人员借系统故障之机拖延客户，将假证件开户事件报告营业经理，并及时向保卫处报告。经过营业经理与客户沟通得知李保林因出差委托李红芳办理开卡业务，李红芳对伪造证件并不知情。伪造证件由银行保管随后上缴相关部门。

分析：身份证件识别的要点有哪些？

2. 账户管理

（1）账户设置。按照开户对象的不同，可以将银行的账户分为内部账户和外部账户两大类。

内部账户是银行根据自身业务经营管理和会计核算的需要而设置的账户，如现金账户、固定资产账户等。

外部账户是为存款人或贷款人以及往来单位开立的账户。按核算内容的不同又可分为存款账户、贷款账户和往来账户。

目前，商业银行的操作系统账户的账号由若干位数字组成，这些数字一般包括地区号、网点号、应用号、顺序号等。每个账户都有自己的账号及对应的科目号。银行操作系统一般通过应用号对不同顺序的账号进行分类，加以区别。例如，应用号“01”对应的账号种类“活期存款”；应用号“15”对应“个人住房贷款”；等等。

（2）账户的查询、冻结和扣划。

1）账户查询。审核有权机关执法人员的工作证、执行公务证及县级（含）以上相关的法律文书，无误后方可办理账户查询。有权机关出具的法律文书，包括公安机关、检察院、法院、检察机关、税务机关、海关等出具的查询通知书。查询后，要求对需要的资料进行抄录、复印或拍照时，原件不得带出，银行业务部门可以应执行机关要求在上述复印材料上加盖业务公章。

2）账户冻结。审核有权机关执法人员出示的县级（含）以上有权机关出具的相关的法律文书，执法人员的工作证、执行公务证，无误后冻结账户上的同额存款，登记“协助有权机关查询、冻结、扣划款项登记簿”。有权机关出具的相关的法律文书，包括公安机关、检察院、法院、税务机关、海关等出具的冻结存款通知书。

3）扣划。审核有权机关执法人员出示的县级（含）以上有权机关出具的相关的法律文书，执法人员的工作证、执行公务证，无误后扣划账户上的同额存款，登记“协助有权机关查询、冻结、扣划款项登记簿”。有权机关出具的相关的法律文书，包括公安机关、检察院、法院、税务机关、海关等出具的扣划存款单通知书。扣划时，将扣划的存款直接划入有权机关指定的账户，有权机关要求提取现金的，金融机构不予协助；被冻结的款项，不属于赃款的，冻结期间应计付利息，在扣划时其利息付给债权单位；属于赃款的，冻结期间不计付利息；对没收缴库个人储蓄存款，不计付利息。

（3）账户信息调整。所有调整账户的信息一律由柜员经办，由有权人员授权，并登记在当天的工作日之上。调整账户信息，必须由柜员根据有关业务事实如实填写“调整计算机账户信息通知单”，并经业务主管签章。

2.2　商业银行业务技能

2.2.1　财经数字与日期的书写

1．数字书写的基本要求

中国人民银行《支付结算制度汇编》规定，银行、单位和个人填写的各种票据和结算凭证，是办理支付结算和现金收付的重要依据，是记载经济业务和明确经济责任的一种书面证明。它直接关系到支付结算的准确、及时和安全。因此，填写票据和结算凭证，必须按照标准化、规范化的要求，做到数字正确、字迹清楚、无错漏、不潦草、以防涂改。特别是财经部门经常面对大量经营活动，需要填制凭证、登记账目、定期编制报表等，更要求财会人员具备良好的数字书写能力，并作为一项基本技能高度重视，认真练习，达到书写迅速、准确、清晰、整齐、规范、美观，切忌写错、潦草、谨防篡改。否则，将直接影响资料的真实性和时间的及时有效性。

在我国经济工作中，常用的数字有两种：一种是适用于一切凭证、账册、报表的阿拉伯数字；一种是用于填写原始凭证和重要单据的中文大写数字。

2．阿拉伯数字的书写

（1）阿拉伯数字书写的有关规定。

1）采用三位分节制。阿拉伯数字的书写，要以国际通用标准和惯例为准，对整数部分采用国际通用的“三位分节制”，即从个位向左每三位数字留出半格空（叫作“千分空”），或者在靠近底线处用分节号“,”分开。

2）阿拉伯数字应采用规范写法，除“4”和“5”外，其他数字必须一笔完成。

3）阿拉伯数字应当逐个写，不得连笔写。小写金额前面应当书写币种符号或者货币名称简写，币种符号与阿拉伯数字之间不得留有空白。凡阿拉伯数字前写有币种符号的，其后不再写货币单位。

【例 2-1】人民币壹拾陆亿零肆佰叁拾万零伍佰玖拾元贰角柒分，小写金额应为¥1 604 300 590.27。

4）以元为单位的阿拉伯数字，除表示单价等情况外，一律填写到角分；无角分的，角位和分位写“00”；有角无分的，分位写“0”。

【例 2-2】人民币叁拾元整，应写成“¥30.00”。

人民币叁元陆角，应写成“¥3.60”，不能写成“¥3.6—”。

（2）账表凭证上阿拉伯数字的书写要求。

1）阿拉伯数字的规范写法如图 2-1 所示。

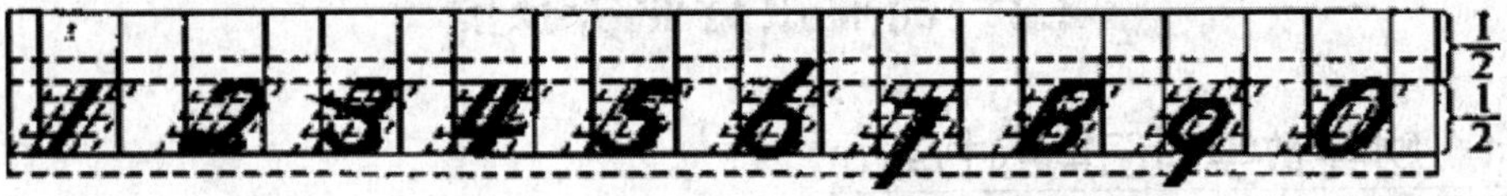

图 2-1 账表上阿拉伯数字的规范书写

2）阿拉伯数字应向右倾斜约 60°。

3）阿拉伯数字的书写不能写在格子的中间，要紧靠账表底线，在账表格中的高度一般为 1/2。“6”的上端可以比其他数字高出约 1/4，下端与其他数字一致。“7”和“9”的上端可以比其他数字低约 1/4，下端可以比其他数字伸出约 1/4。其他数字书写高低和大小要一致，排列整齐。

4）“0”字不要留缺口。

5）小数点和分节号（千分空）要写清楚，并有区别。带小数点的数，应将小数点记在个位与十分位之间的下方。

课堂实训 2-1

在数字练习簿上，1 分钟内写出人民币符号“¥”和 0、1、2、3、4、5、6、7、8、9 等 10 个阿拉伯数字 15 遍，要按规定书写。

（3）数的读法。

1）万以下数的读法。从最高位起，顺着位次每读出一个数字，接着读出该数字所对应的数位名称。

【例 2-3】　12 045 应读作壹万贰仟零肆拾伍。

2）万以上数的读法。对于千万、百万、十万这些数位上的数，读出一个数字，接着只读出该数字所在位数的第一个字，数位名称第二个字“万”不读出来。

【例 2-4】280 134 567 应读作贰亿捌仟零壹拾叁万肆仟伍佰陆拾柒。

3）中间有“0”数的读法。对于数字中间的“0”，只读出数字“零”，而不读出数位名称。不论是一个还是连续几个“0”，都只读一个“零”，接着读出该数字所在位数的第一个字。

【例 2-5】　1 012 应读作壹仟零壹拾贰；100 023 应读作壹拾万零二十三。

4）后面有“0”的读法。数字最后面的“0”，既不读出“零”，也不读出零所在的数位名称。

【例 2-6】　5 400 应读作伍仟肆佰；

600 032 887.03 应读作陆亿零叁万贰仟捌佰捌拾柒点零叁；

¥1 000 230 050.00 应读作人民币壹拾亿零贰拾叁万零伍拾元整；

3 006 000 公斤应读作叁佰万零陆仟公斤整。

3. 中文大写数字书写

（1）大写数字应用正楷字书写：壹、贰、叁、肆、伍、陆、柒、捌、玖、拾、佰、仟、万、元、角、分、零、整等字，一律用正楷或者行书体书写，不得用一、二（两）、三、四、五、六、七、八、九、十等字代替。

（2）大写金额数字前未印有货币名称的，应当加填货币名称，大写金额应紧接货币名称填写，两者中间不得留有空白。大写金额数字到“元”为止的，在“元”之后应写“整”字；在“角”之后可以不写“整”字；大写金额数字有“分”的，“分”之后不写“整”字。

（3）阿拉伯数字中间有“0”时，中文大写金额要写“零”字。阿拉伯数字中间连续有几个“0”时，中文大写金额中间可以只写一个“零”字。

（4）阿拉伯数字万位或元位是“0”；或者中间连续有几个“0”，万位、元位也是“0”，但千位、角位不是“0”时，中文大写金额中间可以只写一个“零”字，也可以不写“零”字。

（5）阿拉伯金额数字角位是“0”，分位不是“0”时，中文大写金额元后面应写“零”字。

（6）壹拾、壹佰、壹仟、壹万的“壹”字，不得遗漏。

课堂实训 2-2

根据表 2-1 所列小写金额写出大写金额数字。

表 2-1　根据小写金额写出大写金额

小写金额	大写金额
¥10.83	
¥65 731.98	
¥8 600 000.07	
¥1 409.50	
¥48 039.57	
¥1 700 305 608.92	
¥16 409.02	
¥140 010.00	
¥103 960 005.19	
¥107 000.53	

课堂实训 2-3

根据表 2-2 所列大写金额写出小写金额数字。

表 2-2　根据大写金额写出小写金额

大写金额	小写金额
人民币贰拾肆万零捌佰零壹元零玖分	
人民币壹拾元肆角伍分	
人民币捌拾壹万零伍佰元整	
人民币贰仟零肆元整	
人民币叁仟万零贰拾元	
人民币陆仟柒佰零玖万叁仟伍佰壹拾捌元零陆分	
人民币柒万肆仟伍佰零贰元捌角陆分	
人民币壹佰万元零玖分	
人民币壹拾万元零肆佰元整	
人民币伍亿陆仟万零壹佰元叁角整	

4. 日期的书写

（1）票据的出票日期必须使用中文大写数字来书写。

（2）为防止变造票据的出票日期，应按照以下要求书写。

1）月的写法规定：1 月、2 月前加“零”，如 1 月，写作“零壹月”。11 月、12 月前加

“壹”，如11月，写作“壹拾壹月”。10月前加“零壹”，写作“零壹拾月”。

2）日的写法规定：1日至10日、20日、30日前加“零”，如30日，写作“零叁拾日”。11日至19日前加“壹”，如17日，写作“壹拾柒日”。

（3）票据的出票日期使用小写填写的，银行不予受理。大写日期未按要求规范填写的，银行可予受理，但由此造成损失的，由出票人自行承担。

课堂实训 2-4

请写出表2-3所列日期的中文大写写法。

表2-3　写出日期的中文大写

2009年6月17日	
2009年4月19日	
2010年12月30日	
2010年1月10日	
2012年2月21日	
2012年5月31日	
2013年11月28日	
2013年3月15日	
2014年11月12日	
2014年1月14日	

5. 错数的订正

（1）订正的规则。填制凭证、登账、编表应使用黑色或蓝色墨水的笔，红色只准在表示负数或改错画线时用，不准使用其他颜色。除复写外，不准使用圆珠笔、铅笔。复写时，要保证复写的最后一页清晰可认。但在实际工作中，由于各种原因，写错数字是难免的。如用笔不当或写错数字，就应纠正错误。

（2）订正数字的规范化要求。

1）对错误用笔和错误书写一律不得随意涂改、刀刮、橡皮擦、抠挖和贴补来改正。

2）重要凭证上发生错误时，要重新编制，不得采用划线订正法更正。如是银行票据或预先印有编号的各种凭证，在填写错误后，要加盖“作废”戳记，不得毁掉，须单独保管。

3）画线订正法。除重要凭证不得更改外，阿拉伯数字出现错误，一般允许按规定来订正错误数字。订正错数的正确方法是划线订正法，即将错误数字全部画一根单红线覆盖；然后在错数同格的上部用同色墨水写上正确数字，并加盖订正人图章以示负责。值得注意的是，订正的一定是一个完整的数字，不能只是写错的一个或几个数字，以免混淆不清。也就是说，只有部分数字写错的，也要把全部数字画掉后写上正确的全部数字。一个结果最多只能修改两次。

课堂实训 2-5

12 345.00 的正确订正法如下所示：

亿	千万	百万	十万	万	千	百	拾	元	角	分
				1	2	3	4	5	0	0
				~~1~~	~~2~~	~~2~~	~~4~~	~~5~~	~~0~~	~~0~~

不得采用下列更正方法：

亿	千万	百万	十万	万	千	百	拾	元	角	分
				1	2	3	4	5	0	0
				~~1~~	~~2~~	~~2~~	~~4~~	~~5~~	0	0

亿	千万	百万	十万	万	千	百	拾	元	角	分
				1	2	3	4	5	0	0
				1	2	~~2~~	4	5	0	0

2.2.2 假币识别

为对付假币的威胁，各国金融当局不断采用新的防伪技术，使货币更新换代的速度越来越快。因此要熟练识别花样翻新的假币，首先要全面了解和熟悉货币的流通情况和基本防伪手段；其次要注意各种流通假币的制造水平、仿真程度，总体把握假币的识别重点。了解和熟悉货币的流通情况，可以避免误收已经停止流通的货币和已作废的货币而造成不必要的损失；注意各流通假币的情况，可以通过直观的方式总结识别假币的一般方法。

1. 假币及其种类

假币是指伪造、变造的货币。

伪造的货币是指仿照真币的图案、形状、色彩等，采用各种手段制作的假币。变造的货币是指在真币的基础上，利用挖补、揭层、涂改、拼凑、移位、重印等多种方法制作，改变真币原形态的假币。

2. 识别假币采取的一般方法

识别假币一般采取两种方法，一是人工鉴别，主要通过眼看、手摸来完成；二是仪器鉴别。这两种操作方法，较容易识别各种变造、涂改、拼凑的假钞；对于普通的喷墨打印、激光打印、数码复印、平版印刷的假钞，只要仔细对比真币和假钞的各种防伪特征，也不难识别；即使被称作“超级假币”的精制版假钞，虽然它采用和真钞几乎相同的生产工艺，包括伪造纸张、伪造油墨、模仿真钞的各种防伪特征，但仍和真钞有区别，通过仔细观察仍可以用上述方法准确识别真伪。

3．人民币假币识别

真假钞票的鉴别方法主要有直观对比法和仪器检测法两种。

（1）直观对比法。

1）眼看。

① 检查水印。在鉴别过程中，首先面对光源，在透光状态下观察水印图案。真币上的水印图案具有很强的立体感，人物神态栩栩如生；假币上的水印图案则显得较为平淡，人物表情较为呆板。

其次面对光源，将钞票置于水平位置，在不透光条件下观察水印图案。真币此时看不到水印图案，假币从正面或背面水印窗位置能够观察到清晰的水印图案，并且颜色较深。

再次检查票面左侧纸张是否异常。假币水印是通过在纸张夹层中涂布白色的浆料来模拟水印图案，这种水印图案附近的纸张明显偏厚，透光状态下观察，比右侧票面明显偏暗并多有褶皱感。

第五套人民币各券别纸币的固定水印位于票面正面左侧的空白处，迎光透视，可以看到立体感很强的水印。100 元券、50 元券的固定水印为毛泽东头像图案；20 元、10 元、5 元纸币的固定水印分别为荷花、月季花、水仙花花卉图案。

② 检查光变油墨面额数字。第五套人民币 100 元券和 50 元券正面下方的面额数字采用了光变油墨印刷，将垂直观察的票面倾斜到一定角度时，颜色发生变化。100 元券面额数字颜色由绿色变为蓝色，50 元面额数字颜色由金黄色变为绿色；假币无论怎么观察面额数字的颜色都不会发生变化。

③ 检查安全线。第五套人民币纸币在各券别票面正面中间偏左，均有一条安全线。100 元、50 元纸币的安全线迎光透视，分别可以看到缩微文字“RMB100”、“RMB50”，仪器检测均有磁性；20 元纸币迎光透视，是一条明暗相间的安全线；10 元、5 元纸币安全线为全息磁性开窗安全线，即安全线局部埋入纸张中，局部裸露在纸面上，开窗部分分别可以看到由微缩字符“¥10”、“¥5”组成的全息图案，仪器检测有磁性。

④ 检查对印图案。第五套 1999 版人民币的 100 元、50 元、10 元券和 2005 版的 100 元、50 元、20 元及 10 元券正面左侧和背面右侧，都印有一个圆形的局部图案。透光观察时，两幅图案会精确重合在一起，组成一个完整的古钱币图案。面对光源透光观察，看正、

背面两幅图案是否能够精确地对接，假币正、背面的两幅图案会出现错位现象。

2）手摸。用手触摸检查图案“触感”。第五套人民币正面毛泽东头像、面额数字、中国人民银行行名、国徽、盲文符号、凹印手感线及背面主景，这些图案均高出纸面，用手指触摸时会感觉到很强的凹凸感；而假币采用普通胶印技术印刷，触摸时感觉票面光滑。

3）耳听。即用手甩、弹、抖，使钞票纸发出声音，钞票专用纸张发出的声音清脆，与伪钞使用的民用纸张有明显不同。如手持钞票用力抖动、手指轻弹或两手一张一弛轻轻对称拉动，真钞能听到清脆响亮的声音。而假币由于制造设备落后，印刷的光洁度、挺括度都不如真币好，因此声音比较沉闷。

在直观对比法中，当用眼看、手摸、耳听等方法发现了可疑票币但仍不能确定其真伪时，还可用票样与可疑票币局部图案、花纹对比，从纸质、墨色、印刷技术等方面进行对比；或者可以用尺量，假币的长度和宽度通常小于真币。

（2）仪器识别法。仪器识别法是指用 5～10 倍的放大镜观察缩微文字、接线、图案颜色；用专用验钞仪检测荧光纤维、荧光油墨的荧光反应；用磁性检测仪检测磁性号码、磁性安全线等部位的磁性特征。

课堂实训 2-6　人民币假币识别

随机抽出 5 种币别的人民币，要求学生在 15 分钟内分别标注防伪信息点，全部正确为合格。要求学生全面掌握人民币防伪信息点。

2.2.3　点钞技能

1．点钞的基本要求

“五好钱捆”标准：票币查点要做到点准、挑净、墩齐、捆紧、盖章清楚。

在整点票币的过程中，一般都必须经过拆把、持票、清点、记数、墩齐、扎把、盖章等几个环节。

2．手工点钞法

（1）手持式点钞法。

1）手持式单指单张点钞法。

① 清点。先用左手把钞票夹在中指和无名指之间，让钞票竖起，稍向里倾斜，拿稳成扇形。用右手清点时，拇指在前，食指和中指在右拖住钞票，拇指尖在钞票的右上角向下捻动，同时无名指来回拨动，拇指和无名指要协同动作。

② 记数。采用心记记数法：每捻动一张记一个数，即 1，2，3，4，5，6，7，8，9，

1（10）；1，2，3，4，5，6，7，8，9，2（20）；…；1，2，3，4，5，6，7，8，9，9（90）；1，2，3，4，5，6，7，8，9，10（100）。采用这种记数法的优点是将十位数字变成一位数字，省脑易记，不易出差错。

2）手持式多指多张点钞法。

① 清点。右手拇指轻轻托在钞票右里角扇形的下端，其余四指并拢弯曲，指尖成斜直线。点数时小指、无名指、中指、食指指尖依次捻钞票右上角，与拇指摩擦后拨票，一指清点一张，一次点四张为一组。左手拇指、中指随着左手清点逐渐向上移动，食指稍加力向前推动以适应待清钞票的厚度。

② 记数。采用分组记数法，每一组记一个数，数至25组为100张。

（2）手按式点钞法。

1）手按式单指单张点钞法。

① 按钞及拆把。将钞票平放在桌面上，两肘自然放在桌面上。以钞票左端为顶点，与身体呈45°，左手小指、无名指按住钞票左端约1/3处，小指在前，无名指贴着小指随后，中指自然弯曲，然后食指伸向纸条下端，将纸条勾断，中指、无名指、小指随即立起，用指尖按钞，手心朝下。食指与拇指张开起，为配合右手点数做准备。

② 清点。右手掌心向下，右手腕抬起，中指伸直，拇指从钞票右端里侧起部分钞票。食指指尖将钞票右侧内角与拇指摩擦后向里向上提，提起后左手拇指迅速接过，向上推，送到左手食指与中指之间夹住，依次连续操作。

③ 记数。同手持式单指单张点钞法。

2）手按式多指多张点钞法。

① 按钞及拆把。同手按式单指单张点钞法。

② 清点。右手掌心向下，拇指放在钞票端里侧，挡住钞票。食指、中指、无名指、小指指尖依次由钞票右侧外角向里向下逐张拨点，一指拨点一张，一次点四张为一组，依次循环拨动。每点完一组，左手拇指将点完的钞票向上掀起，用食指与中指将钞票夹住。如此循环。

③ 记数。采用分组记数法，同手持式多指多张点钞法。

（3）扇面点钞法。把钞票捻成扇面状进行清点的方法叫扇面式点钞法。

① 持钞。钞票竖拿，左手拇指在票面下部中间票面约1/4处。食指、中指在票后同拇指一起捏住钞票，无名指和小指拳向手心。右手拇指在左手拇指的上端，用虎口从右侧卡住钞票成瓦形，食指、中指、无名指、小指均横在钞票背面，做开扇准备。

② 开扇。以左手为轴，右手食指将钞票向胸前左下方压弯，然后再猛向右方闪动，同时右手拇指在票前向左上方推动钞票，食指、中指在票后面用力向右捻动，左手指在钞票原位置向逆时针方向画弧捻动，食指、中指在票后面用力向左上方捻动，右手手指逐步向

下移动，至右下角时即可将钞票推成扇面形。如有不均匀的地方，可双手持钞票抖动，使其均匀。

③ 点数。左手持票面，右手中指、无名指、小指托住钞票背面，拇指在钞票右上角 1 厘米处，一次按下 5 张或 10 张；按下后用食指压住，拇指继续向前按第二次，以此类推，同时左手应随右手点数速度向内转动扇面，以迎合右手按动，直到点完 100 张为止。

④ 记数：采用分组记数法。一次按 5 张为一组，记满 20 组为 100 张；一次按 10 张为一组，记满 10 组为 100 张。

⑤ 合扇。清点完毕后，将左手向右倒，右手托住钞票右侧向左合拢，左右手指向中间一起用力，使钞票竖立在桌面上，两手松拢清墩，把钞票墩齐，准备扎把。

（4）扎把。点钞完毕后需要对所点钞票进行扎把，通常将 100 张捆扎成一把，用腰条将点过的钞票 100 张墩齐，左手从长的方向拦腰握着钞票，使之成为瓦状，右手握着腰条头将其从钞票的长的方向夹入钞票的中间，从凹面开始绕钞票两圈，在翻到钞票原度转角处将腰条向右折叠 90°，将腰条头绕捆在钞票的腰条转两圈打结。

课堂实训 2-7

发给学生散把点钞纸，要求按照指定的手法，在规定的时间内点够百张后按规定要求扎把。要求学生熟练掌握单指单张、多指多张的点钞方法，如表 2-4 所示。

表 2-4 点钞技能量化标准

	等级	10 分钟点钞张数	百张所用时间
单指单张	初级	1 000 ~ 1 500 张	40 ~ 50 秒
	中级	1 500 ~ 2 000 张	30 ~ 40 秒
	高级	2 000 张以上	约 30 秒以下
多指多张	初级	1 500 ~ 2 000 张	30 ~ 40 秒
	中级	2 000 ~ 2 500 张	25 ~ 30 秒
	高级	2 500 张以上	约 25 秒以下

3. 机器点钞法

机器点钞前，首先检查各机件是否完好，再打开电源，检查捻钞轮、传送带、接钞台运行是否正常；灯泡、数码管显示是否正常。然后开始调试下钞斗，松紧螺母，通常以壹元券为准，调到不松、不紧、不夹、不阻塞为宜。调试时，右手持一张壹元券放入下钞斗，捻钞轮将券一捻住，马上用手抽出，以捻得动、抽得出为宜。调整好点钞机后，还应拿一把钞券试试，看看机器转速是否均匀，下钞是否流畅、均匀，点钞是否准确，落钞是否整齐。

在具体操作时，右手从机器右侧拿起钞券，横执钞券，拇指与中指、无名指、小指分别捏住钞券两侧，拇指在里侧，其余二指在外侧。将钞券横捏成瓦形，中指在中间自然弯曲。然后用左手将腰条纸抽出，右手将钞券速移到下钞斗上面，同时用右手拇指和食指捏住钞券上侧，中指、无名指、小指松开，使钞券弹回原处并自然形成微扇面。

2.2.4　传票翻打

传票是指记有文字和数字的单据、凭证，如发票、支票、收据、记账传票等，因在有关人员之间传递周转，故称为传票。在银行，它是业务活动相关传递过程的重要记账凭证。

传票翻打又称传票算、传票运算，是用计算器、计算机、算盘对各种单据、发票和记账凭证上的数字金额进行加减运算的一种方法，也称凭证汇总算。根据传票形式和内容的不同，其计算方法也有所不同。在银行柜员工作中，对凭证的计算处理是第一道“工序”，银行柜员每天必须翻打很多凭证进行核算，银行业也经常以此作为招聘员工的考试内容，考核工作人员的业务素质，甚至作为银行业务技术比赛的项目之一。目前，由于计算器和计算机在银行柜台业务中相当普及，用计算器和计算机小键盘进行传票算也成为银行业务技术比赛中的主要项目。因此，对于银行柜员而言，熟练掌握传票算的知识和技巧，不仅重要，而且必要。

翻打百张传票，无论是使用珠算还是使用计算器、计算机数字键盘来进行，其技术要领均基本相同：都是通过左手翻页、眼睛看数、右手操作计算工具三个动作同时进行来完成的。

1. 整理传票

翻打前将传票整理成扇面形状，其方法是：左手拇指放在传票的左上方，其余四指放在传票背面的左下方；右手拇指放在传票右上方，其余四指放在传票背面的右下方；然后用右手捏住传票，并将传票右上角以右手大拇指为轴向怀内翻卷，翻卷后左手随即捏紧，右手放开，把传票撵成幅宽适当、票页均匀的扇形。然后用夹子将传票的左上角夹住，使扇形固定。整理好的传票，封底向上突出，封面向下突出，便于翻页。

2. 翻打

左手拇指点翻传票的右下角，上翻之后由食指挡住传票；右手要同时在计算机小键盘上或在计算器上敲入相应的金额。在打第一张传票上的数字时，将第一张传票捻在手里，一打完，立即翻掉，这样能加快速度。

传票翻页一般使用一次一页翻的方法进行翻打。其操作方法为：传票捻成扇形后，左手的小指、无名指自然弯曲压在传票的左下方，其余三指自然伸开做好翻页的准备。翻打起始页时，应先用大拇指的指腹掀起传票的边刃，当右手将起始页有关数据输入计算器或计算机小键盘还剩下两个数码时，左手大拇指将传票掀起，然后再由食指与中指将传票夹住，大拇指继续翻起下页传票。这样，左手拇指将传票一页一页地翻，右手将每页传票的有关数据输入计算器或计算机小键盘。

课堂实训 2-8

用计算器（或计算机小键盘）翻打百张复式传票，从第 1 页开始，求每 20 页的第 1 行的合计数；再用同样的方法求第 2、3、4、5 行的合计数，如表 2-5 所示。每 10 分钟做对 7 题为及格、8 题为良好、9 题以上为优秀。

表 2-5 翻打复式传票算题

题　序	起止页码	行　数	答　数	题　序	起止页码	行　数	答　数
1	1 ~ 20	（五）		14	61 ~ 80	（三）	
2	21 ~ 40	（五）		15	81 ~ 100	（三）	
3	41 ~ 60	（五）		16	1 ~ 20	（二）	
4	61 ~ 80	（五）		17	21 ~ 40	（二）	
5	81 ~ 100	（五）		18	41 ~ 60	（二）	
6	1 ~ 20	（四）		19	61 ~ 80	（二）	
7	21 ~ 40	（四）		20	81 ~ 100	（二）	
8	41 ~ 60	（四）		21	1 ~ 20	（一）	
9	61 ~ 80	（四）		22	21 ~ 40	（一）	
10	81 ~ 100	（四）		23	41 ~ 60	（一）	
11	1 ~ 20	（三）		24	61 ~ 80	（一）	
12	21 ~ 40	（三）		25	81 ~ 100	（一）	
13	41 ~ 60	（三）					

2.2.5 身份证件识别

居民身份证是国家法定的证明公民个人身份的证件。随着我国经济社会的迅猛发展和人口流动的不断加速，居民身份证的使用越来越频繁，银行等金融机构在办理相关业务时，也经常需要核查和识别居民身份证。为了堵塞和制止假居民身份证的流通和使用，减少不必要的损失，我们应该了解和掌握居民身份证的特征。

1. 居民身份证有效期限

居民身份证的有效期限分为 10 年、20 年、长期三种。

16 周岁至 25 周岁的，发给有效期为 10 年的居民身份证；

26 周岁至 45 周岁的，发给有效期为 20 年的居民身份证；

46 周岁以上的，发给长期有效的居民身份证。

未满 16 周岁的公民，自愿申请领取居民身份证的，发给有效期 5 年的居民身份证。证件有效期限从签发之日起计算。

2. 第二代居民身份证采用的新技术

第二代居民身份证相对于第一代居民身份证采用了多项新技术，证件质量、安全防伪性能大大提高。

（1）采用非接触式 IC 卡技术制作，利用芯片作为机读存储器，芯片存储容量大，写入的信息可划分安全等级、分区存储，按照管理需要授权读写，也可将变动信息（如住址变动）追加写入；芯片使用特定的逻辑加密算法，有利于证件制发、使用中的安全管理，增强防伪功能；芯片和电路线圈在证卡内封装，能保证证件在各种环境下正常使用，使用寿命较长；具有读写速度快、使用方便、易于保管，便于各用证部门使用计算机进行网络查询等优点。

（2）证件信息的采集和传输采用数码照相和计算机技术，可以缩短制证周期。

（3）证件制作和生产管理采用计算机监控，可以严密内部管理，提高精确度和工作效率。

（4）证件信息的存储和证件查询采用数据库技术和网络技术，具备视读和机读两种功能，既可实现全国范围的联网快速查询和身份识别，也可以进行公安机关与各行政管理部门的网络互查，能够有效利用人口资源，实现信息共享，加强社会管理，同时有利于为群众提供服务。

3. 第二代居民身份证的防伪特征

第二代居民身份证采用多种防伪技术，如数字防伪技术、射频识别技术、印刷防伪技术等，同时在数字防伪系统还采用了加密技术。防伪膜、多项印刷防伪技术及暗记等数字防伪措施的采用，用于机读信息的防伪，可以有效防止伪造证件或篡改证件信息内容，用肉眼也可观察。

（1）长城烽火台。在“性别”项目的位置有定向光变色的“长城”图案，在证件的正面左上角“姓名”与“出生”之间有一长城烽火台，在不同的角度变色。用左眼看可能是黄色，右眼看可能是绿色，两眼一起看就表现为蓝色；白天、夜晚看又显现出不同的光泽。如果将证件下半部分放在紫外线光下，可以发现荧光印刷的“长城”图案。

（2）“中国 CHINA”图案。人像下面有“中国 CHINA”图案。在相片下方有光变光存储的“中国 CHINA”字样。其中，字符串周围有渐变花纹，外沿呈椭圆形。

（3）隐藏缩微文字。证件正反面图案中用放大镜可以看到，在彩虹印刷的底纹中有缩微字符串“JMSFZ”；人像下方的“中国 CHINA”激光防伪标记，全部由“CHINA 中国”缩微印刷而成。

（4）证件底纹采用彩虹印刷技术，颜色从左至右为浅蓝色至浅粉色再至浅蓝色。

（5）在签发机关上方，有“ZHRMGHGJMSFZ”构成的长城城墙。

（6）在长城图案的中间和旁边的山上有“WLCC”字样。

（7）在国徽图案边上的圆弧线为断线。

（8）机读功能。证件芯片采用数字防伪措施，用于机读信息的防伪。第二代居民身份证将持证人的相片图像和登记项目等内容数字化后采用数码技术加密，存入机读芯片。芯片在证卡内封装，能够保证证件在各种环境下正常使用，可在证件进行机读时完成证件与机具的相互认证和机读信息的安全性确认，有效起到证件防伪作用。

复习思考题

一、单项选择题

1. 能办理现金支取的账户是（　　）。

A. 基本存款账户　　B. 一般存款账户

C. 专用存款账户　　D. 临时存款账户

2. 个体工商户凭营业执照以字号或经营者姓名开立的银行结算账户纳入（　　）结算账户管理。

A. 单位　　B. 个人　　C. 临时　　D. 其他

3. 存款冻结的期限最长为（　　）。

A. 3 个月　　B. 4 个月　　C. 6 个月　　D. 1 年

二、判断题

1. 有固定格式的重要凭证，大写金额栏一般印有“人民币”字样，数字应紧接在人民币后面书写，在“人民币”与数字之间不得留有空隙。（　　）

2. 小写金额¥100 200.00 元，规范的汉字大写金额为拾万零贰佰元整。（　　）

3. 具有查询、冻结权力的机关有人民法院、海关和审计机关。（　　）

4. 授权人必须在核定权限范围内履行授权职责，不得无故拒绝授权或超权限。（　　）

三、简答题

1. 银行柜员应具备哪些专业技能？
2. 柜员在签发重要空白凭证时要遵循哪些规定？
3. 在办理结算业务时要遵循哪些结算纪律？

第 3 章　商业银行现金业务

知识目标

- 了解商业银行现金出纳工作的业务类型。
- 熟悉商业银行的规章制度，如《现金管理条例》、《银行出纳基本制度》、《残缺污损人民币兑换办法》等。
- 掌握商业银行现金的调拨与管理等基础知识。

技能要求

- 熟练掌握现金收付款业务流程。
- 掌握现金整点的方法及标准。
- 掌握假币收缴程序。

3.1　银行现金出纳概述

出纳是货币资金的支出和收入。出纳分为银行出纳和其他单位出纳。现金出纳专指银行的本、外币现钞、有价单证、贵重物品等的收付、兑换、整点、调运、保管等工作。它的服务对象是与其有往来关系的客户。一方面通过为客户办理现金结算，使其经济活动正常进行；另一方面担负执行国家货币政策、落实货币发行和回笼计划、调剂市场流通票币的比例等重要工作，是银行及金融机构的一项基础业务。

本章所指的出纳是银行出纳，其具体工作是银行全部业务活动的重要组成部分，在调剂货币流通、组织现金结算、实现银行各项职能中发挥着国家现金活动中心和社会总出纳的作用。

银行出纳工作的主要任务包括以下几项：

- 按照制度规定办理现金、外币的收付、整点、调运以及损伤票币的回收兑汇工作。
- 调剂市场各种票币的比例，做好现金回笼和供应工作。
- 保管现金、金银、外币和有价证券，做好库房以及现金、金银运送的安全保卫工作。

- 宣传爱护人民币，做好反假币、反破坏人民币的工作。
- 加强柜面监督，揭露贪污盗窃的投机违法活动。
- 代理金银收兑、配售业务和其他代办业务。

3.1.1 银行现金出纳业务的特点

1. 政策性强，涉及面广

银行现金出纳是全社会现金出纳中心，既是国家货币政策和现金管理的具体执行部门，又是银行对外服务的窗口，因此银行现金出纳工作政策性强、涉及面广、业务量大、要求高。

2. 专业性强，技术要求高

银行现金出纳业务技术性强，要负责现金、外币、有价单证的收付，保管调运等工作，每笔业务的处理要准确、及时安全。因此，要求认真细致做好审查凭证、清点票面、挑剔残币、整理捆扎、记录账目、办理交接、保管调运等操作环节的工作。在现金收付整点过程中，还要识别真假票币、合理安排库存现金量、合理搭配现金的券别比例。

3. 管理性强

由于银行现金出纳涉及面广、业务量大，营业机构、金库和出纳人员众多，客观上要求银行要专门设置出纳管理机构执行现金出纳职能，专门管理日常现金出纳业务。

4. 风险直接，责任重大

银行出纳部门直接担负着收付保管现金、外币、金银、有价证券、贵重物品的重要任务，出纳人员每天所经手的钱款金额大，实物数量多，所承担的风险不仅大，还承担着执行国家货币政策、维护人民币信誉和保护国家财产安全的重大责任。

3.1.2 银行现金出纳业务的原则

为了保证现金出纳各项工作顺利、安全地完成，操作过程应做到手续严密、责任分明、准确及时、库存安全。具体说来，必须坚持以下五项原则。

1. 坚持钱账分管，当日核对账款和双人经办

（1）钱账分管。即管钱的不管账，管账的不管钱。

（2）当日核对。每天营业终了，出纳人员根据上日库存减加本日借方、贷方发生额结出每日库存，与实际现金核对，然后与会计部门“现金”科目的借方、贷方发生额和余额核对，做到账款相符。

（3）双人经办。现金出纳工作必须坚持双人临柜、双人管库、双人守库和双人押运的“四双”原则。柜员制的单人临柜业务，必须配有相应的监控设备，储蓄业务的录像保留三个月。

2. 收入现金，先收款后记账；付出现金，先记账后付款

收款时先收款后记账，指在办理现金缴存业务时，要按先审查凭证，清点现金，在现金数额与凭证完全相符后，再按凭证记账的程序办理。付款时先记账后付款是指单位或个人来银行支出现金时，柜员必须先根据取款凭证办理记账手续，然后再付款，防止透支或冒领事件的发生。

3. 收款笔笔清，付款对号问数

收款笔笔清，是指办理收款时，要坚持办完一笔才能接收第二笔。在第一笔款项没有点清前要注意：不要把交款人的票币调换；不要与其他交款人的票币调换；在清点款项时，如有挑剔出来的损伤票币，只能从该交款人将来的款项中调整，不能与自己或别的交款人的票币调换；收款时，如有人说兑换票币，不能从该交款人的款项中换给。

付款对号问数，是指柜员付款时应按付款程序配好款，呼唤取款人，问清支款凭证号码和取款金额，并核准与取款凭证一致，方可把配好的现金付给取款人，并请其当面点清。

4. 坚持离岗交接手续和查库制度

出纳人员内部之间发生款项往来和现金、贵重物品及有价单证的转移、交接必须按规定办理交接手续，做到交接清楚，责任分明。

5. 坚持培训合格后上岗制度

对达不到出纳规定标准的人员，不得上岗直接对外办理现金出纳业务。

3.1.3 银行现金出纳的基本要求

良好的业务技术素质是做好现金出纳工作的必备条件。从事出纳的银行员工应该熟知和熟练掌握以下基本理论知识和具体操作技术，并达到一定的标准。基本要求主要有：

（1）具有一定的金融理论基础知识，懂得银行出纳专业理论知识，熟悉国家金融方针政策和有关法令、条规。

（2）熟练掌握银行出纳各项业务的核算和处理，能独立操作出纳各种业务工作并顺利完成工作任务。

（3）掌握货币防伪、反假政策和制度，能熟练识别并正确处理人民币、外币的假钞，懂得出纳机具的结构、功能，能熟练操作和进行维护保养。

（4）各项操作技术要达到银行对出纳人员的最低要求。

3.2　现金的调拨及管理

3.2.1　现金调拨业务

现金调拨业务是商业银行出纳的日常工作之一。它是指商业银行中心库与人民银行发行库之间、中心库与所辖各营业网点（业务库）之间、同一中心库不同营业网点之间的纵横向现金转移的过程，如图 3-1 所示。

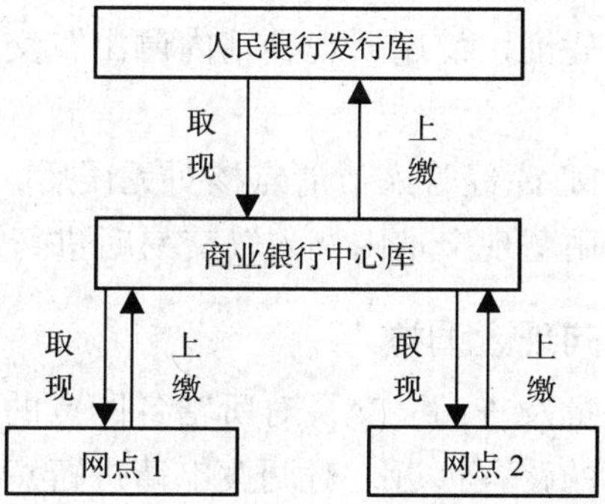

图 3-1　银行间现金的调拨

商业银行中心库和各网点（业务库）都配有业务主管、管库员、记账员，其岗位职能相互分离。管库员负责管理库存现金实物的保管及出入库；记账员负责管理调拨及保管物品的核算；业务主管负责权限内各项业务审批授权。

1．商业银行中心库向人民银行存取现金

商业银行中心库向人民银行存取现金是指中心库根据自身及所辖网点的业务需要，与人民银行发行库之间进行的现金存入与领取业务。商业银行应在人民银行开立存款准备金账户，先存后支。存款时，应填制现金交款单，缴存的现金必须按操作货币挑剔标准进行挑残、分开完整券和损伤券，经过复点并贴本行封签。支出现金时填写现金支票，取现要以其在开户人民银行准备金账户余额为限，不得透支。

2．中心库与所辖网点之间现金的调拨

（1）领取现金业务的处理流程。

1）领现网点记账员使用“现金调拨申请及查询”交易向管辖中心库发出申请。

2）中心库记账员应及时对辖属网点提出的领现申请使用“现金调拨审批及查询”交易进行查询，经业务主管审批，联机打印“现金调拨审批凭证”填制调拨凭证，使用“现金辖内调出”交易进行调出处理，管库员根据审批凭证配款出库。

3）款项到达领现网点经管库员清点无误签章后，办理现金入库手续。由网点记账员根据签章的调拨凭证使用“现金辖内调入”交易进行现金调入处理。

（2）缴现业务的处理流程。

1）缴现网点记账员使用“现金调拨申请及查询”交易向管辖中心库发出缴现申请。

2）中心库记账员应及时对辖属网点提出的缴现申请使用“现金调拨审批及查询”交易进行查询，经业务主管审批，联机打印“现金调拨审批凭证”。

3）缴现网点记账员使用“现金调拨申请及查询”交易查询调拨申请经批准后，根据中心库确认的缴现金额填制调拨凭证，使用“现金辖内调出”交易进行调出处理，管库员办理出库。

4）现金及调拨凭证送达中心库经管库员清点核对无误后，办理现金入库手续，中心库记账员根据签章的调拨凭证使用“现金辖内调入”交易时进行调入处理。

3. 同一辖属网点间的横向现金调拨

中心库使用“现金调拨审批及查询”交易对所辖各网点的调拨申请进行查询后，可根据各网点库存现金量及网点间的路程远近，对调拨申请进行意指时下达横向调拨命令，指定调出（调入）行，指定对方网点号和实调金额，在“备注”栏内注明券别和捆数等信息，实现辖属网点业务库间的横向调拨。办理横向调拨的两个网点业务库必须隶属于同一中心库管辖。调入、调出的处理流程同中心库与网点的现金调拨。

4. 库款运送的管理

银行库款的运送是指系统内营业单位业务库的现金调拨。库款的运送可以采取中心库运送、网点运送及第三方押运公司运送等不同方式。

凡运送现金、金银等贵重物品，不论数量多少或中途远近，都必须由两人或两人以上共同负责押运（不包括司机），不准人款分离或委托他人捎带。为了保证安全，防止意外发生，押运员执行任务时要携带武器；押运员和其他有关人员对库款的运送时间、地点、路线、数量等押运情况要严守秘密，不得泄露。运送库款的车辆不准搭乘无关人员，外出押运携带人员必须同出同归，中途不得单独行动。押运现金、金银必须严格交接手续，若发现断绳、散捆、散包等现象，应会同调入行复点细数，交接清楚后，才能开收款收据或回单。运送途中，押运员在任何情况下都必须两人严密看守，不得私自离开或委托他人看守，不得开着装运库款的车辆走亲访友，不得在装运库款的车上吸烟。

3.2.2　日间操作中的现金管理

1. 现金出房

每个经办现金业务的柜员，都要有一个“现金箱”（钱箱），每个“现金箱”都有最高限额的限制。

临柜柜员在办理日间业务操作前，首先应领取一定量的现金、重要的空白凭证。此外，还要将上日封存入库的“尾箱”从业务库中售出，以上这些业务即办理出库。

每个办理现金业务的临柜柜员，必须由主管为其按币种建立“现金箱”，并设定一定限额，否则无法办理现金业务。“现金箱”是存放现金实物的物理钱箱与系统内电子钱箱的统一。在每天办理日间业务前，需匡算当天所需现金数，从现金库房中提取相应现金存入“现金箱”，这个存入既指现金实物的领用，也指系统中管库柜员的出库、临柜柜员的领入记载。

2. 日终现金轧账

日终现金轧账分为柜员日终轧账和网点日终轧账。所有网点业务终了必须进行柜员轧账和网点轧账。其中，柜员轧账由柜员自己负责办理，网点轧账由网点业务主管或业务主办负责办理，在柜员账务轧平前，柜员不得提前离岗；在网点账务轧平前，业务主管和主办不得提前离岗。

（1）柜员日终现金轧账处理。

1）结平现金。结平现金的业务主要分为以下几个方面。

① 柜员清点现金实物。

② 电子钱箱与实物钱箱全额的核对。在系统内查询自己保管的钱箱内的现金数量，与现金实物进行金额、券别双核对，要确保两者金额、券别完全一致。如金额一致，但券别不一致，应通过系统调整券别张数，最终使其保持一致。待金额、券别核对相符后，打印出柜员现金日结单和柜员轧账表，并与库存现金实物进行核对。

③ 上缴钱箱及现金。检查库存现金余额是否超过柜员日终限额，如超过限额，超限额部分上缴，然后再将柜员钱箱通过系统上缴给管库员，管库员则通过系统将柜员的钱箱收缴上来。

④ 现金实物由业务主管人员复点，并与柜员现金日结单核对，无误后在柜员现金日结单上签章确认。核对无误的现金实物须经双人加锁封包后缴管库员保管。

2）核对重要凭证。核对重要凭证的业务主要分为以下几个方面。

① 每日营业终了，柜员应将经管的重要空白凭证与相关登记簿进行账实核对，确保账实、账账核对相符。

② 打印“柜员重要空白凭证轧账单”，核对柜员保管的各种重要空白凭证的数量和起

始号码，统计凭证的新开、作废、换折份数与实物核对相符。

手工核对公式为：

今日余额=昨日余额–已使用（售出）凭证份数–作废凭证份数+领入凭证份数

3）结平账务。结平账务的业务主要分为以下几个方面。

① 柜员区别借、贷方按现金、转账、单笔和表外业务分别核对当日经办的凭证笔数、金额。

② 使用柜员现金上结单，与当日经办的现金凭证笔数、金额按借、贷方与现金日结单核对一致。通过系统将当日经办的凭证笔数、金额区别借、贷方按现金、转账、单笔和表外分别录入笔数、金额，与机器数据进行默认核对，直至全部轧平。

③ 轧平账务后通过系统打印柜员轧账表。

（2）网点日终轧账处理。

1）检查库存现金是否账实相符。通过系统查询网点库存现金余额，并与库存现金实物相对一致；检查柜员钱箱是否上收完毕；打印网点现金库存簿查询核对；打印网点现金日结单并与所有柜员现金日结单汇总后的现金收付发生额、库存现金余额核对一致，管库员检查在途现金是否正确；核对上缴网点款包。

2）核对贵重金属是否相符。通过系统查询贵金属科目有关账户余额，并与贵金属有关登记簿核对相符。

3）检查账务是否轧平。通过系统打印网点轧账单，其中轧平标志应为“已轧平”；打印网点轧账汇总表，其中轧平标志应为“已轧平”。

4）凭证整理移交。按照不同的柜员，区分币种并按现金收付、转账单笔借贷、表外借贷凭证进行整理后交事后监督。

3.2.3 开户单位的现金管理

对于开户单位的现金管理是银行按照国家政策及相关规定，对开户的机关、团体、部队、企业、事业单位的现金收支、使用和库存进行的监督管理，是国家的重要财经制度之一。

1. 现金的使用范围

（1）职工工资，各种工资性津贴。

（2）个人劳务报酬，包括稿费和讲课费及其他专门工作报酬。

（3）根据国家规定颁发给个人的科学技术、文化、艺术、体育等各种资金。

（4）各种劳保、福利费用以及国家规定的对个人的其他支出。

（5）向个人收购农副产品和其他物资的价款。

（6）出差人员必须随身携带的差旅费。

（7）结算起点以下的零星支出。

（8）因采购地点不固定、交通不便、抢险救灾，以及其他特殊情况，不便办理转账结算，必须使用现金。

2．现金管理的基本规定

（1）节约使用现金。开户单位之间的经济往来，除按规定范围和限额可以使用现金外，其余应当通过银行进行转账结算。

（2）积极推行转账结算。转账结算凭证在经济往来中，具有同现金相同的支付能力。开户单位在销售活动中，不得拒收支票、银行本票和银行汇票。机关、团体、部队、全民所有制和集体所有制企业、事业单位购置国家规定的专项控制商品，必须采取转账结算方式。

（3）对开户单位核定库存现金限额。开户银行应当根据实际需要核定开户单位的库存现金限额。经核定的库存现金限额，开户单位必须严格遵守。单位需要增加或减少库存现金限额时，应当向开户银行提出申请，由开户银行核定。

（4）按规定使用现金。开户单位支付现金，可以从本单位库存现金限额中支付，或从开户银行提出，不得从本单位的现金收入中随意坐支。因特殊情况需要坐支的，应当事先报经开户银行审查批准，由开户银行核定坐支范围和限额。坐支单位应当定期向开户银行报送坐支金额和使用情况。

开户单位在规定范围和使用现金限额内，从开户银行提出现金，应当写明用途，由本单位财会部门负责人签字盖章，经开户银行审核同意后，予以支付。

开户单位应当建立健全现金账目，逐笔记载现金收付，日清月结，账款相符。不允许用不符合财务制度的凭证顶替库存现金；不准单位之间相互借用现金；不准将单位收入的现金以个人名义存入储蓄所；不准谎报用途套取现金；不准利用银行账户代其他单位和个人存入或支出现金；不准保留账外公款（小金库）；禁止发行变相货币；不准任何票券代替人民币在市场上流通。

案例分析 3-1　某银行柜员挪用库款案情分析

案件名称：某银行下辖支行柜员挪用库款案。

涉案风险部位：现金管理

作案时间：2003 年 4 月～2006 年 7 月

案件发现渠道：监管部门检查

简要案情：2006 年 8 月 2 日，某省银监局下属某监管办事处对某银行下辖某县支行进行现场时发现，该行营业室微机打印现金余额为 1 556.48 万元，但实际现金库存余额为 156.48 万元，库存短款 1 400 万元。

作案方式：柜员现金业务操作严重违规，吸收客户资金不入账（如截留企业现金汇款和税务部门税款后不做账务处理），通过冲正方式挪用客户存款；或划入银行的保证金账户；出具虚假的现金缴款单；柜员现金尾箱限额未进行严格控制，库存现金超额未及时上缴。

分析：银行在规章制度的执行和管理上存在的问题有哪些？如何避免类似的案件发生？

3.3 商业银行现金日常处理

3.3.1 现金收付

现金收付是最常见的银行出纳业务之一，但现金收付又不是一项独立的业务，它贯穿于柜员日间操作的很多业务之中。涉及现金收款的业务主要包括储蓄开户、续存、代收业务、对公存款等；涉及现金付款的业务主要包括储蓄取款、代付业务、单位取现、销户等。虽然现金收付可能只是其他业务中的一个中间步骤，但它又有着结算的诸多特点和特殊要求。

1. 现金收款

（1）现金收款业务的操作流程。

1）柜员审核凭证。柜员接过客户提交的交款凭证/存款凭条和现金，应首先审查交款凭证/存款凭条日期、户名、账号、大小写金额、券别明细、款项来源等要素填写是否齐全、有无涂改，大小写金额是否相符。交款凭证/存款凭条要素缺漏或填写有误，应请客户当场补填或重新填写。若客户进行储蓄存款开户，还应审查客户有效身份证件的合法性和真实性。

2）柜员清点现金。审核凭证无误后，柜员要当客户面清点现金。

清点现金时按“三先三后”的程序操作，即先点大数（卡捆卡把）、后点细数，先点主币、后点辅币，先点大面额票币、后点小面额票币。收入现金必须坚持手工清点，使用验钞仪逐张核验。

柜员在清点现金过程中发出假币，应依法当场收缴。

柜员清点完现金后发现金额与凭证不符，应立即向缴款人说明情况，待确认后，可按原缴款凭证多退少补，也可由缴款人按实际金额重新填制现金缴款凭证。

3）进行系统操作/记账。在系统中输入收款金额及相应信息，并确认。

4）打印相关凭证。记账确认后，系统会提示打印“现金存款凭证/存款凭条”，柜员在凭证上加盖“现金收讫”章，并将客户联交予客户，银行留存联作为现金记账凭证附件保存。若为储蓄存款开户业务，还要打印存折或存单并加盖“业务公章/存折（单）专用章”。

5）现金收入钱箱。将收妥的现金按券别、残好分别归位入箱，做到一笔一清，妥善保管。

（2）现金收款业务的重点环节。

1）收入现金必须坚持先收款后记账原则。

2）收入成把成捆款项必须先认真进行卡捆卡把，核对大数，收妥后，分类保管前须再次核对大数。

3）在一笔款项未全部收妥前，严禁与已收妥款或其他款项调换、混淆。

4）在每捆、把未点完前，不得将原封签和纸条扔掉，现金收受后与凭证核对。

5）在收款过程中，发现疑点必须坚持有疑必复，自复时，须以复点现钞为主，先确定现金的准确数额，再核对原始凭证的正误，防止因为凭证差错造成现金多缺。

6）收点款项时，必须按凭证券别数字，顺序点收现钞，并逐一进行累计计算。

7）已收妥的现钞、现金收讫章、个人名章必须严格保额，离岗时，全部入箱加锁。

8）严格执行交接制度，款项转移必须办理交接、责任必须落实。

9）业务终了、轧平账款，经手现钞必须如数入库。

2. 现金付款

（1）现金付款业务的操作流程。

1）柜员审核凭证。柜员收到客户交来的现金收款凭证，应审查凭证是否合法、有效；日期、大小写金额、收款人名称有无涂改；大小写金额是否相符。凭证要素缺漏或填写有误，应请客户当场补填或重新填写。若客户进行储蓄取款或销户，还应审查客户提交的存折/单的真实合法性。

2）进行系统操作/记账。凭证审核无误后，在系统中进行记账处理。

3）打印相关凭证。记账确认后，系统会提示打印“现金取款凭证/取款凭条”，柜员在凭证上加盖“现金付讫”章，并将客户联交予客户，银行留存联作为现金记账凭证附件保存。

4）配款。柜员按照付款凭证上的金额配款。配款时先将凭证大写金额拨在算盘或计算器上，先配主币，再配辅币。成把券、成叠券计算大数，零头数必须逐张清点。

5）付款。付款时应核对取款人名称（姓名）；询问并核对取款金额并逐位唱付，向客户交代清楚。客户应在柜员的目视下清点现金，若客户点现出现差错，柜员应立即复核更正。

（2）现金付款业务的重点环节。

1）付出现金必须遵守先记账后付款的原则。

2）付款柜员必须遵守“三核对”和“逐数唱付”的操作程序，确保付款工作质量。“三核对”是指：第一，核对配出的现金与付款凭证大小写金额是否一致；第二，核对收回的铜牌号或对号单是否与凭证上的号码一致；第三，询问客户取款金额，核对与凭证金额是否一致。然后“逐数唱付”，即按照付款金额数字位序，从大到小逐位唱付，并向取款人交代清楚。

3）款项应妥善保管，坚持离位加锁，消除安全隐患。

4）款尾箱应该当日合尾，次日空箱上柜。

5）营业终了，所有款项必须扫数入库。

3.3.2 损伤票币的兑换、挑剔与销毁

损伤票币是指由于使用日久自然磨损和由于自然灾害等原因致使票币受损而不能在市场上流通的票币。

1. 损伤券兑换的法定标准

（1）全额兑换。能辨别面额，票面剩余四分之三（含四分之三）以上，其图案、文字能按原样连接的残缺、污损人民币，金融机构应向持有人按原面额全额兑换。

（2）半额兑换。能辨别面额，票面剩余二分之一（含二分之一）到四分之三以下，其图案、文字能按原样连接的残缺、污损人民币，金融机构应向持有人按原面额的一半兑换；纸币呈正十字形缺少四分之一的，按原面额的一半兑换。

（3）不能兑换。凡残缺人民币属于下列情况之一的，不予兑换：

1）票面残缺二分之一以上的。

2）票面污损、熏焦、水湿、油浸、变色等不能辨别真假的。

3）故意挖补、涂改、剪贴、拼凑或揭去一面的。

凡办理现金出纳业务的机构，均应办理票币兑换业务，并应挂牌营业；办理兑换时，手续要清楚，两人共同鉴定，并当顾客的面在损伤票币上加盖“全额”、“半额”戳记；凡兑换的票币必须进行复点，对兑回的损伤币，均不得流通使用，按券别版别整理成把，上缴业务库；管库员按人民银行规定整理上缴发行库；兑入的现金在兑换人离柜前不得与其他款项混淆。

2. 损伤票币挑剔的法定标准

银行在办理现金收付、整点票币时，应随时挑出损伤票币。挑剔损伤票币既要考虑市

场票币的整洁，便于流通使用，又要贯彻节约的原则。挑剔时可参照以下法定标准：

（1）票面缺少部分损及行名、花边、字头、号码、国徽之一的。

（2）票面裂口超过纸幅三分之一或损及花边、图案的。

（3）票面纸质较旧、四角或中间有裂缝，或票面断开又粘补的。

（4）票面油浸造成脏污的面积较大或涂写字迹过多、妨碍票面整洁的。

（5）票面变色严重影响图案清晰的。

（6）硬币破缺、穿孔、变形或磨损、氧化腐蚀损坏花纹的。

3.3.3　错款的处理

银行及金融机构的出纳部门每天经办大量现金和实物的收付、整点、保管、调运等工作，在频繁的业务活动中，随时都可能发现或发生差错或错款。因此，了解差错和错款的性质，正确处理差错和错款对维护银行信誉和客户的正当权益意义重大。

1. 差错、错款的概念、类别

银行及金融机构出纳部门在办理业务中，发现或发生款项实物的多缺，就是差错或错款。经过查找，退还了的长款或挽回损失的短款，称为差错。经过查找，无法退回的长款或无法挽回损失的短款，称为错款。

（1）差错的类别。

1）外部差错。客户来银行办理现金实物的缴存、兑换等业务，银行出纳经办人员发现其缴存、兑换的现金、实物与其缴存、兑换金额（数量）不符，发生现金实物多缺，即为外部差错。外部差错是相对于内部差错而言的，它是导致内部差错的根源。因此，必须特别注意外部差错发生的特点、规律，采取相应措施，加以防范，避免因放过外部差错而造成内部差错或错款。

2）内部差错。银行出纳部门的人员在办理现钞、实物收付、整点、兑换保管调运等业务过程中和轧结账款时发生的款项、实物多缺，经查找退还或追回了多缺部分，即为内部差错。内部差错也称未定型差错。它分为两类：一类为一般未定型差错，是在出纳业务的复点、复核环节上发现的差错；另一类为严重未定型差错，是在出纳业务已经过复点、复核仍未发现，而在事后经查找后解决了款项多缺的差错。

（2）错款的类别。银行出纳部门由于工作失误或其他原因发生的账款、账实不符，经查找无着，造成款项、实物多缺，统称错款，也称定型错款。错款按其发生的部位可分为以下三种。

1）出纳错款。银行本单位出纳部门或人员在经办出纳各项业务或轧结账款时发生的长短错款为出纳错款。出纳错款包括技术性错款、失职性错款和严重失职性错款。

在认真遵守和执行规章制度、操作规程和岗位责任制的情况下，由于计算机和点数偶然失误造成的错款、属于技术性错款。

由于工作责任心不强，有违章现象，没有严格按照操作规程和岗位责任制进行工作而造成的错款，属于失职性错款。

由于工作严重不负责任，有章不循，违章操作，经常发生差错，屡教不改，给国家财产和单位声誉造成重大损失，在群众中造成极不良影响的错款，属于严重失职性错款。

2）联行错款。非银行本单位出纳部门或人员经手的款项，实物调入本单位后发现的长短错款，为联行错款。

3）原封新券错款。从造币厂或印制部门发出后调入本单位的原封新人民币或有价证券，在拆封清点时发现的长短错款，为原封新券错款。

2．差错、错款的处理

由于各类、各种差错或错款发生的原因和性质不同，产生的影响不同，所以处理不相同。各类差错、错款的具体处理方法如下。

（1）差错的处理。发现外部差错，首先应确认差错长短金额、数量和可能导致差错的原因，并向客户交代清楚。如客户要求退还原款、原物的，可以将原款、原物退还客户，并与客户当面交点清楚。客户认可了差错，即可转入差错处理程序。处理时，要坚持“长退短补”的原则。为了方便客户，按照客户的意愿也可以不退长款或不补足短款，采取补填或换填款项、实物相符的凭证的办法来解决。退还长款须在凭证上复写退还的金额、数量，注明“业已退还”字样并加盖经办员名章。收回缴交的短款，亦须在凭证上复写补交款的金额，注明“业已补交”字样并加盖经办员名章。

外部差错处理完毕，要登记发现差错登记簿，记录发现差错日期，长短金额、数量及处理结果，并请客户签章。

至于内部差错，重要的是查找差错发生的过程、致错原因、工作失误环节等，其处理方法主要采取有针对性的措施加以防范，使发生差错的教训成为改进工作、提高工作质量的动力。

（2）错款的处理方法。

1）出纳错款的处理方法。处理出纳错款，应按以下三个步骤进行。第一步要先弄清情况，根据查证清楚的情况，确定错款属于哪一类性质。第二步要分清责任，对发生错款有关责任人员，按照其岗位职责确定其应该承担的责任。第三步是正确处理，在弄清情况、确定性质、分清责任的基础上，按照不同情况、不同性质和不同责任，将错款分为三类，以不同的方式处理。

① 技术性错款。对技术性错款应按照制度及有关规定处理，一般采取长款收益、短款

核销的办法，不做其他处理。

② 失职性错款。对失职性错款的处理，应视错款人员违章的情节，以往的工作表现，本人对造成错款的认识及错款给国家财产、单位声誉造成损失的程度等，进行适当处理。长款核销或部分核销，对责任人员进行批评教育或经济处罚。

③ 严重失职性错款。对严重失职性错款必须严肃处理。处理时要根据失职情节轻重、责任大小及本人态度，分别追究经济责任、行政责任甚至刑事责任。在处理过程中，短款差错要责成责任人赔偿一部分直至全部。经查明造成出纳短款的原因属于出纳人员利用职位之便贪污、盗窃挪用公款者，应按照贪污、盗窃、挪用公款所造成的短款损失，必须全部追加。

2）联行错款的处理方法。联行间调拨款项中发出的错款，调入行和调出行都应该负责认真追查。调入行经追查非本行责任时，应立即通知调出行，请调出行协助追查。为了便于查清，应将原封签、纸条（包装纸）等及发现错款的详细经过材料寄送调出行。经查明错款确系调出行责任，该错款由调出行处理；若无法确认责任，该错款由调入行做收益或报损处理。

3）原封新币（券）错款的处理方法。调入的原封新币（券）在清点中发出错款时，发现单位应认真查找原因。如确非本行负责，则开具证明，说明发现经过及封包内每把票券的起止号码、缺号、补号情况等。在证明上加盖经手人和证明人章，经出纳主管负责人审批后，连同原封签、纸条通过管辖行（处）上报。如短少整把（券）或一把（券）内短少10张（枚）以上，应将该捆（盒）票币原样保管并立即将发现错款的过程等详细情况逐级上报到人民银行总行或主管发行的最高主管部门审查处理。

复习思考题

一、单项选择题

1.（　　）掌握我国的货币发行权。

A. 银监会　　B. 中国造币总公司　　C. 中国人发银行　　D. 中国银行

2. 中心库向人民银行领取现金时，经有权人审批同意后，需填制（　　）。

A. 转账支票　　B. 现金调拨申请表　　C. 现金支票　　D. 现金收入凭证

3. 能辨别面额，票面剩余（　　）以上，其图案、文字能按原样连接的残缺、污损人民币，金融机构应向持有人按原面额全额兑换。

A. 二分之一　　B. 四分之三　　C. 三分之二　　D. 三分之一

4. 残缺、污损人民币持有人对金融机构认定的兑换结果有异议的，可凭认定证明到

(　　)申请鉴定。

A. 人民银行分支机构　　B. 出具认定结果的上级银行

C. 银行监会分支机构　　D. 当地银行业协会

二、判断题

1. 客户通过网上银行缴纳水电费业务属于商业银行现金出纳业务。(　　)

2. 清点现金时的“三先三后”是指：先点大数(卡捆卡把)、后点细数，先点完整券、后点残币，先点主币、后点辅币。(　　)

3. 人民银行各网点可以直接为公众兑换残缺、污损的人民币。(　　)

三、简答题

1. 客户李明携带现金要求存款 60 万元，柜员王静接款后未当面清点核对，随即将现金移到另一无监控探头的柜台开始清点，一个多小时清点完毕后，发现只有 59 万元，但客户坚持说是 60 万元。

问题：试分析柜员的操作存在的不规范之处。银行工作人员如何加以防范?

2. 客户支取 1 万美元。柜员没有点清，直接付给客户。而客户未清点完，柜员又叫另一客户办理下一笔业务。故客户挪开自行清点后发现少了两张。

问题：柜员的操作存在什么问题?

3. 2006 年 11 月 25 日，中国银行湖北省分行××支行营业部主任肖某某进入金库，拎着一个大布袋卷走数百万元现金后出逃。事发后 8 天的 12 月 3 日，该银行紧急调款时发现金库被盗。当时本应该上班的肖某某一直未出现。银行方面四处寻找无果，后来有关方面将金库的门打开以后发现，10 万元一袋的现金袋，有 26 袋不见了。

事发经过是这样的：11 月 25 日肖某某和一名刘某工作人员共同看守金库。他们分别持有金库的两把钥匙，刘某有内库的钥匙。为了取得内库的钥匙，肖某某在 25 日之前安排刘某休假，休假的刘某便把钥匙交给了肖某某。11 月 25 日晚，肖某某将银行营业大楼的电全部断掉，然后持两把钥匙顺利进入金库，从容卷走了 260 万元现金。

问题：上述案例中，银行在现金库管理方面存在哪些问题?

第 4 章　商业银行存款业务

知识目标

- 掌握商业银行存款业务的重要性及类型。
- 掌握个人储蓄存款的种类。
- 掌握人民币单位存款账户开户的基本规定。

技能要求

- 掌握个人储蓄存款的利息计算。
- 熟知储蓄存款业务流程。
- 正确填写储蓄存款相关单证。
- 熟知人民币单位存款的操作规程。

4.1　商业银行存款业务概述

4.1.1　商业银行存款的重要性

存款是社会公众基于对银行的信任而将资金存入银行并可以随时或按约定时间支取款项的一种信用行为。存款是银行负债业务中最重要的业务，是商业银行资金的主要来源。吸收存款是商业银行赖以生存和发展的基础，占到负债总额的 70%以上。商业银行只有通过存款业务将资金集中起来，才能实现放款和投资等资产业务，因此，不断扩大商业银行的存款业务是扩大放款和投资规模的主要途径。商业银行存款的业务量决定了放款的业务量，直接决定商业银行未来的利差收入，从而决定商业银行的经济效益。

4.1.2 商业银行存款的类型

1. 商业银行传统存款业务

（1）活期存款。活期存款是指存户不需要事先通知，可随时存取和转让的存款。它没有确切的期限规定，银行也无权要求客户取款时做事先的书面通知。持有活期存款账户的存款者可以用各种方式提取存款，如开出支票、本票、汇票，电话转账，使用自动柜员机或其他电传手段等。因为各种经济交易，包括信用卡、商业零售等，都是通过活期存款账户进行的，所以在国外又把活期存款称为交易账户。在各种取款方式中，最传统的是支票提款，因此活期存款也称支票存款。

活期存款传统上只能由商业银行经营，是商业银行创造存款货币的基础。但是，目前在西方国家，储蓄银行和其他金融机构也能经营。对客户来说，活期存款账户取款自由，便于结算，还可以获得银行的透支和各种优惠。但活期存款原则上是不支付利息的，有的国家还收取一定的手续费，即使在支付利息的国家，活期存款的利率也很低。虽然如此，活期存款仍是西方发达国家客户的首选。

（2）定期存款。定期存款是客户和银行预先约定存款期限并获得一定利息的存款。存款人主要是各种营利法人和非营利法人，存款期限是固定的，在美国最短为 7 天，一般短则 3 个月或 6 个月不等，长则为 5 年或 10 年不等，存款利息随着存款期限的长短而高低不等，但都要高于活期存款。传统的定期存款要凭银行所签发的定期存单提款，存单不能转让，银行根据存单计算应付本息。

定期存款原则上不能提前支取，客户如要提前支取定期存款，则会损失一些利息或向银行支付罚息。西方国家对提前支款的罚息一般较高，如美国对 7～31 天的定期存款提前取款者的处罚金额占提前所取金额应得利息的大部分；32 天至 1 年的存款，罚金至少相当于 1 个月的利息。

对客户来说，定期存款具有利率高、风险小、收益稳定的特点，是一种收入稳定而又风险性很小的投资方式。虽然不能提前支取和转账结算的限制会给客户带来不便，但客户可以以存单作为动产质押取得银行贷款。对商业银行而言，定期存款在灵活性、方便性、利息成本和创造派生存款的能力等方面都不如活期存款，但其对银行经营管理却有着特殊的意义。

1）银行稳定的资金来源。定期存款的期限较长，按规定一般不能提前支取，这样，银行就可将客户存入的资金用于中长期放款而无流动性风险之虑。而且，定期存款是以存入时挂牌公告的利率计息，银行能有效规避市场利率变动的价格风险。

2）资金收益高于活期存款。活期存款因为没有期限约束，客户不得提前通知就能随时支取，为了避免发生支付危机和减少经营风险，商业银行必须保持较高的存款准备金率。而定期存款未到期一般不能提前支取，其稳定性明显高于活期存款，因此银行的存款准备金率明显较低，可把所吸收的绝大部分存款都贷放出去，从而为银行带来可观的收益。

3）营业成本低于活期存款。一般情况下，定期存款只需开具一张定期存单，客户持存单支取本息，银行在存款到期时一次性办理手续。在存款期间几乎不需要提供其他任何服务，银行为定期存款所支付的各项管理费用，即营业成本是很低的。这显然有利于提高银行的盈利水平。

（3）储蓄存款。国内外对储蓄存款的定义存在明显的差异。美国把储蓄存款定义为“存款者不必按照存款契约的要求，而是按照存款机构所要求的任何时间，在实际提取日前 7 天以上的时间，提出书面申请提款的一种账户”。在美国，居民个人、政府和企业都可以合法地持有储蓄存款。而我国的储蓄存款仅指居民个人消费结余存款，政府机关、企事业单位的存款不能称为储蓄存款，公款私存被视为违法现象。

储蓄存款可分为活期储蓄存款和定期储蓄存款两类，通常由银行发给存户存折或存单，此类存款不能签发支票或转账结算，也不能透支。为保护存款人的利益，国家对经营这项业务的金融机构资格要求比较严格，一般只能由商业银行和专门的储蓄机构来经营。

2. 商业银行创新存款业务

在存款利率受管制的情况下，银行存款面临金融市场上其他金融工具的严峻挑战，有大量流失的危险。商业银行要扩大存款、争取客户，就必须不断创新存款工具，以优质、方便、灵活的服务和具有竞争力的价格迎接挑战。所谓存款创新，指的是银行根据客户的动机和需求，创造并推出新的存款品种，以满足客户需求的过程。

20 世纪 70 年代以来，西方一些商业银行和非银行金融机构为了逃避西方银行管理当局禁止银行对活期存款支付利息或规定支付较少利息的限制，加强存款竞争，对存款负债业务进行了一些创新，设立了多种灵活方便的支付利息的存款账户。

（1）活期存款工具创新。

1）可转让支付命令账户（Negotiable Order of Withdrawal Account，NOW）。可转让支付命令账户是商业银行针对个人、非营利机构开立的支付利息的支票账户，也称付息的活期存款。它起源于 1970 年，由美国马萨诸塞州的一家互助储蓄银行创造，并很快得到推广。首先，该账户以支付命令取代了支票，可以用来提款，经背书后也可以转让，实际上是一种不使用支票的支票账户。其次，该账户可以按平均余额支付利息。在没有这种账户时，为了获得利息，存户把钱存入储蓄账户；为了开支票付款，又要开立一个活期账户。现在合二为一，为存户带来了方便，也简化了手续。最后，该账户仅限于个人和非营利机构。该账户的出现既给客户提供了支付上的便利，也满足了收益上的要求，因此受到了客户的广泛欢迎。对商业银行来说，有利于吸引客户、扩大银行存款规模。

2）超级可转让支付命令账户（Super NOW）。超级可转让支付命令账户始办于 1985 年，是一种利率较高的存款账户，是可转让支付命令账户的延伸。除了具有可转让支付命令账户的特点之外，该账户开办之初法定最低开户金额和平均余额为 2 500 美元，且存户每月开出的支付命令的次数不限，但银行要对此收取一定的手续费。该账户的利率介于 NOW 账户和 MMDA 账户（货币市场存款账户）之间：当金额低于 2 500 美元时，按储蓄存款计息，利率每天调整，每天复利，月底计入存款账户；对保持 2 500 美元或更大金额的账户，利率不受管制。对于该账户，银行必须提缴存款准备金，因此，其成本要相对高一些，而且其存款对象仅限于非营利性机构。

3）货币市场存款账户（Money Market Deposit Account，MMDA）。由于商业银行活期存款不付利息，在利率上限规定“Q 条例”尚未取消的情况下，商业银行存款的吸引力受到考验。1982 年，美国货币市场基金会开立了货币市场存款账户这样一种新型的活期存款账户。

该账户的平均余额不低于 2 500 美元；存款利率没有上限限制，并可以浮动，一般每周按货币市场利率调整，每日复利，于月底打入该账户；如果平均余额低于 2 500 美元，则按储蓄存款计息；10 万美元以内的存款额可得到联邦存款保险公司的保险；存款者每月可办理 5 次自动转账或电话转账，但使用支票付款不得超过 3 次，个人取款不受此限制；对存款不规定最短期限，但银行具有要求客户提取款时必须提前通知（至少 7 天）的权力；存户对象不限，个人、非营利机构、企业都可以开户，但对银行来说，个人账户不提交法定存款准备众，非个人账户则上交 3%的存款准备金。

4）货币市场共同基金账户（Money Mark Mutual Fund，MMMF）。该账户是在 20 世纪 70 年代初由美国梅瑞尔·林奇公司创立的，是一种小额信托投资，目的在于广泛吸收社会闲散资金用于社会投资。通过这种方式聚集起来的资金往往投资于可转让大额定期存单、商业票据、银行承兑汇票和国库券等短期凭证。参加共同基金的投资者可以随时购买股份或出售股份，即可随时变现获取一定利益（当时年收益率可达 17%左右，远远高于同期的定期存款利率）。客户除购买股份基金外，还可在商业银行开立账户。当投资者需要用款时，可通知货币市场共同基金出售其所有的股份，把款项计入银行的活期存款账户内。客户可以用支票支付 500 美元以上的款项，如遇活期支票账户余额不足时，银行可通知基金，代客户出售部分基金股份。由于该类基金具有收益率高、面额小、风险小和流动性强等特点，很受客户欢迎。

5）自动转账服务账户（Automatic Transfer Service Account，ATS）。该账户是 1978 年以后出现的，是由电话转账制度演变而来的。该账户的特点是：客户在银行同时开立储蓄存款账户和活期存款账户，活期存款账户的余额始终保持 1 美元，其余存款存入储蓄账户以获得利息收入。当客户需要签发支票时，可用电话通知开户行，开户行随即将支付款项从储蓄账户上转移到活期存款账户上，自动转账支付款项。由于该账户可以转账，所以银行需要缴纳存款准备金，对于银行提供的转账服务，客户要支付一定的服务费。

6）协定账户（Agreement Account，AA）。协定账户是自动转账服务账户的进一步创新，是一种可在活期存款账户、可转让支付命令账户、货币市场共同基金账户三种账户之间自动转账的账户，比自动转账账户更进了一步。协定账户是银行和客户达成的一种协议，存户授权银行可将款项存在活期存款账户、可转让支付命令账户或货币市场共同基金账户中的任何一种账户上。对活期存款账户或可转让支付命令账户，一般都规定一个最低余额，超过最低余额的款项由银行自动转入同一存户的货币市场共同基金账户上，以取得较高的利息。如果不足最低余额，也可由银行自动将同一存户在货币市场共同基金账户上的一部分款项转入活期存款账户或可转让支付命令账户，以补足最低余额。

（2）定期存款工具创新。

1）可转让定期存单（Negotiable Certificate of Deposits，NCD）。它是指资金按某一固定期限和一定利率存入银行，并可在市场上买卖的凭证，是商业银行执行负债管理政策的主要金融工具。NCD是由美国花旗银行在20世纪60年代开办的，原是为了逃避最高利率限制和存款准备金的规定。一般情况下，可转让定期存单有国内发行和国外发行两种。其特点是存单面额固定（10万~100万美元），不记名，利率有固定也有浮动，存期为3个月、6个月、9个月和12个月不等，存单可以流通转让，有比较活跃的二级市场，具有流动性和营利性。大额可转让定期存单既可以直接向投资者发行，也可以通过证券商和经纪人采取间接方式发行。

2）新型指定定期存款。该金融工具在日本银行界颇为流行，是指存入期限在1年以上、最长为3年的定期存款。该存款在存入一年后只要提前一个月指定支取日期，任何时候都能支取。其对象为享受税收优惠的个人。

（3）储蓄存款工具创新。

1）个人退休金账户（Individual Retirement Account，IRA）。这是美国商业银行在1974年为没有参加“职工退休计划”的个人创设的一种新型的储蓄存款账户。按照规定，工资收入者只要每年在银行存入2 000美元，其存款利率可以不受“Q条例”的限制，且可暂时享受免税优惠，直到存户退休后，再按其支取的金额计算所得税。然而，由于退休后存户的收入减少，故这笔存款仍可按较低的税率纳税。因存期较长，个人退休金账户存款的利率也略高于一般储蓄存款。

2）股金汇票账户（Share Draft Account，SDA）。该账户由美国信贷协会在1974年首创，兼具支票账户功能，是一种支付利息的支票账户，也是逃避利率管制的一种创新。建立股金汇票账户后，存户可随时开出提款单，代替支票来提现或支付转账。在未支付或提现前，属于储蓄账户，可取得利息收入；需要支付或提现时，便可开出提款单（支付命令书），通知银行付款，方便、灵活又有利息收入。

除了以上几种存款创新工具之外，国际金融市场上还存在欧洲美元存单、定活两便存款账户、特种或使用方预付费支票存款等其他一些新的工具。

4.2 商业银行个人存款业务

个人存款又叫储蓄存款，是指居民个人将闲置不用的货币资金存入储蓄机构，储蓄机构开具存折（卡）或存单作为凭证，个人凭存折（卡）或存单可以支取存款本金和利息，储蓄机构依照规定支付存款本金和利息的活动。

4.2.1 个人储蓄存款的原则

为了具体贯彻保护和鼓励人民群众储蓄的政策，储蓄工作必须遵循“存款自愿、取款自由、存款有息、为储户保密”的原则。

1. 存款自愿

存款自愿是指公民存不存款、存多少款、选择哪种储蓄存款种类、存在哪个金融机构、存期长短等都由储户自己选择决定，任何单位和个人不得以任何借口和方式干涉。

存款自愿原则是以保护公民个人合法收入的所有权为基础的。我国法律规定，公民劳动所得的合法收入所有权永远属于个人，公民拥有充分使用支配其合法收入的权利。因此是否参加储蓄要完全出于本人自愿。储蓄机构应以向储户耐心、周到、安全、便捷的良好服务为手段来吸引储户，使储户真正感受到银行办理储蓄的方便和收益，从而自觉自愿地把钱存到银行。

2. 取款自由

取款自由是指储户在存款后，什么时候取款、取多少款、作什么用，储户可以自行决定、自由支取。银行必须按照规定保证支付，不得故意为难或限制储户取款。

取款自由是保护储户个人财产所有权，尊重个人财产处置权的一项重要原则。对储户来说，没有取款自由，存款自愿将失去实际意义。为落实取款自由原则，在储蓄工作中需注意以下三点。

（1）定期储蓄可以提前支取。这是银行对储户的一个承诺，相当于银行与储户之间在定期储蓄协议中的一项补充条款，也可以理解为是银行鼓励居民存款的措施之一。因此在遇到储户办理提前支取定期存款业务时，银行要按约办事。但在具体办理手续时银行应本着对储户负责的态度，必须严格按法定程序办理。认真审查所有证件和印鉴，以防诈骗、冒领造成银行的资金损失，引起不必要的经济纠纷。

（2）“取款不问用途”是取款自由原则的一项内容。我国法律保护个人财产所有权，也就同时保护了储户储蓄的使用权和处分权，任何单位和个人不得干预。

（3）支取储蓄存款一般来讲不应要求提前预约。随着经济的发展，大额存取款的储户越来越多，一次性支取大额款项的储户已不少见，为了维护金融秩序，也为了维护存款人权益和确保资金安全，中国人民银行于 1997 年 8 月发布了《关于大额现金支付管理的通知》，其中第二条规定：“对 1 日一次性从储蓄账户提取现金 5 万元（不含 5 万元）以上的，储蓄机构柜台人员应请取款人提供本人有效身份证件（包括居民身份证、户口簿、军人证，外籍储户的护照、居住证），查验无误后予以支付。”其中一次性提取现金 20 万元（含 20 万元）以上的，取款人必须至少提前一天以电话等方式预约，以便银行准备现金。对大额现金支付加强管理，是防范和打击一些不法分子偷税漏税、洗钱、贩毒、行贿、诈骗、携款潜逃等经济犯罪活动的需要。金融机构通过预约、登记、备案使犯罪分子支取大额现金受到限制，违法活动的蛛丝马迹可暴露出来，从而起到防范和打击经济犯罪的作用。

3. 存款有息

存款有息是指储户有按照国家规定的利率取得利息的权利。

在实际工作中储蓄柜员必须按国家制定的利率准确地向储户计付利息，不得弄虚作假。有些银行为了拉存款，在正常的利息支付之外以发实物发奖金的名义变相提高利率，这种做法是坚决不允许的。它违反了国家的金融法规，扰乱了金融市场的秩序。

4. 为储户保密

为储户保密原则是指银行对储户存款的多少、种类、户名、密码、地址、签章式样、存款余额等项必须为储户保密。

《商业银行法》第二十九条第二款明确规定：“对个人储蓄存款，商业银行有权拒绝任何单位或个人查询、冻结、扣划……”为储户保密原则的依据是财产所有权的绝对性和排他性。绝对性要求其他人都负有不作为的义务；排他性则排除了任何人的干涉。所以公民储蓄对任何单位和个人都要保密。

在实际工作中，要求银行储蓄人员必须做到：在日常工作和生活中不议论储户的存款情况，不经储户同意，不得随意作为典型加以宣传报道，没有合法手续不得向任何单位与个人提供储户的存款情况等。

有的储户由于对“为储户保密”这一原则缺乏必要的了解，在存款时往往采用化名等。为了解决一些法律上的问题，我国法律、法规已做出了规定，储户存、取款要采用实名制。

补充资料 4-1 个人存款账户实名制

为了保证个人存款账户的真实性，维护存款人的合法权益，个人在金融机构开立存款账户时，应当出示本人有效身份证件，使用实名。代理他人在金融机构开立个人存款账户的，代理人应当出示被代理人和代理人的身份证件。下列身份证件为实名证件：

（1）居住在境内的中国公民，为居民身份证或者临时居民身份证；

（2）居住在境内的16周岁以下的中国公民，为户口簿；

（3）中国人民解放军军人，为军人身份证件；中国人民武装警察，为武装警察身份证件；

（4）香港、澳门居民，为港澳居民往来内地通行证；台湾居民，为台湾居民往来大陆通行证或者其他有效旅行证件；

（5）外国公民，为护照。

在金融机构开立个人存款账户的，金融机构应当要求其出示本人身份证件，进行核对，并登记其身份证件上的姓名和号码。代理他人在金融机构开立个人存款账户的，金融机构应当要求其出示被代理人和代理人的身份证件，进行核对，并登记被代理人和代理人的身份证件上的姓名和号码。不出示本人身份证件或者不使用本人身份证件上的姓名的，金融机构不得为其开立个人存款账户。

（资料来源：中国人民银行网站）

4.2.2 个人储蓄存款的种类及相关规定

个人储蓄存款业务按照是否约定存期分为活期储蓄存款、定期储蓄存款及其他储蓄存款。

1. 活期储蓄存款

活期储蓄是储户在开户时不约定存期，可以自由存取的一种储蓄方式。

活期储蓄的特点：灵活方便、存取频繁、适应性强。活期储蓄1元起存，多存不限，由银行发给存折（卡），储户凭折（卡）支取，存折（卡）记名，可以挂失。

按照存取款方式的不同，活期储蓄存款可分为活期存折储蓄存款、活期支票储蓄存款、定活两便储蓄存款、借记卡及通知存款等。

（1）活期存折储蓄。活期存折储蓄是指不确定存期，起存金额为1元人民币，开户后由银行发给存折，凭存折存取款，存取金额不受限制的一种储蓄方式。为安全起见，开户时可以约定凭印鉴或计算机预留密码支取。活期存折存款是银行最基本、最常用的存款方式，客户可随时存取款，自由、灵活调动资金，是客户进行各项理财活动的基础。

（2）活期支票储蓄。活期支票储蓄在开户时由储户申请，经银行审查信用同意后，发给储户活期支票证明卡、活期支票簿和现金存款单。开户时起存金额各银行有不同的规定，续存时可凭现金存款单存入现金，也可使用支票转账存入。取款时凭储户签发的支票办理支取现金或转账结算。储户不得签发空头支票，否则银行将按规定处以罚金。

（3）借记卡。借记卡是由发卡银行向社会发行的先存款后消费（或取现），没有透支功能的银行卡。按功能不同，借记卡又可分为转账卡（含储蓄卡）、专用卡及储值卡，是一种具有转账结算、存取现金、购物消费等功能的信用工具，它还附加了转账、买基金、炒股等众多理财等功能，提供了大量增值服务。借记卡一般直接连接到储户的银行账户，如活期存款账户。当储户使用借记卡提取现金或购物时，金额会直接从储户的银行账户中扣减。

2. 定期储蓄存款

定期储蓄存款是储户在存款时约定期限，一次或按期分次存入本金，整笔或分期、分次支取本息的一种储蓄方式。其特点是金额较大、存期较长、利率较高。

定期储蓄存款按存款方式可分为整存整取、零存整取、整存零取、存本取息。

（1）整存整取。整存整取指开户时约定存期，整笔存入，到期一次整笔支取本息的一种个人存款。人民币 50 元起存（外汇：整存整取存款的起存金额为等值人民币 100 元的外汇）。多存不限，存期分为 3 个月、6 个月、1 年、2 年、3 年和 5 年六个档次。

整存整取可由客户约定转存期，到期后自动转存，在存期内遇利率调整还按原存款日利率计息。整存整取可以部分提前支取或全部提前支取，提前支取时，支取金额按支取日挂牌公告的活期储蓄存款利率计息。整存整取可以多次部分提前支取，但支取后所剩金额不能小于整存整取的起存额。

客户提前支取时必须提供身份证件，代他人支取的不仅要提供存款人的身份证件，还要提供代取人的身份证件。

（2）零存整取。开户时约定存期，每月存入固定存款金额（由客户自定），到期一次支取本息的一种个人存款。开户手续与活期储蓄相同，只是每月要按开户时约定的金额进行续存。储户提前支取时的手续比照整存整取定期储蓄存款有关手续办理。一般 5 元起存，每月存入一次，中途如有漏存，应在次月补齐。计息按实存金额和实际存期计算。存期分为 1 年、3 年和 5 年。利息按存款开户日挂牌零存整取利率计算，到期未支取部分或提前支取按支取日挂牌的活期利率计算利息。

（3）整存零取。在存款开户时约定存款期限，本金一次存入，固定期限分次支取本金的一种个人存款。存款开户的手续与活期相同，存入时 1 000 元起存，支取期分 1 个月、3 个月及半年一次，由客户与营业网点商定。利息按存款开户日挂牌整存零取利率计算，于期满结清时支取。到期未支取部分或提前支取按支取日挂牌的活期利率计算利息。存期分为 1 年、3 年和 5 年。

（4）存本取息。在存款开户时约定存期，整笔一次存入，按固定期限分次支取利息，到期一次支取本金的一种个人存款。一般是 5 000 元起存。可一个月或几个月取息一次，可以在开户时约定的支取限额内多次支取任意金额。利息按存款开户日挂牌存本取息利率计算，到期未支取部分或提前支取按支取日挂牌的活期利率计算利息。存期分为 1 年、3 年和 5 年。其开户和支取手续与活期储蓄相同，提前支取时与定期整存整取的手续相同。

3. 其他储蓄存款

不能严格地划入活期和定期的储蓄业务称为其他储蓄业务。

（1）定活两便储蓄存款。定活两便储蓄是以存单为取款凭证，存款时不约定存期，利率随存期长短而变动的一种介于活期和定期之间的储蓄业务品种。定活两便 50 元起存，多存不限。

定活两便储蓄存款存期不满 3 个月，利息按支取日挂牌活期利率计算；存期 3 个月以上（含 3 个月）不满半年的，利息按支取日挂牌定期整存整取 3 个月存款利率打 6 折计算；存期半年以上（含半年）不满 1 年的，整个存期按支取日定期整存整取半年期存款利率打 6 折计息；存期 1 年以上（含 1 年）的，无论存期多长，整个存期一律按支取日定期整存整取 1 年期存款利率打 6 折计息。

（2）个人通知存款。个人通知存款是指客户在存入款项时不约定存期，支取时事先通知银行，约定支取存款日期和金额的一种个人存款方式。

个人通知存款的最低起存金额为人民币 5 万元（含）。为了方便，客户在存入款项开户时，即可约定提前通知取款日期或约定转存日期和金额。个人通知存款按存款人选择的提前通知的期限长短，划分为一天通知存款和七天通知存款两个品种。其中，一天通知存款需要提前一天向银行发出支取通知，并且存期最少需两天；七天通知存款需要提前七天向银行发出支取通知，并且存期最少需七天。

个人通知存款需一次性存入，可以一次或分次支取，但分次支取后账户余额不能低于最低起存金额，当低于最低起存金额时银行给予清户，转为活期存款。

（3）教育储蓄。教育储蓄存款是为鼓励城乡居民以储蓄方式，为其子女接受非义务教育积蓄资金，促进教育事业发展而开办的储蓄。教育储蓄的对象为在校小学四年级（含四年级）以上学生。存款按存期分为 1 年、3 年和 6 年三种。每一账户 50 元起存，本金合计最高限额为 2 万元。客户凭学校提供的正在接受非义务教育的学生身份证明一次支取本金和利息时，曾经在我国享受过免收利息所得税的优惠。

补充资料4-2 关于储蓄存款利息所得税的有关规定

根据国务院颁布的《对储蓄存款利息所得征收个人所得税的实施办法》(自1999年11月3日起施行)规定，从中华人民共和国境内的储蓄机构取得的人民币、外币储蓄存款利息，应当缴纳储蓄存款利息所得税，适用20%的比率税率，由存款银行代扣代缴。2007年8月15日，利息税税率调整为5%。2008年10月9日，取消利息税。

4.2.3 个人储蓄存款的利息计算

1. 利率

储蓄利息是储户将资金存入银行所取得的报酬。利率是一定时期内利息与本金的比率。储蓄利率由中国人民银行统一规定，储蓄机构必须挂牌公告储蓄存款利率。

年利率是指每百元存款每年应得利息数，用百分数表示(%)。

月利率是指每千元存款每月应得利息数，用千分数表示(‰)。

日利率是指每万元存款每日应得利息数，用万分数表示(‱)。

各种利率之间的换算如下：

年利率=月利率×12=日利率×360

月利率=日利率×30=年利率÷12

日利率=年利率÷360=月利率÷30

补充资料4-3 金融机构人民币存款基准利率表(2015年5月11日起执行)(见表4-1)

表4-1 金融机构人民币存款基准利率表(2015年5月11日起执行)

项目	年利率(%)
一、城乡居民及单位存款	
(一)活期	0.35
(二)定期	
1. 整存整取	
三个月	1.85
半年	2.05
一年	2.25
二年	2.85

续表

项　　目	年利率（%）
三年	3.50
2. 零存整取、整存零取、存本取息	
一年	2.35
三年	2.55
（三）定活两便	按一年以内定期整存整取同档次利率打 6 折
二、协定存款	1.15
三、通知存款	
一天	0.80
七天	1.35

注：① 基准利率是中国人民银行对国家专业银行和其他金融机构规定的存贷款利率。

② 中国人民银行决定：自 2012 年 6 月 8 日起，将金融机构存款利率浮动区间的上限调整为基准利率的 1.1 倍。这是央行首度开启存款利率浮动上限，此前，我国一般金融机构存款利率不允许有浮动区间。2014 年 11 月 22 日起，将金融机构存款利率浮动区间上调为基准利率的 1.2 倍。2015 年 3 月 1 日起，将金融机构存款利率浮动区间的上限由存款基准利率的 1.2 倍调整为 1.3 倍。2015 年 5 月 11 日起，将金融机构存款利率浮动区间的上限由存款基准利率的 1.3 倍调整为 1.5 倍。

2. 利息计算的相关规定

（1）计息时间。活期储蓄存款的计息时间：一般情况下，客户支取存款计算利息时，其计息天数以存入日和支取日期为起、终点，按照“算头不算尾”的原则进行计算；在特定情况下，即银行进行定期结息时，则按照“算头又算尾”的原则进行计息天数计算。从 2005 年 9 月 21 日起，我国对活期存款实行按季结息，每季度末月的 20 日为结息日，次日利息入账。

定期储蓄存款的计息时间：定期储蓄存款的计息时间采取对年对月对日的方式进行计算。

（2）计息金额。存款的计息起点为元，元以下角分不计利息。利息金额算至分位，分以下尾数四舍五入。分段计息时，各段利息计至厘位，合计利息计至分位。除活期存款在每季结息日将利息计入本金作为下季的本金计算复利外，其他存款不论存期多长，一律不计复利。

（3）计息方式。

1）活期储蓄存款的计息方式。活期储蓄存款利息采用积数法进行计算，积数即累计利息积数，是指每日存款余额的累计数。公式为：

积数=余额×存款天数

活期储蓄利息计算公式为：

应付利息=累计日积数×日利率

计算利息时，存款天数一律算头不算尾，即从存入日起息，算至取款前一天止，支取日不计利息。每季度结息一次，每季度末月的 20 日作为结息日，21 日利息入账。计息期内如果遇到利率调整，不分段计息，均以结算日挂牌公告的活期存款利率计付利息。未到结息日清户的，按清户日挂牌公告的活期存款利率算至清户日的前一天为止。

【例 4-1】 活期储蓄存款利息的计算

某客户活期储蓄存款账户支取情况如表 4-2 所示，活期存款年利率为 0.36%。请计算该储户销户时活期存款账户利息。

表 4-2 活期储蓄存款利息的计算 单位：元

日期	摘要	贷方	借方	余额	存期	积数
2013-01-02	现金开户	10 000		10 000		
2013-02-03	ATM 取款		3 000	7 000	32	320 000
2013-02-21	现金存入	5 000		12 000	18	126 000
2013-03-05	POS 消费		2 000	10 000	12	144 000
2013-03-18	现金销户		10000	0	13	130 000
	累计积数				75	720 000

2013-01-02～2013-02-03：积数=10 000×32=320 000

2013-02-03～2013-02-21：积数=7 000×18=126 000

2013-02-21～2013-03-05：积数=12 000×12=144 000

2013-03-05～2013-03-18：积数=10 000×13=130 000

累计积数=320 000+126 000+144 000+130 000=720 000

销户时客户应得的活期存款利息：720 000×（0.36%÷360）=7.20（元）

课堂实训 4-1 活期储蓄存款利息的计算

某客户于 2013 年 5 月 4 日开活期存款户存入现金 20 000 元，7 月 15 日又存入 3 000 元，10 月 1 日取走 10 000 元，12 月 15 日销户提取全部本金和利息。请计算 2013 年 6 月 20 日、9 月 20 日及销户时所结的利息额及销户时所得的资金额（假设活期存款利率为 0.72%）。

2）定期储蓄存款的计息方式。各种类型定期储蓄存款的具体计算方式如下。

① 整存整取定期储蓄存款。整存整取定期储蓄存款利息的计算分为三种情况，即到期支取、逾期支取和提前支取。到期支取的利息计算公式采用利息计算的基本公式，即：利

息=本金×存期×利率。逾期支取利息分两段计算，存款日至到期日的利息按规定的定期利率计息，到期日至支取日的利息按支取日活期利率计息。提前支取按支取日活期利息计息。

② 零存整取定期储蓄存款。零存整取定期储蓄存款本金是每月分次存入的，存款余额每月逐次递增，而存期逐次递减。从2006年起，零存整取储蓄存款执行新的结息规则。

第一，到期支取的利息计算。零存整取定期储蓄存款存期内无漏存，或漏存次数只有一次且已在次月补存，到期支取时，按开户日挂牌公告的零存整取定期存款利率计息。计息期遇利率调整，不分段计息。利息计算公式为：

应付利息=［∑（余额×天数）］×日利率

其中，天数按对年、对月、对日计算，整月的不论大小月均作30天计，不足月的零头天数按实际天数计算。

第二，提前支取的利息计算。零存整取定期储蓄存款不允许部分提前支取，提前支取必须全额支取，按支取日公告的活期存款利率计付利息。

第三，逾期支取的利息计算。零存整取定期储蓄存款逾期支取时，超过存期部分按活期储蓄存款利率计息。

③ 存本取息定期储蓄。存本取息的取息日、到期日均为开户日的对日。开户时按约定存期和分次支取利息的期次，预先计算出每次支取时的利息，计算公式为：

每次支取的利息=（本金×存期×利率）÷支取利息次数

第一，到期支取时的利息计算。当储户按约定分次支取利息，并于到期后支取最后一次利息和本金时，最后一期实付本息额的计算公式为：

实付本息额=本金+全部应付利息-已支取的利息

第二，逾期支取的利息计算。逾期支取时，利息的计算分两部分：一部分是从起存日起至到期日，按到期支取时的利息计算；另一部分是到期日至支取日，按支取日活期储蓄存款利率计息。

第三，提前支取时的利息计算。储户如果需要提前支取本金，以实存期按支取日挂牌公告的活期储蓄存款利率计算，实行差额支付，已付利息如果高于实际应付利息，则差额在本金中扣除。

除活期和定期整存整取两种存款外，国内银行的通知存款、协定存款、定活两便、存本取息、零存整取、整存零取六个存款种类，只要不超过人民银行同期限档次利率上限，计、结息规则由银行自己把握。银行除可沿用普通使用的每年360天（每月30天）计息期外，也可选择将计息期全部化为实际天数计算利息，即每年为365天（闰年366天），每月为当月公历的实际天数。

课堂实训 4-2　整存整取定期储蓄存款利息的计算

客户冯某于 2012 年 7 月 20 日存入 3 个月整存整取定期储蓄存款 2.5 万元，计算客户如果 10 月 20 日到期支取、8 月 15 日提前支取和 10 月 30 日逾期支取时所得的利息分别是多少？（假设活期利率为 0.36%，3 个月整存整取利率为 2.4%。）

课堂实训 4-3　零存整取定期储蓄存款到期支取利息的计算

储户张某于 2012 年 1 月 20 日开 1 年期零存整取定期储蓄账户，约定每月存入 500 元人民币。张某 1～9 月每月 20 日存入 500 元，10 月漏存，11 月 20 日补存入 1 200 元，12 月 20 日存入 500 元。请计算张某 2013 年 1 月 20 日到期支取时应得利息是多少？（假设 2012 年 1 月 20 日 1 年期零存整取利率为 2.85%。）

课堂实训 4-4　零存整取定期储蓄存款提前支取利息的计算

储户王某于 2012 年 5 月 25 日开 1 年期零存整取账户，约定每月存入 2 000 元，该储户 5～7 月每月 25 日存入 2 000 元，2012 年 8 月 15 日提前支取。请计算支取时所得利息是多少？（假设 2012 年 5 月 25 日 1 年期零存整取定期储蓄存款年利率为 2.6%，2012 年 8 月 15 日活期储蓄存款利率为 0.36%。）

课堂实训 4-5　存本取息定期储蓄存款到期支取利息的计算

储户覃某于 2012 年 8 月 10 日开户，存入 1 年期存本取息定期储蓄存款 300 000 元，约定每月支取利息一次。请计算每月支取利息数及到期实付本息额是多少？（假设 2012 年 8 月 10 日 1 年期存本取息定期储蓄存款利率为 2.85%。）

课堂实训 4-6　存本取息定期储蓄存款提前支取利息的计算

储户赵女士于 2013 年 8 月 10 日开户，存入 1 年期存本取息定期储蓄存款 300 000 元，约定每月支取利息一次，在 2013 年 9 月 10 日和 10 月 10 日支取两次利息后，赵女士于 2013 年 11 月 1 日提前支取全部本金。请计算提前支取时赵女士所得金额是多少？（假设 2013 年 8 月 10 日 1 年期存本取息定期储蓄存款利率为 2.85%，2013 年 11 月 1 日活期储蓄存款利率为 0.36%。）

4.2.4 储蓄存款业务流程

1. 开户

（1）客户提出开户申请。客户根据自己的需要，选定开户银行和存款方式后，到银行柜台提出正式的书面申请，填写储蓄存款开户凭条，并提供有效身份证件原件，代理他人办理开户时，须同时提供代理人和被代理人的有效身份证件，连同现金一并交银行柜员。

【例 4-2】 客户覃联喜持人民币现钞 5 000 元，要求存活期一本通。

客户资料：姓名：覃联喜；证件类型：身份证；证件号码：420000198001010028；国籍：中国；地址：北京市顺义区蔡锷路；邮编：100099；联系电话：18535400390。该储户填写的储蓄存款开户凭条如表 4-3 所示。

表 4-3 储蓄存款开户凭条

科目：（贷） 2009 年 5 月 16 日 交易代码：

<table>
<tr><td>银行填写</td><td></td></tr>
<tr><td>储户填写</td><td>储种：活期一本通☑ 整整☐ 定一本通☐ 零整☐ 通知☐ 整零☐ 定活☐ 存本☐
户名 覃联喜 账号____ 存期____ 币种 人民币 金额 5 000.00
新开户填写：地址 北京市顺义区蔡锷路 电话 18535400390
存款人证件类型 身份证 号码 420000198001010028
代理人证件类型____ 号码____
本人承诺所提供的开户资料真实、有效。已阅读《客户须知》，同意遵守相关规定。
客户（代理人）签名：覃联喜</td></tr>
</table>

（2）审核客户填写的资料并点收现金。柜员需审核凭条上户名、金额是否清晰，有无涂改，资料是否填清填全，同时还需了解客户需开立何种账户。客户在开户时填写的信息如地址、电话等都是第一手资料，以后在使用账户时不需再提供。一旦账户出现错误时可以很快通过这些资料通知或找到客户。

对于现金开户的客户柜员需对现金收入当面点清，一笔一清，并按“三先三后”程序操作，即先点大数、后点细数，先点主币、后点辅币，先点大面额票币、后点小面额票币。同时收入现金必须坚持手工清点，然后使用带有防伪功能的点验机进行两遍复点（第二遍采用翻面掉头复点的方式）。注意，现金要与客户填写的申请书（储蓄存款凭条）金额相符。发现假币，应依法收缴。

补充资料 4-4

临柜柜员发现假币时，应立即向交款人声明为可疑币，并报告业务主管进一步鉴定。确认为假币后，需由两名经办人员在场，当客户面在人民币假币正面水印窗及背面中央，分别加盖蓝色油墨的"假币"戳记。然后使用"假币没收登记"交易进行登记。联机打印一式三联"假币收缴凭证"及凭条，并加盖业务公章和经办员章、复核员章。假币收缴凭证第三联交持币人，并告知有关内容。

（3）进行系统操作。审核资料并清点现金无误后，在系统中建立客户信息，要求客户选择支取方式（留密、留印或凭身份证支取等），留密的支取方式能够支持通存通兑。账号是系统自动生成的，凭证号等信息是通过刷折（卡）、系统自动读取的磁条信息。

（4）打印并审核凭证。系统操作后，柜员根据系统提示打印存款凭条和存折，存款凭条交客户签字确认后收回。

（5）加盖印章，整理、清分相关资料。柜员在存折（单）上加盖业务公章，在打印的存款凭条上加盖业务"现讫"章，完成后将存折、身份证件、客户留存凭条交给客户。存款凭条银行留存联专夹保管，每天业务结束后统一交事后监督。

2. 续存

续存业务流程与开户流程相似：由客户提出存款业务申请；柜员审核相关资料并核点现金；在系统中录入信息；打印并审核凭证；最后加盖印章，整理、清分相关资料。

目前，大多数银行都为客户存款提供免填单业务。客户只需提供自己的存折（银行卡）和现金并口述存款金额即可。

【例 4-3】　客户覃联喜持活期一本通要求续存现金 10 000 元，如表 4-4 所示。

表 4-4　活期一本通存折

账号：006091029100010　　　　户名：覃联喜

存折册号：001　　支取方式：密　　标志：通存通兑

开户网点名称：______　　　　银行签章

签发日期：2009/05/16

序号	交易日期	注释	币种	支出（－）或存入（+）	结余	网点号	操作
01	20090516	开户	RMB 钞	+5 000.00	5 000.00	0609	S0030
02	20090612	存款	RMB 钞	+10 000.00	15 000.00	0609	S0030

3. 支取

支取业务流程如下：客户提出取款业务申请；柜员审核相关资料；进行系统交易处理；打印并审核凭证；清点现金；加盖印章，整理、清分相关资料。客户取款时需提供存折（卡），向柜员口述取款金额，若为大额支取业务，客户必须提供身份证件。

【例 4-4】 客户覃联喜持活期一本通要求支取现金 3 000 元，如表 4-5 所示。

表 4-5 活期一本通存折

账号：006091029100010　　户名：覃联喜

存折册号：001　　支取方式：密　　标志：通存通兑

开户网点名称：__________　　银行签章

签发日期：2009/05/16

序号	交易日期	注释	币种	支出（–）或存入（+）	结余	网点号	操作
01	20090516	开户	RMB 钞	+5 000.00	5 000.00	0609	S0030
02	20090612	存款	RMB 钞	+10 000.00	15 000.00	0609	S0030
03	20090701	取款	RMB 钞	—3 000.00	12 000.00	0609	S0030

4. 销户

销户业务流程如下：客户提出销户申请；柜员审核相关资料；进行系统交易处理；打印并审核凭证；清点现金；加盖印章，整理、清分相关资料。

客户销户时需提供存折（单），若为提前支取或大额业务，还需提供身份证件。

进行系统交易处理后，会自动提示打印存折（单）、取款凭条及利息清单。柜员必须审核凭证打印内容是否准确，同时审核客户在凭证上的签名是否正确。柜员按利息清单上的本息额配款，并进行复点。

4.2.5 储蓄存款业务训练

课堂实训 4-7

2013 年 4 月 6 日客户张洪涛持现钞 10 000 元，要求存一年期定期一本通，并和银行约定自动转存，请根据客户资料填写以下凭证。

客户资料：姓名：张洪涛；证件类型：身份证；证件号码：111968210636766123；联系电话：92832534；地址：开平区蔡锷路 28 号；凭证号码：010151109；一年存期代码为

012；年利率为3.25%。

（1）将“储蓄存款”凭条填写完整（见表4-6）。

表4-6　储蓄存款凭条

科目：（贷）　　　　　　　　　　　　年　　月　　日　　　　　　　　交易代码：

银行填写	
储户填写	储种：活期一本通□　整整□　定一本通□　零整□　通知□　整零□　定活□　存本□ 户名________账号__________密码　印鉴　通兑　其他 存期________转存期________币种______钞　汇　　金额______ 新开户填写：地址______________电话____________ 存款人证件类型________号码____________ 代理人证件类型________号码____________ 本人承诺所提供的开户资料真实、有效。已阅读《客户须知》，同意遵守相关规定。 客户（代理人）签名：__________

（2）将定期一本通存折填写完整（见表4-7）。

表4-7　定期一本通存折

账号：________　　户名：________

办卡标志：______

开户网点名称：__________

凭证号：__________　　　　　　　　银行签章

签发日期：______　支取方式：______　标志：______

序号	交易日期	注释	存期	到期日期	转存期	币种	支出（–）或存入（+）	余额	利率/%	操作

（3）2014年4月6日，存款到期，客户要求支取现金并销户，填写利息清单（见表4-8）。

表4-8　储蓄存款利息清单

币种：RMB　　　　　　　　　　　　年　　月　　日　　　　　　　　交易序号：

户名						账号	
储种	本金	类别	利率（%）	起息日	利息	税率（%）	税金

续表

网点号	现转标志	税后利息	税后本息合计			备注	操作

4.3 商业银行单位存款业务

单位存款（Corporate Deposit）是各级财政金库和机关、企业、事业单位、社会团体、部队等机构，将货币资金存入银行或非银行金融机构所形成的存款。

4.3.1 人民币单位存款账户开户的基本规定

存款人以单位名称开立的银行结算账户为单位银行结算账户。单位银行结算账户按用途可以分为四类：基本存款账户、一般存款账户、临时存款账户和专用存款账户。

个体工商户凭营业执照以字号或经营者姓名开立的银行结算账户纳入单位银行结算账户管理。

1. 基本存款账户

基本存款账户是办理转账结算和现金收付的主办账户，经营活动的日常资金收付以及工资、奖金和现金的支取均可通过该账户办理。存款人只能在银行开立一个基本存款账户。开立基本存款账户是开立其他银行结算账户的前提。按人民币银行结算账户管理办法规定，一家单位只能选择一家银行申请开立一个基本存款账户。

开立基本存款账户，不同的存款人应按下列要求向银行相关网点出具证明文件：

（1）企业法人，应出具企业法人营业执照正本。

（2）非法人企业，应出具企业营业执照正本。

（3）机关和实行预算管理的事业单位，应出具政府人事部门或编制委员会的批文或登记证书和财政部门同意其开户的证明；非预算管理的事业单位，应出具政府人事部门或编制委员会的批文或登记证书。

（4）军队、武警团级（含）以上单位以及分散执勤的支（分）队，应出具军队军级以上单位财务部门、武警总队财务部门的开户证明。

（5）社会团体，应出具社会团体登记证书，宗教组织还应出具宗教事务管理部门的批文或证明。

（6）民办非企业组织，应出具民办非企业登记证书。

（7）外地常设机构，应出具其驻在地政府主管部门的批文。

（8）外国驻华机构，应出具国家有关主管部门的批文或证明；外资企业驻华代表处、办事处应出具国家登记机关颁发的登记证。

（9）个体工商户，应出具个体工商户营业执照正本。

（10）居民委员会、村民委员会、社区委员会，应出具其主管部门的批文或证明。

（11）独立核算的附属机构，应出具其主管部门的基本存款账户开户许可证和批文。

（12）其他组织，应出具政府主管部门的批文或证明。

存款人为从事生产、经营活动纳税人的，还应出具税务部门颁发的税务登记证。根据国家有关规定无法取得税务登记证的，可不出具。约 7 个银行工作日可领取开户行基本账户管理卡。

2. 一般存款账户

一般存款账户是存款人因借款或其他结算需要，在基本存款账户开户银行以外的银行营业机构开立的银行结算账户，用于办理存款人借款转存、借款归还和其他结算的资金收付。该账户可以办理现金缴存，但不得办理现金支取。该账户开立数量没有限制。一般存款账户自正式开户之日起，三个工作日后方可办理付款业务。

存款人申请开立一般存款账户，应向开户银行出具存款人开立基本存款账户所规定的证明文件、基本存款账户开户许可证和下列文件：

（1）存款人因向银行借款需要，应出具借款合同；

（2）存款人因其他结算需要，应出具有关证明。

3. 临时存款账户

临时存款账户是存款人因临时需要并在规定期限内使用而开立的银行结算账户。因异地临时经营活动需要时，可以申请开立异地临时存款账户，用于资金的收付。

存款人申请开立临时存款账户，应向银行出具下列证明文件：

（1）临时机构，应出具其驻在地主管部门同意设立临时机构的批文。

（2）异地建筑施工及安装单位，应出具其营业执照正本或其隶属单位的营业执照正本，以及施工及安装地建设主管部门核发的许可证或建筑施工及安装合同。

（3）异地从事临时经营活动的单位，应出具其营业执照正本以及临时经营地工商行政管理部门的批文。

（4）注册验资资金，应出具工商行政管理部门核发的企业名称预先核准通知书或有关部门的批文。

第（2）、（3）项还应出具其基本存款账户开户许可证。

临时存款账户应根据有关开户证明文件确定的期限或存款人的需要确定其有效期限。存款人在账户的使用中需要延长期限的，应在有效期限内向开户银行提出申请，并由开户银行报中国人民银行当地分支行核准后办理展期，并由该分支行收回原临时存款账户许可证，颁发新的临时存款账户开户许可证。中国人民银行当地分支行不核准展期申请的，存款人应当及时办理该临时存款账户的撤销手续。临时存款账户的有效期最长不得超过两年。

4．专用存款账户

专用存款账户是存款人按照法律、行政法规和规章，对其特定用途资金进行专项管理和使用而开立的银行结算账户，用于办理各项专用资金的收付。专用存款账户须支付现金的，应在开户时报当地人民银行审批。

专用存款账户适用于对下列资金的管理和使用：基本建设资金；更新改造资金；财政预算外资金；粮、棉、油收购资金；证券交易结算资金；期货交易保证金；信托基金；金融机构存放同业资金；政策性房地产开发资金；单位银行卡备用金：住房基金；社会保障基金；收入汇缴资金和业务支出资金；党、团、工会设在单位的组织机构经费；其他需要专项管理和使用的资金。

专用存款账户是存款人管理和使用各种专项资金的专用账户，使用时应注意以下几点：

（1）单位银行卡账户的资金必须由其基本存款账户转账存入。该账户不得办理现金收付业务。

（2）财政预算外资金、证券交易结算资金、期货交易保证金和信托基金专用存款账户不得支取现金。

（3）基本建设资金、更新改造资金、政策性房地产开发资金、金融机构存放同业资金账户支取现金的，应在开户时中国人民银行当地分支行批准的范围内办理。

（4）粮、棉、油收购资金、社会保障基金、住房基金和党、团、工会经费等专用存款账户的现金支取应严格按照国家现金管理的规定办理。

（5）收入汇缴账户除向基本存款账户或预算外资金财政专用存款户划缴款项外，只收不付，且不得支取现金。

（6）业务支出账户除从基本存款账户拨入款项外，只付不收，且现金支取必须按照国家现金管理的规定办理。

（7）人民币特殊账户资金不得用于放款或提供担保。

案例分析 4-1　某银行长沙分行堵截虚假资料开户案例

2010 年 4 月 29 日下午 4 时左右，一名为杨伟珍的客户前去营业部柜台办理对公开户手续，柜台人员接待了该笔业务。客户申请开立户名为“长常贸易重点工程物资供应公司”的一般账户，经办人杨伟珍系该单位的法人代表，提供了该单位的全套开户资料原件。柜台人员在审核客户的开户资料时发现其提供的基本户开户许可证与人行核发的基本户开户许可证有明显的区别，无论是颜色、纸张质量，还是字体书写上都存在明显的伪造现象，并立即对该客户的其他开户资料予以高度警觉。通过仔细辨认发现，该客户的全套资料包括营业执照正副本、组织机构代码证、税务登记证正副本全部为假证件，年检记录也为虚假记录。通过人行账户管理系统核查，其结果显示的开户信息为“广东中山某公司”，与该客户提供的资料明显不符。通过进一步与客户沟通，客户所提供的信息也存在明显的漏洞，客户自称全部为单位财务人员办理的相关证件，称其共有四个单位需要合并但目前还尚未办理开户核准书。在进一步的沟通中，客户又拿出了另外一个准备开户的资料“海南三亚金鑫贸易责任股份有限公司”，经审核发现该单位资料也全部为虚假证件，且从字体上来看，与之前提供的账户资料系同一造价手段。于是认定该客户为虚假开户，便立即通知营业经理。营业经理认定后，一方面安排稳住该客户，另一面立即向分行运营管理部、保卫部汇报，并通过网络查其营业执照注册号，均未查出相关信息，进一步说明两个公司根本未注册，完全是假公司。

分析：对单位存款开户进行严格审查的重要性有哪些？

4.3.2　人民币单位存款的操作规程

1. 单位存款开户

账户的开立业务在银行系统的实现一般包括开客户号、在客户号下预开账户、激活已预开账户这三部分。

【例 4-5】　湖南新胜科技有限公司新开基本户，存入现金 2 000 000 元。而后银行向其出售现金支票、转账支票各一本（25 张），号码均为 80004001-80004025。

客户资料：该公司为有限责任公司，行业类型为科技企业，提交营业执照号码为 400110，公司地址为长沙市飞天大厦。

（1）审核相关资料。单位存款人申请开户，必须填写《开立单位银行结算账户申请书》，并提供有关规定的证明文件，送交盖有存款人印章的印鉴卡片。

补充资料 4-5　预留印鉴卡片的管理规定

预留印鉴卡上记载的事项要填列齐全、正确，印鉴卡片应填写大、小各一张，且两份预留印鉴卡片的记载事项及预留印章必须完全一致。

单位的预留印鉴必须是人民银行规定作为预留银行印鉴使用的印章。预留印鉴卡片上印章的加盖必须符合规定，印章加盖的油墨应浓淡适宜、均匀分布，印鉴上的字迹应清晰可辨。如不符合以上要求，则将原预留印鉴卡片作废，予以重新填制。

预留印鉴卡片上记载事项发生变更时，如属支行填写，应按会计制度由经办员在各栏事项更改处划红线并加盖人名印章。如属于客户填写的主要事项变更，应要求客户予以重新填写。严禁银行内部员工代理客户办理预留印鉴的变更、挂失和保管。

开户行审核符合开户条件的单位客户填写的申请书无误后，由主管签署相关意见，并加盖业务公章，连同客户提交的证明文件报所属支行审批。

（2）建立客户信息。柜员根据《开立单位银行结算账户申请书》，在客户管理子系统中为其建立客户信息档案，建立客户号。

（3）预开账户。对于已经在银行开有客户号的客户，要进行存款业务，必须先预开一个账户。预开账户不涉及金额，但要确定该账户为支票户还是存折户。

（4）激活账户。账户开立的最后一步，是账户的实际开立，即新开户金的存入。柜员点收现金无误后办理。

（5）出售支票。在账户正式生效后，若属支票户，开户行还要向单位客户出售现金支票、转账支票等重要空白凭证。

对于已经开立基本存款账户的客户，可在其账户上进行常规的现金存取款、转账及其他操作。

2. 单位存款支取

如前所述，单位存款按照存取方式不同，分为支票户和存折户。支票户是单位在银行开立的凭支票等结算凭证办理存取款项的账户。存折户是单位在银行开立的使用存折办理存取款项的账户。因此，当存款单位进行现金支取时，支票户需签发支票，存折户需出示存折。

【例 4-6】 湖南新胜科技有限公司持金额为 50 000 元的现金支票，要求支取现金。

（1）审查支票及凭证。存款单位向开户银行支取现金时，应签发现金支票，并在支票上加盖预留印鉴和押数章，由取款人背书后送交银行。柜员受理客户提交的现金支票后，应认真审查支票，审查凭证要素是否齐全、准确。

补充资料 4-6 支票审查的主要要素

① 大额现金支票是否已经由有权人或有权部门审批。

② 支票是否真实，是否超过提示付款期限，是否为远期支票。支票的提示付款期为自出票日起 10 日内，中间遇节假日不顺延，到期日遇节假日可顺延。

③ 出票人签章是否符合规定，并核对期印章与预留银行的印鉴是否相符。

④ 支票的大小写金额是否一致。

⑤ 支票必须记载的事项是否齐全，填写是否符合规范，出票日期、出票金额、收款人名称是否更改。

⑥ 支票填写的收款人名称是否为该收款人，收款人是否在支票背面“收款人签章”处签章，其签章是否与填写的收款人名称一致；对收款人为个人的现金支票，审核收款人身份证件，审核支票背面是否注明证件名称、发证机关、证件号码。

（2）进行系统操作。

（3）配款、打印和付款。

3. 单位存款销户

单位客户发生下列情况时，即进行销户业务操作：单位客户主动撤销账户；开户行得知单位客户被撤并、解散、宣告破产或关闭以及被注销、吊销营业执照，应通知单位客户办理销户手续，自通知发出之日起 30 日后，如单位客户仍未办理销户手续，开户行有权停止该账户的对外支付；开户行对一年未发生资金收付活动且未欠开户行债务的单位银行结算账户，应定期进行清理，并通知单位客户办理销户手续，自通知发出之日起 30 日内未办理销户手续的，开户行可视该单位客户为自愿销户。

进行销户的账户，必须是已经结清且余额为零的一般活期存款账户或余额为零的临时存款账户，即账户结清后必须将余额转出。进行销户后，该账户剩余支票将全部核销。

销户前，开户行要确认该账户是否有未归还的记账费用，是否有未归还的贷款及利息，是否有浮动余额，是否有银行已承兑的银行承兑汇票和应承付的托收承付凭证。如有上述情况之一，不能办理销户手续。开户行在确认该账户没有其他遗留问题后，结清该账户的余额和往来利息。

复习思考题

一、单项选择题

1. 整存整取、零存整取、存本取息储蓄存款的起存额分别为（　　）。

A. 50 元、5 元、5 000 元　　B. 1 元、5 元、500 元

C. 5 元、50 元、5 000 元　　D. 50 元、500 元、5 000 元

2. 目前，我国的活期储蓄存款每（　　）结息一次。

A. 月　　B. 季　　C. 半年　　D. 年

3. 为了保证个人存款账户的真实性，维护存款人的合法权益，个人在金融机构开立存款账户时，应当出示本人有效身份证件，使用实名。（　　）不属于开户时需提供的实名

证件。

A. 居民身份证　　B. 户口簿　　C. 护照　　D. 驾驶证

4. 定期储蓄可以提前支取，但与到期支取相比有一定的利息损失，这一点体现了银行办理储蓄存款业务的（　　）原则。

A. 存款自愿　　B. 取款自由　　C. 存款有息　　D. 为储户保密

二、判断题

1. 通知存款属于定期储蓄存款。(　　)

2. 零存整取储蓄存款提前支取时必须全部提前支取，按支取日挂牌公告的活期储蓄存款利率计息。(　　)

3. 金融机构存款利率浮动区间为基准利率的 1.2 倍。(　　)

4. 整存整取定期储蓄存款存期分为 6 个月、1 年、2 年、3 年和 5 年共五个档次。(　　)

三、简答题

1. 商业银行个人储蓄存款的原则有哪些？

2. 商业银行活期储蓄存款业务的种类及特点？

3. 商业银行定期储蓄存款业务的种类及特点？

4. 人民币单位存款账户的类型有哪些？

第 5 章 商业银行贷款业务

知识目标

- 掌握商业银行贷款的种类。
- 掌握个人住房贷款、个人汽车消费贷款、助学贷款相关业务知识。
- 掌握商业银行发放企业贷款的基本制度。
- 掌握个人征信系统的内容及运用。

技能要求

- 熟知商业银行贷款操作规程。
- 掌握贷款的还款方式及贷款月供的计算方法。
- 掌握借款企业财务分析的要点及方法。
- 能根据客户信息撰写信贷报告。

5.1 商业银行贷款业务概述

5.1.1 商业银行贷款的分类

银行贷款是商业银行作为贷款人按照一定的贷款原则和政策，以还本付息为条件，将一定数量的货币资金提供给借款人使用的一种借贷行为。这种借贷行为由贷款的对象、条件、用途、期限、利率和方式等因素构成。从银行经营管理的需要出发，可以对银行贷款按照不同的标准进行分类。

1. 按贷款期限分类

按贷款期限不同，商业银行贷款可分为活期贷款、定期贷款和款项透支三类。

（1）活期贷款在贷款时不确定偿还期限，可以随时由银行发出通知收回贷款。这种贷款比定期贷款灵活主动，在银行资金宽裕时，可以任客户使用借以生利，而在银行需要资金时，又可以随时通知收回贷款。

（2）定期贷款是指具有固定偿还期限的贷款。按照偿还期限的长短，又可分为短期贷款、中期贷款和长期贷款。短期贷款是指期限在一年以内（含一年）的各项贷款；中期贷款是指期限在一年（不含一年）以上五年（含五年）以内的各项贷款；长期贷款是指期限在五年（不含五年）以上的各项贷款。定期贷款因其订明还款期限，一般不能提前收回，因此，形式比较呆板，但利率较高。近年来，商业银行发放中长期贷款增加很快，这虽然可以使银行获得较多的利息收入，但由于资金较长期占用，流动性差，风险大。

（3）款项透支是指存户经银行同意在一定限额之内提取超过存款数额的款项，它实质上是银行的一种贷款。在款项透支业务中虽然不是所有订有款项透支合同的客户都会透支，但是经常会出现这种现象，在银根紧缩时客户一般都会办理款项透支业务，这种情况会使银行难以对已发放贷款实施有效控制。

2. 按贷款的保障条件分类

按银行贷款的保障条件不同，银行贷款可以分为信用贷款、担保贷款和票据贴现。

（1）信用贷款是指银行完全凭借客户的信誉而无须提供抵押物或第三者保证而发放的贷款。这类贷款从理论上讲风险较大，因而，银行要收取较高的利息，且一般只向银行熟悉的较大的公司借款人提供，对借款人的条件要求较高。

（2）担保贷款是指具有一定的财产或信用做还款保证的贷款，根据还款保证的不同，具体分为抵押贷款、质押贷款和保证贷款。抵押贷款是指按规定的抵押方式以借款人或第三者的财产作为抵押发放的贷款；质押贷款是指按规定的质押方式以借款人或第三者的动产或权利作为质物发放的贷款；保证贷款是指按规定的保证方式以第三人承诺在借款人不能偿还贷款时，按约定承担一般保证责任或者连带责任而发放的贷款。在中国，抵押贷款、质押贷款和保证贷款都是按《中华人民共和国担保法》规定的方式来进行的。担保贷款由于有财产或第三者承诺作为还款的保证，所以，贷款风险相对较小。但担保贷款手续复杂，且需要花费抵押物（质物）的评估、保管以及核保等费用，贷款的成本也比较大。

（3）票据贴现是贷款的一种特殊方式。它是指银行应客户的要求，以现款或活期存款买进客户持有的未到期的商业票据的方式发放的贷款。票据贴现实行预扣利息，票据到期后，银行可向票据载明的付款人收取票款。如果票据合格，且有信誉良好的承兑人承兑，这种贷款的安全性和流动性都比较好。

3. 按贷款的用途分类

银行贷款的用途非常复杂，它涉及再生产的各个环节、各种产业、各个部门、各个企业，与多种生产要素相关，贷款用途本身也可以按不同的标准进行划分。但按照中国习惯的做法，通常有两种分类方法：一是按照贷款对象的部门来划分，分为工业贷款、商业贷款、农业贷款、科技贷款和消费贷款；二是按照贷款的具体用途来划分，一般分为流动资金贷款和固定资金贷款。

4．按贷款的偿还方式分类

按照其偿还方式的不同，银行贷款可以分为一次性偿还和分期偿还两种方式。

（1）一次性偿还是指借款人在贷款到期日一次性还清贷款本金的贷款，其利息可以分期支付，也可以在归还本金时一次性付清。一般来说，短期的临时性周转性贷款都是采取一次性偿还方式。

（2）分期偿还贷款是指借款人按规定的期限分次偿还本金和支付利息的贷款。这种贷款的期限通常按月、季、年确定，中长期贷款都采用这种方式，其利息的计算方法常见的有加息平均法、利随本减法等。

5．按贷款的质量和风险程度分类

按照贷款的质量和风险程度不同，我国的贷款风险分类主要借鉴以美国为代表的贷款分类方法，即把银行贷款分为正常贷款、关注贷款、次级贷款、可疑贷款和损失贷款五类。加拿大、东南亚国家及东欧国家都采用这种模式。

（1）正常贷款。正常贷款是指借款人能够履行借款合同，有充分把握按时足额偿还本息的贷款。这类贷款的借款人财务状况无懈可击，没有任何理由怀疑贷款的本息偿还会发生问题。

（2）关注贷款。关注贷款是指贷款的本息偿还仍然正常，但是发生了一些可能会影响贷款偿还的不利因素；如果这些因素继续存在下去，则有可能影响贷款的偿还，因此，需要对其进行关注，或对其进行监控。其具体特征包括：

1）宏观经济、市场、行业的外部环境的变化对借款人的经营产生不利影响，并可能影响借款人偿债能力，如借款人所处的行业发展呈下降趋势；

2）企业改制（如分立、租赁、承包和合资等）对银行债务可能产生不利影响；

3）借款人的主要股东、关联企业或母子公司发生了重大不利变化；

4）借款人的一些关键财务指标，如流动性比率、资产负债率、销售利润率和存款周转率低于行业平均水平或有较大幅度下降；

5）借款人未能按规定使用贷款；

6）固定资产的项目出现重大的、不利于贷款偿还的调整或概算调整幅度较大；

7）借款人还款意愿差，不与银行积极合作；

8）贷款抵押品、质押品价值下降，或依法对抵押品失去控制；

9）贷款保证人的财务状况出现疑问；

10）银行对贷款缺乏有效监督；

11）银行信贷档案不齐全，重要文件遗失，并且对于贷款构成实质性影响；

12）违反贷款审批程序，如超越授权发放贷款。

这类贷款的损失概率一般不会超过 5%，逾期 90 天以内的贷款至少应划分为关注贷款。

（3）次级贷款。次级贷款指借款人的还款能力出现明显问题，完全依靠其正常营业收入无法足额偿还贷款本息，即使执行担保，也可能会造成一定损失的贷款。

次级贷款的特征是借款人缺陷已经很明显，正常经营收入不足以保证还款，需要通过出售、变卖资产和对外融资，乃至执行担保来偿还。次级贷款具体的特征包括：

1）借款人支付出现困难，并且难以获得新的资金；

2）借款人不能偿还对其他债权人的债务；

3）借款人内部管理问题未能解决，妨碍债务及时足额清偿；

4）借款人采用隐瞒事实等不正常手段获取的贷款；

5）借款人经营亏损，净现金流量为负值；

6）借款人不得不寻求拍卖抵押品、履行担保等还款来源。

这类贷款的损失概率为 20%～30%，逾期 90～180 天的贷款至少应划分为次级贷款。

（4）可疑贷款。可疑贷款是指借款人无法足额偿还贷款本息，即使执行担保，也肯定要造成较大损失的贷款。

可疑贷款的特征是贷款已经肯定要发生一定损失，只是因为存在借款人重组、兼并、合并、抵押物处理和未决诉讼等待定因素，损失金额还不能确定。可疑类贷款具体特征包括：

1）借款人处于停产、半停产状态；

2）贷款项目如基建项目处于停缓状态；

3）借款人已资不抵债；

4）企业借改制之机，逃避银行债务；

5）贷款经过了重组，仍然逾期或仍然不能正常归还贷款本息，还款状况未明显改善。

这类贷款损失的概率为 40%～60%，逾期 180 天以上的贷款至少应划分为可疑贷款。

（5）损失贷款。损失贷款是指在采取所有可能的措施或一切必要的法律程序之后，本息仍然无法收回，或只能收回极少部分，这类贷款银行已没有意义将其继续保留在资产账户上，应当在履行必要的内部程序之后立即冲销。损失贷款的具体表现为：

1）借款人和担保人依法宣告破产，经法定清偿后，仍不能还清的贷款；

2）借款人死亡，或依照《中华人民共和国民法通则》的规定，宣告失踪或死亡其财产或遗产清偿后，未能还清的贷款；

3）借款人遭受重大自然灾害或意外事故，损失巨大且不能获得补偿、确实无力偿还的部分或全部贷款；

4）经国务院专案批准核销的逾期的贷款；

5）贷款企业虽未破产，工商行政管理部门也未吊销其执照但企业早已关停或名存实亡；

6）由于计划经济体制等历史原因造成的、债务人主体已经消亡、悬空的银行贷款。

这类贷款的损失率基本上是 95% ~ 100%，如果贷款逾期天数在 720 天以上，一般要划为损失贷款。

6. 按银行发放贷款的自主程度分类

按银行发放贷款的自主程度不同，银行贷款可以分为自营贷款、委托贷款和特定贷款。

（1）自营贷款是指银行以合法方式筹集的资金自主发放的贷款。这是商业银行最主要的贷款。由于是自主贷放，因此，贷款风险及贷款本金和利息的回收责任都由银行自己承担。

（2）委托贷款是指由政府部门、企事业单位及个人等委托人提供资金，由银行（受托人）根据委托人确定的贷款对象、用途、金额、期限、利率等代为发放、监督使用并协助收回的贷款。这类贷款银行不承担风险，通常只收取委托人付给的手续费。

（3）特定贷款在中国是指经国务院批准并对可能造成的损失采取相应的补救措施后，责成国有独资商业银行发放的贷款。这类贷款由于事先已经确定了风险损失的补偿，银行也不承担风险。

5.1.2　贷款形式

1. 信用贷款

如前所述，信用贷款是指商业银行仅凭借款人的信用、无须担保而发放的贷款。信用贷款具有以下三个特点：

（1）以借款人的信用和未来的现金流量作为还款保证。由于信用贷款时仅凭借款人的信用发放的贷款，也就是说，商业银行在发放贷款时，仅从借款人那里获得了一种还款承诺，而这种承诺能否兑现，还要取决于借款人未来的现金流量。

（2）风险大，利率高。由于考察借款人的信用状况主要是看其既往的信用履历，而借款人未来的现金流量又具有很大的不确定性，因此从理论上讲，信用贷款的风险最大。按照风险与收益对称原则，商业银行对信用贷款应当收取比其他贷款更高的利息，也可以要求借款人在商业银行保留一定比例的补偿余额，作为对商业银行所承担风险的一种补偿。但从实践中看，由于只有那些资信优良、生产经营稳定且利润丰厚、经济实力强并与商业银行关系密切的客户才能获得信用贷款，因此信用贷款的风险并不大。

（3）手续简便。由于商业银行发放信用贷款可以省去对担保品的选择、估价、管理和对保证人资格、信用、财务等方面的审查手续，因此，贷款过程的手续相对比较简便。

2. 担保贷款

如前所述，担保贷款是指商业银行发放的以特定的财产或借贷双方以外的第三人为担保的贷款。担保贷款由于有财产或第三者承诺作为还款保证，所以，贷款风险相对较小。但担保贷款手续复杂，并且在抵押物（质押物）的评估、保管、核保等方面需要花费费用，所以贷款成本也较大。我国《担保法》中规定的担保方式主要有抵押、质押和保证三种，相应地，我国目前的担保贷款也包括抵押贷款、质押贷款和保证贷款三种。

（1）抵押贷款。抵押贷款是指商业银行以借款人的或借贷双方以外的第三人的不动产、动产或土地使用权为抵押物但却不转移借款人或第三人对抵押物的占有而发放的贷款，当借款人不能按期归还借款时，商业银行有权将抵押物出售，以所得补偿不能收回的贷款。抵押贷款是商业银行最常用的贷款方式。

1）抵押物的选择。商业银行在发放抵押贷款时，首先应特别注意对抵押物的选择。商业银行在选择抵押物时必须坚持以下四个原则：一是合法性原则。即贷款抵押物必须是法律允许设定抵押权的财产。因为只有法律允许设定抵押权的财产，才能最终履行抵押责任，保证贷款安全。二是易售性原则。即抵押物的市场需求相对稳定，一旦处理抵押物时，能够迅速出售，并且不必花费太多的处理费用。三是稳定性原则。即抵押物的价格和性能相对稳定，市场风险小，同时，也易于保管，不易变质。四是易测性原则。即抵押物的品质和价值易于测定。

我国《担保法》规定，可以作为抵押物的财产有：① 抵押人所有的房屋和其他地上定着物；② 抵押人所有的机器、交通运输工具和其他财产；③ 抵押人依法有权处分的国有的土地使用权、房屋和其他地上定着物；④ 抵押人依法有权处分的国有的机器、交通运输工具和其他财产；⑤ 抵押人依法承包并经发包方同意抵押的荒山、荒沟、荒丘、荒滩等荒地的土地使用权；⑥ 依法可以抵押的其他财产。不能作为抵押物的财产有：① 土地所有权；② 集体所有的土地使用权；③ 学校、幼儿园、医院等以公益为目的的事业单位、社会团体的教育设施、医疗卫生设施和其他社会公益设施；④ 所有权、使用权不明或者有争议的财产；⑤ 依法被查封、扣押、监管的财产。

2）抵押物的估价。抵押物的估价是对抵押物将来处分时的市场价格的估算。不同的抵押物，估价方法也不同。对有价证券的估价主要应预测未来市场利率的走势、证券债务人的经营状况以及国家宏观经济政策和形势的变化；对不动产的估价主要看其所处地理位置及潜在收益，并在此基础上，考虑外部配套环境和交通、通信便利程度以及不动产的新旧程度、造价、维护费用等因素后确定；对机器设备的估价，先要确定其价值损耗（包括有形损耗和无形损耗），然后根据一定的折旧方法估计出该设备未来的会计净值，最后预测未来技术的发展趋势，据以判断技术损耗，用会计净值减去技术损耗就是机器设备的估价值。

3）确定合理的抵押率。抵押率又称“垫头”，是抵押贷款本金利息之和与抵押物估价值之比。通常，商业银行在确定抵押率时，应当考虑以下因素：①贷款风险。贷款人对贷款风险的估计与抵押率成反向变化。风险越大，抵押率越低，风险小，抵押率可高些。②借款人信誉。一般情况下，对那些资产实力缺乏、结构不当、信誉较差的借款人，抵押率应低些；反之，抵押率可高些。③抵押物的品种。由于抵押物品种不同，它们的占管风险和处分风险也不同。按照风险补偿原则，抵押那些占管风险和处分风险都比较大的抵押物，抵押率应当低一些，反之，则可高一些。④贷款期限。贷款期限越长，抵押期也越长，在抵押期内承受的风险也越大，因此，抵押率应当低一些；而抵押期较短，风险较小，抵押率可高一些。抵押率必须低于1，一般为50%～70%。

抵押物的处理方式有拍卖、变卖和作价入账。抵押物处理后扣除有关费用所得的净收入，如多于贷款本金和利息，其多余部分应退还给借款人；抵押物处理后取得的净收入如低于贷款本息，其不足部分，应由借款人偿还。

（2）质押贷款。质押贷款是指商业银行以借款人的或借贷双方以外的第三人的动产或权利证书为质押物并同时取得其占管权而发放的贷款，当借款人不能按期归还借款时，商业银行有权将质押物折价或者以拍卖、变卖质押物的价款优先受偿。可作质押贷款的权利如下：① 汇票、支票、本票、债券、存款单、仓单、提单；② 依法可以转让的股票、股份；③ 依法可以转让的商标专用权、专利权、著作权中的财产权。商业银行对质押物应履行调查义务，严防虚假或已办理挂失的存单质押等，同时应妥善保管质押物。

（3）保证贷款。保证贷款是指由借贷双方以外的第三人以书面保证的形式向贷款行承诺，当借款人不能按期偿还贷款时，由其代为偿付贷款本金和利息的第三人信用担保贷款。保证贷款是以保证人的信用或支付能力为担保的贷款，此种贷款的安全程度取决于借款人和保证人的信用、实力或经营状况。而要真正落实保证责任，避免出现空头担保现象，还需要在贷款过程中严格审核保证人的情况。

1）保证人的确定。保证人应是具有法人地位并有经济承保能力的经济实体、其他组织和公民。根据我国法律规定，国家机关（经国务院批准为使用外国政府或者国际经济组织贷款进行转贷的除外）、以公益为目的的事业单位、社会团体、企业法人的分支机构和职能部门（有法人书面授权者除外）等均不得作为保证人。

2）保证人的责任。保证人的保证责任分为一般保证责任和连带保证责任。商业银行一般要求保证人承担连带保证责任。连带保证责任是指当事人在保证合同中约定保证人与债务人对债务承担连带责任，即债务人在主合同规定的债务履行期届满时没有履行债务的，债权人可以要求履行债务，也可以要求保证人在其保证范围内承担保证责任。

连带保证责任包括两层含义：其一，保证人与债权人达成合意，约定明确；其二，保证人与债务人对债务履行承担连带责任，债务不履行，保证人与债务人的责任都不得解除。连带保证责任的责任承担履行债务和承担保证责任的前提是债务人在主合同规定的债务履行期届满没有履行主债务。在连带保证责任情况下，一旦主债务人届期没有履行主债务，在保证实务中，保证人选择连带责任保证方式，实际上是保证人放弃了可以享有的先诉抗辩权。因此，连带责任保证方式中保证人的责任较重，但其有利于保护债权人利益。

3. 票据贴现

（1）贴现的种类。一般而言，票据贴现可分为三种，分别是贴现、转贴现和再贴现。

贴现是指持票人为了取得资金而将自己持有的尚未到期的商业票据转让给商业银行，商业银行从票据面值中扣除自贴现日至票据到期日的利息后，将余额支付给持票人的一种票据买卖行为。

转贴现是指商业银行在资金临时不足时，将已经贴现但仍未到期的票据，交给其他商业银行或贴现机构给予贴现，以取得资金融通。

再贴现是指中央银行通过买进商业银行持有的已贴现但尚未到期的商业汇票，向商业银行提供融资支持的行为。

贴现是商业银行的一项资产业务，汇票的支付人对银行负债，其实质是商业银行向贴现客户发放的一种短期贷款。贴现的利率在中国人民银行先行的再贴现利率的基础上进行上浮，贴现的利率是市场价格，由双方协商确定，但最高不能超过现行的贷款利率。

（2）贴现申请人必须具备的条件。

1）在贴现行开立存款账户的企业法人或其他经济组织；

2）与出票人或直接前手之间有真实的商品交易关系；

3）能够提供与其直接前手之间的增值税发票（按规定不能出具增值税发票的除外）和商品发运单据复印件。

（3）贴现申请的审查。持票人办理汇票贴现业务时，需填写《商业汇票贴现申请书》，加盖公章和法定代表人章（或授权代理人章）后提交开户行。银行接到贴现申请后，要从以下几方面进行认真审查。

1）审查票据的有效性、可靠性。如票式是否合法，要素是否齐全，背书人的信用程度，票据的期限等，并声明对票据的追索权，即在票据不能如约兑付时，商业银行有权要求贴现申请人向商业银行退回款项。

2）审查票据的付款人和承兑人的资信状况。商业银行为保证贴现款项的安全收回，应当收取具有优良信誉的企业和商业银行作为付款人和承兑人的票据。

3）审查票据期限的长短。商业上买卖赊账的付款期限有一定的时间限制，由此产生的票据也应当有时间限制。一般商业汇票的期限应在 6 个月之内，最长不超过 9 个月。

4）审查贴现的额度。贴现的额度一般不得超过贴现申请人的付款能力。因为贴现票据的偿付虽以付款人最为重要，但贴现申请人也有责任。当付款人拒付时，商业银行需要向贴现申请人追偿。如果贴现申请人没有足够的财力，商业银行的贴现将面临风险。

（4）贴现利息的计算。贴现利息和实付贴现金额的计算公式为：

贴现利息=贴现票据票面金额×贴现利率×贴现期限（天数）

实付贴现金额=贴现票据票面金额–贴现利息

贴现期限从贴现之日起至票据到期日止（算头不算尾），如承兑人为异地的票据，贴现期限应另加 3 天的划款期。

【例 5-1】 2014 年 5 月 4 日，某企业持未到期的银行承兑汇票（承兑人为本地）向开户银行申请贴现，该银行承兑汇票的面额为 20 万元，汇票出票日是 2014 年 4 月 7 日，9 月 11 日到期，经银行信贷部门审批同意贴现。假设月贴现率为 4.2‰，计算贴现利息和实付贴现金额。

贴现利息=贴现票据票面金额×贴现利率×贴现期限（天数）

=200 000×（4.2‰÷30）×130

=3 640（元）

实付贴现金额=贴现票据票面金额–贴现利息

=200 000–3 640=196 360（元）

（5）贴现票据到期业务处理。贴现票据到期时，付款人应事先将票款备足并缴存银行，开户银行于到期日凭票将款项从付款人账户划转到贴现银行账户。这样，票据贴现过程全部顺利完成。如果票据到期，付款人账户余额不足支付票款，可按以下情况处理：

1）以银行承兑汇票贴现的，承兑银行除凭票付款外，应对承兑申请人执行扣款。对尚未扣回的承兑金额，视同逾期贷款，按统一利率收息并实行加息。

2）以商业承兑汇票贴现的，付款人开户银行应将汇票退还贴现银行，同时，比照签发空头支票的处罚规定对付款人处以罚款。贴现银行收到退还的汇票后，应着手票款追偿，从贴现申请人账户上扣收贴现款项，同时将汇票退还贴现申请人。对未扣回部分，贴现银行应收取贷款利息并处以罚息。汇票退回后，由收付双方自行解决纠纷。

（6）票据贴现与其他贷款的区别。票据贴现的实质是商业银行向贴现客户发放的一种短期贷款，但票据贴现与其他贷款相比，在贷款对象、还款保证、收息方式、管理办法等方面都具有不同的特点。首先，票据贴现以持票人为直接贷款对象，其他贷款一般都是以购货企业（付款人）为贷款对象。其次，票据贴现以票据承兑人的信誉作为还款保证。贴现的票据一般要求经过承兑，而承兑人是票据的第一付款人，因而，承兑人的信誉就作为贴现的还款保证。再次，票据贴现以票据的剩余期限为贷款期限。票据上载有付款日期，持票人有权无条件地按时收回票款。因此，贴现的期限就是从贴现日到付款日（票据到期日）的时间。最后，票据贴现实行预收利息的方法。贴现贷款在发放时就预先将贴现利息扣除，因此，票据贴现利率（贴现率）一般较同期限的其他贷款的利率低。

5.1.3 商业银行贷款操作规程

对任何一笔贷款，都必须遵循以下工作程序。

1. 贷款申请

凡符合借款条件的借款人，在银行开立结算账户，与银行建立信贷关系之后，如果出现资金需要，都可以向银行申请贷款。借款人申请贷款必须填写《借款申请书》，基本内容包括：借款人名称、性质、经营范围，申请贷款的种类、期限、金额、方式、用途、用款计划、还本付息计划以及有关的经济技术指标等。

2. 贷款调查

银行在接到借款人的借款申请后，应指派专人进行调查。调查的内容主要有两个方面：一是关于借款申请书内容的调查。主要审查其内容填写是否齐全，数字是否真实，印鉴是否与预留银行印鉴相符，申请贷款的用途是否真实合理等。二是贷款可行性的调查，其包括：① 借款人的品行。主要了解与借款人的资料有关的证明文件和批准文件。② 借款合法性。主要了解借款的用途是否符合国家产业、区域、技术以及环保等方面的政策和经济、金融法规。③ 借款安全性。主要调查借款人的信用记录及贷款风险情况。④ 借款的营利性。主要调查测算借款人使用贷款的盈利情况及归还贷款本息的资金来源等。

3. 对借款人的信用评估

银行在对借款人的贷款申请进行深入细致的调查研究的基础上，还要利用掌握的资料，对借款人进行信用评估，划分信用等级。信用评估可以由贷款银行独立进行，评估结果由银行内部掌握使用；也可以由人民银行认可的有资格的专门信用评估机构对借款人进行统一评估，评估结果供各家银行使用。

4. 贷款审批

对经过审查评估符合贷款条件的借款申请，银行应当及时进行审批。银行要按照“分级负责、集体审定、一人审批”的贷款审批制度进行贷款，逐笔逐级签署审批意见并办理审批手续。为了保证贷款决策科学化，凡有条件的银行都应建立贷款审查委员会，进行集体决策。

5. 借款合同的签订和担保

借款申请经审查批准后，必须按《经济合同法》和《借款合同条例》由银行与借款人签订《借款合同》。在中国，借款合同的文本由银行拟定，报人民银行审定后自行印刷。对保证贷款，保证人需向银行出具“不可撤销担保书”或由银行与保证人签订“保证合同”；对抵押贷款和质押贷款，银行须与借款人签订抵押合同或质押合同。需办理公证或登记的，还应依法办理公证和登记手续。

6．贷款发放

借款合同生效后，银行就应按合同规定的条款发放贷款。在发放贷款时，借款人应先填好《借款借据》，经银行经办人员审核无误后，由信贷部门负责人或主管行长签字盖章，送银行会计部门将贷款足额划入借款人账户，供借款人使用。

7．贷款检查

贷款发放以后，银行要对借款人执行借款合同的情况及借款人的资信状况进行跟踪调查和检查。检查的主要内容包括借款人是否按合同规定的用途使用贷款，借款人资产负债结构的变化情况，借款人还款能力及还款资源的落实情况等。对违反国家有关法律、法规、政策、制度和《借款合同》规定使用贷款的，检查人员应及时予以制止并提出处理意见。对问题突出、性质严重的，要及时上报主管领导甚至上级行采取紧急措施，以尽量减少贷款的风险损失。

8．贷款收回

贷款到期后，借款人应主动及时归还贷款本息。一般可由借款人开出结算凭证归还本息，也可由银行直接从借款人账户中扣收贷款本息。贷款到期，由于客观情况发生变化，借款人经过努力仍不能还清贷款的，短期贷款必须在到期日的 10 天前、中长期贷款在到期日的一个月前，向银行提出贷款展期申请。如果银行同意展期一次，应办理展期手续。每笔贷款只能展期一次，短期贷款展期不得超过原贷款期限；中长期贷款展期不得超过原贷款期限的一半，且最长不得超过三年。贷款展期后，如展期期限加上原贷款期限达到新的档次利率期限，则按新期限档次利率计息。如果银行不同意展期，或展期以后仍不能到期还款，即列为逾期贷款，银行对其应进行专户管理，并加大催收力度。

5.2　商业银行个人贷款业务

个人贷款，又称零售贷款业务，是指银行向个人、家庭发放的用于满足其各种资金需求的贷款。随着居民消费水平的逐步提高一级消费观念的日益提升，人们的需求更加多样化，并且传统的消费意识在国外提前消费意识影响下有所改变，人们愿意利用贷款进行消费。目前，国内商业银行系统中个人贷款业务占银行业务的比重越来越大，而且增长迅猛，个人贷款业务成为银行信贷业务的重要组成部分。我国商业银行开展的个人贷款业务涉及多个领域，其中贷款规模较大、业务比较稳定的有个人住房贷款、个人汽车消费贷款、助学贷款和个人质押贷款。

5.2.1 个人住房贷款业务

个人住房贷款是指银行向借款人发放的用于购买自用普通住房的贷款。借款人申请个人住房贷款时必须提供担保。目前，我国商业银行个人住房贷款涉及的具体业务种类很多，主要有个人住房一手房按揭贷款、个人住房二手房贷款、个人住房公积金委托贷款、个人住房组合贷款等。按照贷款是否具有政策性特征，可以把上述个人贷款划分为两类：个人住房公积金委托贷款和商业性个人住房贷款。

1. 个人住房公积金委托贷款

个人住房公积金委托贷款，俗称个人住房公积金贷款，是指商业银行根据住房资金管理中心的委托，以住房公积金为资金来源，按规定的要求向购买住房的个人发放的贷款。这种贷款之所以具有委托性质，是因为贷款资金由住房资金管理中心提供，贷款对象、金额、期限、利率由住房资金管理中心确定，贷款风险由住房资金管理中心承担，受托银行只负责办理贷款手续，协助贷款本息的收回。

住房公积金贷款是政策性的个人住房贷款，一方面是它的利率低；另一方面主要是为中低收入的公积金缴存职工提供这种贷款。但是由于住房公积金贷款和商业贷款的利息相差1%有余，因此无论是投资者还是购房自住的老百姓都比较偏向于选择住房公积金贷款购买住房。

（1）个人住房公积金委托贷款的申请条件。申请住房公积金贷款必须符合当地住房公积金管理部门有关住房公积金贷款的规定。应具备的基本条件为：

1）具有城镇常住户口或有效居留身份；

2）有稳定的经济收入，信用良好，有偿还贷款本息的能力；

3）借款人在住房资金管理中心开有住房公积金账户，且本人及其所在单位按规定按月正常缴存住房公积金；如借款人为新参加工作者，应按月正常缴存住房公积金一年以上，才具备贷款资格；

4）有合法有效的购买、大修住房的合同、协议以及其他证明文件；

5）有规定的最低额度以上的自筹资金，并保证用于支付所购（大修）住房的首付款，一般不低于购房全部款价的20%；

6）有符合要求的资产进行抵押或质押，或（和）有足够代偿能力的法人、其他经济组织或自然人作为保证人；

7）符合当地住房公积金管理部门规定的其他借款条件。

（2）个人住房公积金委托贷款明细。

1）贷款额度的规定。个人住房公积金由各地区的公积金管理部门制定，额度的计算方法和具体规定与当地经济发展水平密切相关，存在较大的地区差异，具体额度按照当地住房公积金管理部门的有关规定执行。

2）贷款期限的规定。在中国人民银行规定的最长贷款期限内由当地住房公积金管理部门根据借款人的实际情况确定贷款期限。一般贷款期限不得超过借款人在贷款发放之日起至国家法定退休的年限，最长不超过30年。

补充资料5-1　个人住房贷款期限的选择

常识告诉我们，贷款期限越长，每月还款就越少，但总还款额必然上升。相同金额的房贷，贷款年限长所产生的利息要比贷款年限短所产生的利息要多。因此，不少人认为应尽量缩短贷款年限，能节省利息。不过，精打细算一下，有时候贷款年限短未必能多省钱。

A最近贷款购买了一套住宅，向银行贷款40万元，还贷年限为30年。按照目前7折的贷款利率，采取等额本息的方式，她的还款总额为70万元左右，月供1 900元。这意味着贷款30年需要支付银行30万元左右的利息。对此，有朋友认为假如把30年的贷款时间缩短为15年，那么总还款额就变成了54万元，虽然月供提高到3 000元，但是支付的利息少了16万元。两者相比较，明显是贷款年限短更为划算。

实际上不少人在购买房子后，并没有供满贷款期限，就因为各种原因而提前还款了。许多人对于自住的房子，会在有闲钱的情况下逐步或者一次性还贷。如果是家庭收入不太稳定的人士，不妨选择比较长的贷款年限，有钱的时候再提前还贷。对于工薪阶层来说，房贷不仅要考虑到收入情况，还要考虑到工作是否存在变数。宁愿先做最坏的打算，别给自己太大的压力。应该考虑当手里的积蓄达到一定程度时去提前还款，同样也能减少利息的支付。

个人住房贷款选择多少年，并没有统一和固定的答案，应该根据自己的情况进行分析选择。除了选择好年限外，对于是否要提前还款，如何还等等都应该有计划。

3）贷款利率的规定。按照中国人民银行规定的个人住房公积金贷款利率执行。如遇利率调整，则于次年1月1日起执行新利率。

补充资料 5-2 个人住房公积金贷款利率调整情况（见表 5-1）

表 5-1 个人住房公积金贷款利率调整情况

时间	5 年（含）以下	5 年以上
2008-09-16	4.59%	5.13%
2008-10-08	4.32%	4.86%
2008-10-22	4.05%	4.59%
2008-11-27	3.51%	4.05%
2008-12-23	3.33%	3.87%
2010-10-20	3.50%	4.05%
2010-12-26	3.75%	4.30%
2011-02-09	4.00%	4.50%
2011-04-06	4.20%	4.70%
2011-07-07	4.45%	4.90%
2012-06-08	4.20%	4.70%
2012-07-06	4.00%	4.50%
2014-11-22	3.75%	4.25%
2015-03-01	3.50%	4.00%
2015-05-11	3.25%	3.75%

（资料来源：中国人民银行公布的利率水平整理得到）

4）还款方式的规定。个人住房公积金贷款，借款期限在 1 年（含 1 年）以内的，采用到期一次还本付息方法，借款期限在 1 年以上的，采用等额本息还款法、等额本金还款法和当地住房公积金管理部门认可的其他还款方式。

① 等额本息还款方式。把按揭贷款的本金总额与利息总额相加，然后平均分摊到还款期限的每个月中，每个月的还款额是固定的。

$$每月还款额=[贷款本金\times月利率\times(1+月利率)^{还款月数}]\div[(1+月利率)^{还款月数}-1]$$

遇到利率调整及提前还款时，应根据未偿还贷款余额和剩余还款期数对公式进行调整，并计算每期还款额。

等额本息还款法是每月以相等的额度偿还贷款本息，每月还款额中的本金比重逐月递增，利息比重逐月递减。

② 等额本金还款方式。贷款人将本金分摊到每个月内，同时付清上一交易日至本次还

款日之间的利息。

每月还款额=贷款本金÷还款月数+（本金−已归还本金累计额）×月利率

等额本金还款法的特点是定期、定额还本，也就是在贷款后，每期借款人除了缴纳贷款利息外，还需要定额摊还本金。由于等额本金还款法每月还本额固定，其贷款余额逐渐减少，因此，每月利息支出越来越少，每月还款数也越来越少。

补充资料 5-3　等额本息还款法和等额本金还款法比较

张先生最近贷款买了一套房,20 万元的贷款到底是采用等额本金好,还是等额本息好?张先生犯起了难。银行工作人员说，很多人都用等额本息，每月还款额固定，收入支出好预算；等额本金开始月供大，压力大，适合还款能力强的人。张先生便选择了等额本息还款方式。

张先生是一个喜欢较真的人，在签完合同回家后，他开始琢磨等额本金和等额本息到底有啥区别，月供到底是怎么算出来的。张先生算了一笔账，自己贷了 20 万元，期限是 20 年，采用等额本息还款方式，月供 1 228.89 元，总利息 94 933.3 元；而如果采用等额本金还款方式，总利息 83 546.67 元，还款方式不同利息差别较大。

其实，等额本息还款法和等额本金还款法作为常用的个人住房贷款还款方式，分别适合不同情况的借款人，没有绝对的利弊之分。

从借款人的角度来讲，等额本息还款法每月还款额是固定的，可以有计划地控制家庭收入的支出，但还款期利息总支出较多，还款初期利息占比高。等额本金还款法每月还款额不同，在还款初期高于等额本息还款法，之后逐渐减少，但还款期间利息总支出较少。等额本息还款法适用于现期收入少，收入稳定的人士，一般为刚开始工作的年轻人。等额本金还款法适合中老年人，有一定积蓄，可以先承担高一些的还款压力，减少以后的还款负担和降低还款的总金额。

从银行的角度来讲，等额本金还款法的还本速度比较快，风险比等额本息还款法小。然而，银行更倾向于采取等额本息还款法的原因在于，银行相信在贷款期间借款人的收入将增加，所抵押的房产的价值将维持不变或增加。一个价格相对稳定、收入和财产价值同时增长的状况能够呈现出真实增长的宏观经济形势，这会降低采用等额本息还款法的借款人的贷款风险。同时，随着真实收入的增加，财产的价值很可能在贷款期内保持高于贷款余额的水平。因此，相对于递减速度非常缓慢的贷款余额，银行通常认为房地产的抵押价值是充足的。

2．商业性个人住房贷款业务

商业性个人住房贷款又称个人住房担保贷款，是银行用其信贷资金所发放的自营性贷款。具体指具有完全民事行为能力的自然人，购买自住住房时，以其所购买的产权住房（或银行认可的其他担保方式）为抵押，作为偿还贷款的保证而向银行申请的商业性住房贷款。

（1）个人住房贷款的申请条件。

1）具有城镇常住户口或有效居留身份。本市居民的身份证、户口簿；外省市居民除身份证、户口簿外，还需提供所在地户籍管理部门提供的户籍证明或暂住证；境外人士提供护照；未满 18 周岁需提供出生证或独生子女证。

2）必须有稳定合法的经济收入，能够提供相应的收入和资产证明。收入证明由借款人所在的工作单位出具，加盖公司人事章或公章加营业执照复印件；个体户、私营、民营借款人可提供近三个月税票和营业执照复印件；所开具的月收入超过 2 000 元人民币的，应提供税单或其他资产证明（银行存单、有价证券、投资证明、房产等）。

3）具有完全民事行为能力的自然人，无不良信用记录。

4）具有所购住房全部价款 20%以上的自筹资金，并保证用于支付所购住房的首付款。

5）具有购房合同或协议，所购住房价格基本符合银行或银行委托的房地产估价机构的评估价值。

6）贷款银行规定的其他条件。

（2）个人住房贷款明细。

1）贷款额度的规定。

① 购买普通商品住房、经济适用房、公有住房、集资建房、再交易住房、房产置换、拍卖房产的，其个人住房贷款额度不能超过购房款或评估价格（就低）的 80%。

② 对购买高级商品住房、写字楼、商务套房、商铺店面、商品经营用房、单独的车库车位等商品用房的，贷款额度不得超过购房款或评估价格（就低）的 50%。

③ 对以“商住两用房”名义申请贷款的，贷款额度不得超过购房款或评估价格的 55%。

2）贷款期限的规定。

① 以房产抵押方式发放的贷款，贷款期限不得超过所抵押房产的剩余使用年限。

② 借款人已离退休或即将离退休的，贷款期限不应过长，一般男性自然人，其还款年限不得超过 65 岁，女性自然人，其还款期限不得超过 60 岁。

③ 对于购买普通住房贷款，贷款期限不得超过 30 年，且贷款期限加借款人年龄不超过 70 岁。

④ 对于购买高档别墅、商业用房，贷款期限不得超过 10 年。

3）贷款利率的规定。我国的利率由中国人民银行统一管理。银行贷款利率参照中国人民银行制定的基准利率，实际合同利率可在基准利率基础上上下一定范围内浮动。2013 年 7 月 20 日以前，贷款利率实行下限管理，贷款利率下限为贷款基准利率的 0.7 倍。自 2013 年 7 月 20 日起，经国务院批准，中国人民银行决定全面放开贷款利率管制，即取消金融机构贷款利率 0.7 倍的下限，由金融机构根据商业原则自主确定贷款利率水平。人民银行继续公布贷款基准利率。

补充资料 5-4　人民币个人贷款基准利率（见表 5-2）

表 5-2　人民币个人贷款基准利率（2015 年 5 月 11 日起执行）

种　类	年利率（%）
一、短期贷款	
一年以内（含一年）	5.10%
二、中长期贷款	
一年至五年（含五年）	5.50%
五年以上	5.65%
三、个人住房公积金贷款	
五年以下（含五年）	3.25%
五年以上	3.75%

（资料来源：中国人民银行网站）

4）贷款偿还的规定。

① 期限在一年（含）以内的个人住房贷款，实行到期一次还本付息，利随本清；也可实行按月（或按季）计息，到期结清贷款本息。

② 期限在一年以上的个人住房贷款，本息偿还可采用等额本息还款法、等额本金还款法及其他银行认可的方式。借款人可以根据需要选择还款方式，但一笔借款合同只能选择一种还款方式，合同签订后，不得更改。

③ 贷款期限在一年以内（含一年）的，经贷款银行同意，在借款期内，借款人可以提前结清全部贷款，并根据原合同利率按实际期限结计利息，但不得提前部分还本。

④ 贷款期限在一年以上的，在借款期内，借款人向银行提出提前还款书面申请后，经贷款行同意，可提前部分还本或提前清偿全部贷款本息，提前清偿的部分在以后期限不再计息，此前已计收的贷款利息也不再调整。

⑤ 借款人在原合同履行期间，如不能按照原还款计划按期归还贷款，可向贷款行提出延长借款期限的书面申请，经贷款行批准后，签订个人住房借款延期还款协议。原借款期限与延长期限之和最长不超过 30 年。

⑥ 借款到期，借款人未按合同约定清偿全部贷款本息，擅自改变贷款用途，挪用贷款，从逾期、挤占挪用之日起，贷款行有权根据中国人民银行的规定分别按逾期、挤占挪用贷款计收利息。借款期间，借款人未按约定的分期还款计划按时、足额归还贷款本息，贷款

行有权根据中国人民银行规定，对贷款余额按贷款利率计收利息，对未收取利息部分按贷款利率计收复利，对拖欠的分期还款额按日收取违约金。

补充资料 5-5 个人住房贷款的提前偿还

如果你按揭买房之后，手头较宽余想早些归还贷款，银行提供三种提前还贷方式：

① 全部提前还款（不用再还利息，但已付的利息不退）；

② 部分提前还款，剩余的贷款保持每月还款额不变，将还款期限缩短；

③ 部分提前还款，剩余的贷款将每月还款额减少，保持还款期限不变。

其中，第② 种是大多数贷款者最常选择的提前还款方式，这种提前还款方式可以节省更多的利息支出。

但同时，有下面三类人不适合提前偿还房贷：

① 享受公积金贷款和七折利率的贷款客户不必急于还款。因为目前七折的 5 年期贷款利率与 5 年期存款利率相当，客户把这些钱存入银行收益也比较可观，同时，如果这样的客户提前还贷后再贷款购房，银行将按最新的贷款政策执行，基准利率上浮 1.1 倍，借款人将得不偿失。

② 使用等额本息还款法，且还款已经超过 5 年。因为，贷款早期还款中大部分为利息，超过 5 年再提前还款，可以说本金更多，所以从资金利用的角度来看，可以考虑其他投资渠道，特别是年收益率超过银行房贷利率的渠道。

③ 客户如果手头有其他更好的投资理财项目如股票、基金、债券、理财产品等，或者手里需要流动资金的生意人，如果投资收益率高于贷款利率，则没有必要选择提前还贷。

3. 个人住房贷款业务训练

课堂实训 5-1 个人住房贷款发放业务训练

客户程琦于 2012 年 3 月 10 日到银行办理个人住房贷款，贷款期限 15 年，贷款金额 30 万元。

客户资料：姓名：程琦；证件类型：身份证；证件号码：862206195208315437；联系电话：874330039；地址：长沙市天心区西大街路 20 号；邮编：410114；账号：9960068007600016；凭证号码：100119091。

（1）进行系统登记，将“贷款合同登记”界面（见表 5-3）填写完整。

表 5-3　贷款合同登记

货币号：	序号：
自然人/法人：	贷款方式：
证件类型：	证件号码：
地区编号：	
借款人：	常住地址：
逾期罚息率：	挤占挪用罚息率：
合同类型：	合同金额：
合同登记有效到期日：	借款人联系电话：

（2）进行“个人住房贷款开户”操作，如表 5-4 所示。

表 5-4　个人住房贷款开户

产品：		
证件类型：		证件号码：
借款人：		地区编号：
合同号：		合同金额：
合同登记有效到期日：		联系电话：
常住地址：		贷款卡号：
调查人：		审批/调查人：
借款人付息账/卡号：		贷款用途：
借款期数：　　月	利率浮动比率：	逾期罚息比率：
约定还款日：		还款方式：

（3）进行“个人住房贷款发放”操作，如表 5-5 所示。

表 5-5　个人住房贷款发放

贷款账号：	存款账/卡号：
序号：	交易金额：
凭证种类：	凭证号码：
摘要：	

（4）个人住房贷款收回业务训练，将“个人住房贷款收回”的操作填写完整，如表 5-6 所示。

客户程琦于 2012 年 3 月 21 日到银行归还第一期个人住房贷款，本期还贷 2 000 元。

表 5-6 个人住房贷款收回

货币号：	贷款账号：
提交交易：	
贷款余额：	本期还款：
还款计划：	还款方式：
借方账/卡号：	序号：
账号密码：******	存折号码：
还款额：	违约金：
凭证种类：	凭证号码：
摘要：	

5.2.2 个人汽车消费贷款业务

汽车消费贷款是指商业银行向在特约经销商处申请购买汽车的个人发放的人民币担保贷款。其特点是定点选购、自筹首期、先存后贷、有效担保、专款专用、按期偿还。

1. 汽车消费贷款的申请条件

申请汽车消费贷款除了必须在银行所认可的特约经销商处购买限定范围内的汽车外，申请汽车消费贷款的购车者还须具备以下条件：

（1）购车者必须年满 18 周岁，并且是具有完全民事行为能力的中国公民。

（2）购车者必须有一份较稳定的职业和比较稳定的经济收入或拥有易于变现的资产，这样才能按期偿还贷款本息。这里的易于变现的资产一般指有价证券和金银制品等。

（3）在申请贷款期间，购车者在经办银行储蓄专柜的账户内存入不低于银行规定的购车首期款。

（4）向银行提供银行认可的担保。如果购车者的个人户口不在本地的，还应提供连带责任保证，银行不接受购车者以贷款所购车辆设定的抵押。

（5）购车者愿意接受银行提出的认为必要的其他条件。

2. 个人汽车消费贷款明细

（1）贷款额度的规定。借款人以所购汽车作为抵押物的，贷款金额不超过购车款的 80%；借款人以国库券、金融债券、国家重点建设债券、银行认可的有价证券质押的，或由银行、保险公司提供连带责任保证的，贷款金额不得超过质押物价值的 90%；借款人以本人或第三方不动产抵押申请贷款的，贷款金额不得超过购车款的 70%；借款人以第三方保证方式担保的，贷款最高额可达到购车款的 60%。

（2）贷款期限的规定。自然人汽车消费贷款期限最长不超过5年（含5年）；对营运性车辆贷款最长不得超过2年；对信用等级在A级以上的个人客户，贷款期限可延长至8年。

（3）贷款利率的规定。汽车消费贷款利率按照中国人民银行规定的同期贷款利率执行。具体利率水平同商业性住房贷款利率。

3．汽车消费贷款的偿还与违约处理

（1）对未按借款合同约定偿还的贷款本金加收利息，对未按期支付的贷款利息计收复利。

（2）贷款本息逾期一个月以内的，经办人应及时通知借款人还款。逾期一个月以上的，经办人应了解逾期原因，对于因意外事故造成借款人不能正常还款，但经恢复后仍有能力继续履行借款合同的，经办行可以与借款人重新制订还款计划，或要求借款人还清正常还款期内拖欠的贷款本息后，继续履行原合同借款。借款人恶意拖欠还款或已无还款能力，实行抵押方式的，经办行可与抵押人协议以抵押物折价或者以拍卖、变卖该抵押物所得的价款清偿贷款本息，协议不成的，经办行可以向人民法院提起诉讼；实行质押方式的，经办行可以与出质人协议以质物折价，也可以依法拍卖、变卖质物；实行保证方式的，经办行应当要求保证人承担连带保证责任。

5.2.3　助学贷款

目前，我国的助学贷款主要有四种形式：国家助学贷款；生源地信用助学贷款；高校利用国家财政资金对学生办理的无息借款；一般性商业助学贷款。其中，国家助学贷款资助力度和规模最大，是助学贷款的主要内容。

国家助学贷款是由政府主导、财政贴息、财政和高校共同给予银行一定风险补偿金，银行、教育行政部门与高校共同操作的专门帮助高校贫困家庭学生的银行贷款。借款学生不需要办理贷款担保或抵押，但需要承诺按期还款，并承担相关法律责任。借款学生通过学校向银行申请贷款，用于弥补在校期间各项费用不足，毕业后分期偿还。

1．助学贷款的申请条件

（1）全日制普通高等学校经济困难的本专科生（含高职生）、研究生和第二学士学位学生；

（2）具有中华人民共和国国籍，且持有中华人民共和国居民身份证；

（3）具有完全民事行为能力（未成年人申请国家助学贷款须由其法定监护人书面同意）；

（4）诚实守信，遵纪守法，无违法违纪行为；

（5）学习努力，能够正常完成学业；

（6）因家庭经济困难，在校期间所能获得的收入不足以支付完成学业所需基本费用（包括学费、住宿费、基本生活费）。

2. 助学贷款明细

（1）贷款金额。每个学生每学年的贷款金额最高不超过6 000元。

（2）贷款期限。助学贷款的借款学生必须在毕业后6年内（含2年的宽限期和4年的还款期）还清贷款本息，期限最长不超过10年。

（3）贷款利率。助学贷款执行中国人民银行同期公布的同档次基准利率，不上浮。学生在校期间的利息由财政全部补贴，毕业后的利息由学生和家长（或其他法定监护人）共同负担。学生毕业后实际偿还的利息，将按照当年同期利率执行。

（4）还款方式。

1）学生毕业前，一次或分次还清；

2）学生毕业后，观看其可活动资金来还贷款；

3）毕业生见习期满后，在2～5年内由所在单位从其工资中逐月扣还；

4）毕业生工作的所在单位，可视其工作表现，决定减免垫还的贷款；

5）对于贷款的学生，因触犯国家法律、校纪，而被学校开除学籍、勒令退学或学生自动退学的，应由学生家长负责归还全部贷款。

补充资料5-6 助学贷款的逾期处理

上大学时申请了助学贷款，如今毕业工作了，要贷款买房，要办信用卡，才发现已经有了不良信用。因为一时疏忽大意，很多曾经申请助学贷款的学生留下了不良信用记录，如果遇到这样的问题该怎么办呢？逾期没有还利息的学生，很多都是由于对政策不了解造成的。

助学贷款的周期为10年，利率按基准利率执行，学生在校期间的利息由国家全额补贴，毕业后，就要自行支付利息。考虑到部分学生出校后不一定能够及时就业，国家还设立了毕业后两年的宽限期，在宽限期内，学生只需要支付利息，不用偿还本金。但由于对政策的不理解，很多学生认为宽限期就是不用还款也不需要支付利息，因此，造成了部分逾期还款的现象。

如果非恶意逾期，可向银行进行解释说明，取消个人的不良信用记录。如果信用报告中确实有负面信息，也不要气馁。这些信息经过一定年限以后就会从信用报告中删除，而且，只要个人在以后的信用活动中做到诚实守信，随着时间的推移，新的、良好的记录会逐渐刷新、替代旧的、负面的记录。

5.2.4　个人质押贷款

个人质押贷款是指个人以合法有效的、符合银行规定条件的质物出质，向银行申请取得一定金额的人民币贷款，并按期归还贷款本息的个人贷款业务。

根据《中华人民共和国物权法》第二百二十三条的规定，可作为个人质押贷款的质物主要有：汇票、支票、本票；债券、存款单；仓单、提单；可以转让的基金份额、股权；可以转让的注册商标专用权、专利权、著作权等知识产权中的财产权；应收账款；法律、行政法规规定可以出质的其他财产权利。

1．个人质押贷款中借款人应具备的条件

（1）能够提供符合银行要求的质押物，例如，不同银行提供个人质押贷款业务规定所押存单的条件不同，有些银行接受他行存单，有些银行只接受本行同城分支机构所开存单；凡所有权有争议、已挂失、已被依法止付或已作担保的存单、国债、保险单及其他权利不得作为质押物。

（2）能够提供借款人、质押物所有人的有效身份证原件及复印件（居民身份证、军官证、警官证、文职干部证、士兵证、护照等），如质押物的所有人是未成年人，则要提供该未成年人户籍证明及其监护人的身份证原件及复印件和能够证明其监护关系的法律文书（户籍证明、出生证、收养协议、指定监护文书）。

（3）以凭预留印鉴支取的权利作为质押申请借款时，出质人应向银行提供预留印鉴样本；以凭密码支取的权利作为质押申请借款时，出质人应协助银行验证密码，核对质押物的权属，否则，银行有权拒绝办理质押贷款。如所质押的个人权利为第三人所有的，应提供出质人同意质押的书面证明文件。

2．个人质押贷款明细

（1）贷款的期限。个人质押贷款的贷款期限不超过所质押权利的到期日。用多项权利作质押的，贷款到期日不能超过所质押权利的最早到期日（自动转存的存单不受此期限限制）。贷款期限最长为 5 年。以保单质押贷款的，最长期限为 1 年。

（2）贷款的额度。个人质押贷款起点为人民币 1 000 元（含）。

以人民币储蓄存单和凭证式国债出质，贷款期限在 1 年以内的，贷款额度最高为质押权利凭证面值的 90%；贷款期限在 1 年以上的，贷款额度最高为质押权利凭证面值的 80%。

以外币储蓄存单出质的，各一级分行根据币种的汇率风险等因素确定质押比率，贷款金额最高为存单面值按当日公布的外汇买入价折合人民币价值的 80%。

凭证式国债（电子记账），贷款期限在 1 年以内的，金额不得高于国债面值的 90%；贷

款期限在 1 年以上的，金额不得高于国债面值的 80%。

记账式国债，贷款金额不得超过发行价、质押当日市场价和面值三者中最低者的 80%。

以保险单出质的，贷款金额最高为借款人提出贷款申请当日、经签发保单的保险公司核准的保险单现金价值的 70%。

（3）贷款利率。贷款利率按同期同档次法定贷款利率有关规定执行，利随本清。不足 6 个月的，按 6 个月法定贷款利率执行。如遇贷款利率调整，在贷款期限内贷款利率不变。贷款提前归还，按合同规定的贷款利率和实际借款天数计算。

5.2.5 其他个人贷款

1. 个人小额短期信用贷款

个人小额短期信用贷款是贷款人为解决借款人临时性的消费需要而发放的期限在 1 年以内、金额在 2 万元以下、无须提供担保的人民币信用贷款。

（1）个人小额短期信用贷款的贷款对象。

1）在中国境内有固定住所、有当地城镇常住户口（或有效居住证明）、具有完全民事行为能力的中国公民。

2）有正当的职业和稳定的经济收入，具有按期偿还贷款本息的能力。

3）借款人所在单位必须是由贷款人认可的并与贷款人有良好合作关系的行政及企事业单位且需由贷款人代发工资。

4）遵纪守法，没有违法行为及不良信用记录。

5）在银行开立信用卡或活期储蓄账户。

（2）个人小额短期信用贷款明细。

1）个人小额短期信用贷款期限在 1 年（含）以下。

2）个人小额短期信用贷款起点为 2 000 元，贷款金额不超过借款人月均工资性收入的 6 倍，且最高不超过 2 万元。

3）个人小额短期信用贷款利率按照中国人民银行规定的短期贷款利率执行，在贷款期间遇利率调整时，执行合同利率，不分段计息。贷款期限不足 6 个月的，按 6 个月档次利率计息。

4）个人小额短期信用贷款一般不办理展期。确因不可抗力或意外事故而不能按期还贷的，经贷款人同意可予以展期一次，且累计贷款期限不得超过 1 年。展期前的利息按原合同约定的利率支付。展期后的利息，累计贷款期限不足 6 个月的，自展期起，按当日挂牌的 6 个月贷款利率计息；超过 6 个月的，自展期日起，按当日挂牌的 1 年期贷款利率计息。

2. 下岗失业人员小额担保贷款

下岗失业人员小额担保贷款是指银行在政府指定的贷款担保机构提供担保的前提下，向中华人民共和国境内的下岗失业人员发放的人民币贷款。

贷款额度最低为人民币 2 000 元，单户贷款额度最高不超过 2 万元（含 2 万元）。

贷款期限最长不超过 2 年，借款人提出延长期限，经担保机构同意继续提供担保的，可按人民银行规定延长还款期限一次。延长期限在原贷款到期日基础上顺延，最长不得超过 1 年。

贷款利率执行中国人民银行规定的同期贷款利率，不上浮。

5.2.6　个人征信系统

1. 个人征信系统的含义及内容

（1）个人征信系统的含义。个人信用征信，也就是个人信用联合征信，是指信用征信机构经过与商业银行及有关部门和单位的约定，把分散在各商业银行的社会有关方面的法人和自然人的信用信息，进行采集、加工、储存，形成信用信息数据库，为其客户了解相关法人和自然人的信用状况提供服务的经营性活动。

个人征信系统（个人信用信息基础数据库）是我国社会信用体系的重要基础设施，是在国务院领导下，由中国人民银行组织各商业银行建立的个人信用信息共享平台。该数据库采集、整理、保存个人信用信息，为金融机构提供个人信用状况查询服务，为货币政策和金融监管提供有关信息服务。

我国最大的个人征信数据库是中国人民银行建立并已投入使用的全国个人信用信息基础数据库系统，该基础数据库首先将依法采集和保存全国银行信贷信用信息，其中主要包括个人在商业银行的借款、抵押、担保数据及身份验证信息，在此基础上，将逐步扩大到保险、证券、工商等领域，从而形成覆盖全国的基础信用信息服务网络。全国个人信用信息基础数据库系统首先向商业银行提供个人信用信息的查询服务，满足商业银行对信贷征信的需求；同时依法服务于其他部门的征信需要，并依法逐步向有合格资质的其他征信机构开放。

目前，个人征信系统数据的直接使用者包括商业银行、数据主体本人、金融监督管理机构，以及司法部门等其他政府机构，但其影响力已波及税务、教育、电信等部门。根据中国人民银行《个人信用信息基础数据库管理暂行办法》和《银行信贷登记咨询管理办法（试行）》的规定，商业银行等金融机构经个人书面授权同意后，在审核信贷业务申请，以及对已发放信贷进行贷后风险管理的情况下，查询个人的信用报告。金融监督管理机构，以及司法部门等其他政府机构，根据相关法律、法规的规定，也可按规定的程序查询个人信用报告。

将来，随着征信立法的逐步完善，个人征信系统将依法扩大使用范围，逐步向更广泛的社会对象提供更多的信用查询服务。

（2）个人征信系统的内容。个人征信系统所收集的个人信用信息包括个人基本信息、信用交易信息、特殊交易、特别记录、客户本人声明等各类信息。

其中，个人基本信息包括个人身份、配偶身份、居住信息、职业信息等，个人的职务、职称、年收入也都有详细记录，同时每种信息都标明了获取时间；个人信用交易信息是指商业银行提供的自然人在个人贷款、贷记卡、准贷记卡、担保等信用活动中形成的交易记录，信用汇总信息包括银行信贷信用信息汇总、信用卡汇总信息、准贷记卡汇总信息、贷记卡汇总信息、贷款汇总信息、为他人贷款担保汇总信息（信用明细信息包括信用卡明细信息、信用卡最近 24 个月每个月的还款状态记录、贷款明细信息、为他人贷款担保明细信息等）等信息。

特殊信息主要是破产记录、与个人经济生活相关的法院判决等信息、信用报告查询信息，包括哪些机构因何原因于何时进行过查询。随着个人信用信息基础数据库建设的逐步完善，还将采集个人支付电话、水、电、燃气等公用事业费用的信息，以及法院民事判决、欠税等公共信息。

个人信用报告是全面记录个人信用活动、反映个人信用状况的文件，是征信机构把依法采集的信息，依法进行加工整理，最后依法向合法的信息查询人提供的个人信用历史记录。个人信用报告是个人信用信息基础数据库的基础产品。目前，个人信用报告主要用于银行的各项消费信贷业务。随着社会信用体系的不断完善，信用报告将更广泛地被用于各种商业赊销、信用交易和招聘求职等领域。此外，个人信用报告也为查询者本人提供了审视和规范自己信用历史行为的途径，并形成了个人信用信息的校验机制。

2．建立个人征信系统的意义

在现代社会，信用对于个人非常重要，被称作第二张身份证。对于我国社会来说，是否具有良好的信用体系也非常重要，完善的社会主义市场经济体系的建立必须以完善的社会信用体系为基础。尽快完善个人征信系统及相关的法律法规建设，对我国商业银行发展个人贷款业务有积极的促进作用，并能有效地扩大商业银行贷款规模，增加贷款覆盖范围，改善和调整信贷结构，从而达到提高资产质量、降低不良率、控制风险、降低经营成本的目标。建立健全个人征信系统，已成为加强商业银行个人贷款风险管理，防范和化解商业银行个人贷款风险的当务之急。个人征信系统的建立，对商业银行个人贷款业务以及消费者个人乃至整个国家的经济环境都具有重要意义。

（1）个人征信系统的建立使得商业银行在贷款审批中将查询个人信用报告作为必需的

依据，从制度上规避了信贷风险。

（2）个人征信系统的建立有助于商业银行准确判断个人信贷客户的还款能力。征信系统帮助银行准确评价一个人的用款、还款能力，消除了商业银行的“信贷盲区”，便于在发放信用卡或个人贷款时能够做出正确的决策。

（3）个人征信系统的发展有助于识别和跟踪风险、激励借款人按时偿还债务，支持金融业发展信用信息有助于放款机构更好地评估和监测风险，增加信贷总量，通过建立按期还款的信用记录，征信制度可以有效地扩大向边缘借款人的贷款范围。

（4）个人征信系统的建立也是为了保护消费者本身利益，提高透明度。信用工具的存在很容易引起不谨慎消费者的错误决策。伴随着个人征信系统建立完善起来的一些法律被制定用来保护消费者，使其能够正确理解信用活动并免受信用提供者不公正行为的侵害。

（5）全国统一的个人征信系统可以为商业银行提供风险预警分析。该系统可以帮助商业银行在贷后管理阶段动态地了解个人的信用状况变化趋势，了解客户在其他商业银行的信用活动，重新评估借款人的信用状况，确定资产安全。

（6）个人征信系统的建立，为规范金融秩序、防范金融风险提供了有力保障。个人征信系统的建立，有助于实现信用监管，通过提高透明度和效率，可以促进经济稳定增长。通过加强风险分析，可以促进金融体系的稳定，提高银行监管的效率。

3. 个人征信系统的管理及应用

（1）个人征信系统信息来源。我国的个人标准信用信息采集工作主要是通过两个渠道汇入数据库的：

1）当客户通过银行办理贷款、信用卡、担保等信贷业务时，客户的个人信用信息就会通过银行自动报送给《个人标准信用信息基础数据库》。

2）该数据库通过与公安部门、工信部、建设部以及劳动和社会保障部等政府相关部门、公用事业单位进行系统对接，可以采集居民身份证等非银行系统信用记录情况。

（2）个人征信查询系统。

1）个人基础数据库信用信息查询主体。目前，主要有三方面可以进行查询：

① 商业银行。在审核信贷及担保业务申请时，在取得个人书面授权同意后，可以查询个人的信用报告。另外，商业银行在对已发放信贷进行贷后风险管理的情况下，也可查询个人的信用信息。

② 金融监督管理机构以及司法部门等其他政府机构。根据相关法律、法规的规定，这些机构可按规定的程序查询个人信用报告。

③ 个人。个人获得自己的信用报告之后，可以根据其意愿提供给其他机构，或通过书面申请授权给机构、个人查询的权利。现在，个人征信系统由政府出资建设管理，查询个

人信用报告是征信中心提供的一种服务，原则上需要收取一定成本费用，目前暂不收费。查询可以到当地的中国人民银行分支行征信管理部门，或直接向征信中心提出书面查询申请。

2）个人征信查询系统内容。

① 个人基本信息。

第一，个人身份信息。个人身份信息是指能反映个人身份、便于识别、联系个人的信息。该部分指标的主要提供机构和权威部门都是公安厅，是个人最重要的基础信息。该部分共包括姓名、性别、民族、出生日期、出生地、户口信息、住址信息、通信信息、婚姻状况、配偶情况、学历信息、证件信息等信息情况。

第二，居住信息。居住信息涵盖了被查询者的工作单位姓名、邮政编码、居住状况等信息情况。

第三，个人职业信息。个人职业信息反映的是个人的就业情况、工作经历、职业、单位所属行业、职称、年收入等信息。该信息提供了除身份信息外可了解和识别个人信息的另一条渠道，能反映个人的工作稳定程度、从业情况、职业、相关的工作能力及资格以及一定的社会地位，能够从一定程度上反映个人的资信情况和还款能力。

② 信用交易信息。信用交易信息作为信用指标体系的第二部分，是记录个人经济行为、反映个人偿债能力和偿债意愿的重要信息。根据人民银行公布的《个人信用信息基础数据库管理暂行办法》，个人信贷交易信息是指商业银行提供的自然人在个人贷款、信用卡等信用活动形成的交易记录，在《个人信用报告》中，信用交易信息分为信用汇总信息和信用明细信息。其中涵盖了信用卡与贷款的明细特殊交易、个人结算账户信息、查询记录等情况。

第一，信用卡信息。信用卡信息包括卡类型、担保方式、币种、开户日期信用额度、共享授信额度、最大负债额、透支余额、本月应还款金额、本月实际还款金额、最近一次实际还款日期、当前逾期期数、当前逾期总额、信用卡最近24个月每月还款状态记录。

第二，贷款信息。贷款信息包括贷款种类、担保方式、比重、账户状态、还款频率、还款月数、贷款发放日期、贷款到期日期、贷款合同金额、每月还款状态记录等项目。

目前，个人征信系统的信息来源主要是商业银行等金融机构，收录的信息包括个人的基本信息及在金融机构的借款、担保等信贷信息。随着信息系统的不断发展与完善，人民银行加大了与相关政府部门信息共享协调工作的力度。

个人征信系统除了主要收录个人的信贷信息外，还将收录个人基本身份信息、民事案件强制执行信息、缴纳各类社会保障费用和住房公积金信息、已公告的欠税信息、缴纳电信等公共事业费用信息、个人学历信息以及会计师（律师）事务所、注册会计师（律师）等对公众利益有影响的特殊职业从业人员的基本职业信息。

3）个人征信安全管理。

① 授权查询。商业银行查询个人信用报告时应当取得被查询人的书面授权。书面授权可以通过在贷款、贷记卡、准贷记卡以及担保申请书中增加相应条款取得。

② 限定用途。中国人民银行颁布的《个人信用信息基础数据库管理暂行办法》（以下简称《办法》）有明确规定：除了本人以外，商业银行只有在办理贷款、信用卡、担保等业务时，或贷后管理、发放信用卡时才能查看个人的信用报告。

③ 信息安全。存储着个人信用报告的数据库是非常安全的。个人的信息是通过保密专线从商业银行传送到征信中心的个人信用信息基础数据库的，在这个过程中没有任何人为干预，由计算机自动处理。整个系统采用了国内最先进的计算机防病毒和防黑客攻击的安全系统，个人信息如同银行存款一样安全。

④ 查询记录。个人信用信息基础数据库还对查看个人信用报告的商业银行信贷人员（数据库用户）进行管理，每个用户都要登记注册，而且计算机系统还自动追踪和记录每个用户查询个人信用报告的情况，并展示在个人的信用报告中。

⑤ 违规处罚。商业银行如果违反规定查询个人的信用报告，或将查询结果用于规定范围之外的其他目的，将被责令改正，并处以1万元以上3万元以下的罚款；涉嫌犯罪的，则将依法移交司法机关处理。

⑥ 密码管理。商业银行各级用户应妥善保管自己的用户密码，至少两个月更改一次密码，并登记密码变更登记簿。各查询用户的用户名及密码仅限本人使用，严禁他人使用或将密码告知他人。

案例分析 5-1 个人征信案例

2013年4月，某客户前往建设银行支行申请个人综合消费贷款15万元，该行查询个人征信系统发现，该客户除在工商银行有个人住房按揭贷款13万元外，在另一家银行为他人担保20万元，且已逾期5次。鉴于该客户存在不良记录，且贷款的每月还款额度超过了个人收入的50%以上，建设银行做出了拒贷决定。

2012年3月，中信银行个贷中心在受理某客户住房贷款申请时，查询其个人信用报告时，发现其名下贷款累计逾期期数为3次，但下面的贷款最近24期还款记录均为正常，该贷款发现至今未满2年，信用报告出现了自相矛盾的情况。中信银行经办人员进一步调查该笔贷款的还款明细记录，发现所逾期的3次均当月逾期当月还清，债项时间较短，征信系统统计了累计逾期次数，明细还款记录却为正常。中信银行通过调查申请人的收入情况，认为临时逾期非故意拖欠，是申请人没有及时存入资金所致，于是按正常程序为客户办理了贷款审批、发放手续。

分析：中国人民银行的征信系统在社会经济生活中发挥了哪些作用？

5.3 商业银行企业贷款业务

企业贷款是指企业为了生产经营的需要，向银行或其他金融机构按照规定利率和期限的一种借款方式。企业贷款主要用来进行固定资产购建、技术改造等大额长期投资。

目前企业贷款可分为流动资金贷款、固定资产贷款、信用贷款、担保贷款、股票质押贷款、外汇质押贷款、单位定期存单质押贷款、黄金质押贷款、银团贷款、银行承兑汇票、银行承兑汇票贴现、商业承兑汇票贴现、买方或协议付息票据贴现、有追索权国内保理、出口退税账户托管贷款。

5.3.1 企业贷款的基本制度

1. 贷款对象与贷款条件

（1）贷款对象。贷款对象是指银行可以向哪些部门、单位发放贷款。贷款对象的确定应根据党和国家的方针、政策和不同时期的经济发展状况以及商业银行自身业务发展战略、资产负债结构等因素来决定。

根据现阶段的政策，贷款对象应是经工商行政管理机关（或主管机关）核准登记的企（事）业法人、其他经济组织、个体工商户和具有中华人民共和国国籍的有完全民事行为能力的自然人。

（2）贷款条件。一般而言，贷款对象申请贷款必须具备一定的条件，具体内容包括：恪守信用，有按期还本付息的能力；除自然人和不需要经工商部门核准登记的事业法人外，应当经工商部门办理年检手续；已经开立基本账户或一般存款账户；除国务院规定外，有限责任公司和股份有限公司对外股本权益性投资累计额不超过其净资产的 50%；借款人的资产负债率符合贷款人的要求；申请中长期贷款的，新建项目的企业法人所有者权益与所需总投资的比例不低于国家规定的投资项目的资本金比例。

2. 贷款卡

贷款卡是指中国人民银行发给注册地借款人的磁条卡，是借款人凭以向各金融机构申请办理信贷业务的资格证明。由于贷款卡是借款人向金融机构办理贷款的媒介，是银行信贷登记咨询系统的有效载体，因此，实行贷款卡制度有利于消除信息的不对称性，提高信贷信息的透明度，降低贷款风险，便于银行管理信贷资产，提高信贷资产的质量，此外，有利于帮助金融机构清理不良贷款。

（1）贷款卡发放的对象。中国人民银行规定，凡与金融机构发生信贷业务的企（事）

业法人、其他经济组织，应当向注册地中国人民银行申领贷款卡。贷款卡由借款人持有，在全国通用。

一个借款人只能领取一张贷款卡，贷款卡编码唯一。如遇贷款卡遗失、损坏等情况，借款人可向中国人民银行申请挂失或换发，但换发后编码不变。

（2）贷款卡的发放与管理。中国人民银行发放贷款卡时，应及时将借款人概况及法人企业主要财务指标录入银行信贷登记咨询系统，它包括有关贷款、银行承兑汇票、信用证、担保、保函、授权等信息以及企事业单位欠息、逃债、经济纠纷、发行股票、企业债券等情况。

金融机构办理信贷业务时，应查验借款人的贷款卡，并通过银行信贷登记咨询系统查询借款人贷款卡的状态和借款人资信情况。金融机构不得与持有被暂停、注销贷款卡的借款人发生新的信贷业务，已发生的信贷业务可以做延续处理。金融机构对所办理的信贷业务，应及时、完整地在银行信贷登记咨询系统内登记有关要素、数据。借款人的贷款性质和风险程度发生变化时，金融机构应及时在银行信贷登记咨询系统中对该借款人的贷款分类做相应调整。金融机构核销呆账贷款时，应及时在银行信贷登记咨询系统中做呆账冲销的登录。

3．对贷款人的要求

贷款过程中，为了保证贷款的安全性，对贷款人的具体要求包括以下三点。

（1）贷款的发放必须严格执行《中华人民共和国商业银行法》关于资产负债比例管理、不得向关系人发放信用贷款、向关系人发放担保贷款的条件不得优于其他借款人同类贷款条件的规定。

（2）借款人有下列情形之一者，不得对其发放贷款：不具备借款人基本资格及条件的；生产、经营或投资国家明文禁止产品、项目的；违反国家外汇管理规定的；建设项目按国家规定应当报有关部门批准而未取得批准文件的；生产经营或投资项目未取得环境保护部门许可的；在实行承包、租赁、联营、合并（兼并）、合作、分立、产权有偿转让、股份制改革等体制变更过程中，未清偿原有贷款债务、落实原有贷款债务或提供相应担保的；有其他严重违法经营行为的。

（3）未经中国人民银行批准，不得对自然人发放外币币种的贷款。

4．对借款人的要求

企业向贷款人贷款，必须按照贷款人的要求提供一定的资料。在借款人收到贷款后，为了保证贷款的安全性，借款人必须配合贷款人的工作，按规定使用贷款。贷款人为了保证贷款能够及时收回，不使贷款发生损失，对借款人的贷款行为及贷款使用具有一定的限制。具体要求包括：不得在一个贷款人同一辖区内的两个或两个以上同级分支机构取得贷款；不得向贷款人提供虚假的或者隐瞒重要事实的资产负债表、利润表等；不得用贷款从事股本权益性投资，国家另有规定的除外；不得用贷款在有价证券、期货等方面从事投机经营；除依法取得经营房地产资格的借款人以外，不得用贷款经营房地产业务；依法取得经营房地产资格的借款人，不得用贷款从事房地产投机；不得套取贷款用于借贷牟取非法收入；不得违反国家外汇管理规定使用外币贷款；不得采取欺诈手段骗取贷款。

5.3.2 借款企业的财务分析

对于任何企业提出的贷款要求，作为资信分析的重要一环，商业银行首先都要对客户的财务报表进行分析。下面以银行信贷经理的眼光来审视企业财务报表中的各种财务比率指标。

财务报表中有大量的数据，可以根据需要计算出很多有意义的比率，从不同角度反映企业的短期偿债能力、长期偿债能力、资产运用效率和盈利能力。财务比率分析过程可以帮助银行信贷人员分析借款人财务报表上两个或多个项目之间的关系，借以评价借款人企业的财务绩效，同时为比较不同规模但经营特征相似的企业的财务业绩提供了方便。

财务比率一般包括变现能力比率、负债比率、资产管理比率和盈利能力比率四类。对于不同的银行或不同的信贷分析人员来说，尽管财务比率的分类和具体比率的选择不完全相同，但银行信贷分析所关注的重点和分析的方法基本上是一致的。

借款人的偿债能力并不是孤立的，它和上述几大类比率都密切相关。变现能力比率和负债比率分别反映企业的短期偿债能力和长期偿债能力，表明借款人在债务到期时偿还借款和支付利息的能力；盈利能力越强，借款人还本付息的资金来源越有保障，债权的风险越小；资产运作效率越高，资产周转速度越快，表明借款人经营能力越强，盈利能力越大，借款人就有足够的资金来还本付息，偿债能力就越强。

5.3.3 借款企业的信用分析

银行在发放工商企业贷款时，几乎容不得出现闪失。许多企业贷款数额巨大，如果一旦成为坏账，银行本身要承担很大的风险。对于当今世界上多数银行而言，每贷出 100 美元的贷款，在计算所有的成本之后，所得的纯收入也只有 1 美元。因为利润和风险比率极小，只要几笔企业贷款出了问题，就会严重影响到银行总的经营利润。所以，为了控制每笔贷款的风险，仅分析企业的财务状况是远远不够的，还应从品质（Character）、能力（Capacity）、现金（Cash）、抵押（Collateral）、条件（Conditions）和控制（Control）六个方面（简称六 C）对借款人信用状况进行评价，并且尽可能地在企业贷款协定外部构筑多重安全保护措施，以保证将来能够按时偿还本金和利息。

1．企业贷款“六 C”原则

企业贷款“六 C”要素基本涵盖了一家商业银行每贷出一笔贷款所应关注的问题。它是国际上通行的评价借款人信誉状况的原则。其内涵包括：

（1）品质。首先，信贷员必须清楚了解借款人贷款的目的。一旦知晓客户的贷款目的，信贷员就必须做出判断，该目的是否与银行的贷款政策相一致。其次，信贷员还需要确定客户对贷款的使用有着负责任的态度，能诚实地回答银行提出的问题，并且将尽一切努力去偿还贷款。明确、真实的目的和对偿还全部贷款的负责任的态度，将构成客户的主要品质。如果信贷员认为客户在承诺按计划使用借款，并如期偿还时不够真诚，那么这笔贷款就不能发放，因为如果发放，贷款将极有可能成为银行的不良贷款。

（2）能力。信贷员必须确定请求贷款的客户有权做出此种请求，并在法律上有能力承担相应的义务。与此相对应，信贷员也必须弄清借款人是否具有公司董事会的有效授权，可以对贷款进行谈判，并签署对公司具有约束力的贷款协议。

（3）现金。客户拥有充足的现金才能保证银行的贷款能及时得到偿还。总的来说，借款的客户一般只有三个来源取得款项偿还贷款：销售商品的现金流量；资产的销售或其他流动变现方式；通过发放股票或债券募集资金。对于大多数银行信贷经理而言，销售商品获得的现金流往往表明一家企业主营业务经营正常，相对信贷风险较小。

（4）抵押。借款人用于抵押的资产质量如何，是信贷员十分关心的问题。信贷员尤其关注借款人资产的年代、状况和技术程度等因素。如果借款人的资产在技术上已经完全过时了，而这些资产又作为抵押品，在借款人难以按时还贷时，银行是很难为这些资产找到买主的。

（5）条件。信贷员必须清楚借款人从事的工作或产业的最近发展潮流及其对贷款产生的影响。一项贷款尽管在书面文件中看来一切正常，但是其实际价值会因外界经济环境的改变而发生变化。为了对整个经济或者某个产业的环境条件做出恰如其分的评价，大多数银行都会保留有关主要借款客户所在产业的信息档案，如行业分析、调查报告等。

（6）控制。评价借款人资信状况的最后一个因素是控制，主要集中在以下问题上：法律和规章制度上的变化是否会对借款人带来不利的影响?因为，这类变化往往会改变一个行业和一个企业的借款条件，从而应引起银行的注意。

2．借款企业的担保分析

银行要求对其提供的贷款给予担保是为了提高借款偿还的可能性和降低银行资金损失的风险所采取的保护性措施，它为银行提供了一个可以影响或控制的潜在还款来源，在一定条件下担保会变成现实的还款来源。对于商业银行而言，常用的担保品有以下一些种类。

（1）应收账款。银行对企业借款人资产负债表中所示的应收账款的面值，按其一定的百分比（通常在 40%～90%之间）发放抵押贷款。如果借款人的贷款客户打入现金偿还贷款，这些现金支付可以用于借款人银行贷款的未清偿部分。如果借款人对其客户的销售活动不断带来更多的应收款项，银行也许会继续提供贷款。这样，只要借款人对信贷提出需求，并且借款人自身有足够的销售数额和信贷偿还，银行就会不断向其提供贷款。

（2）代理经营。银行可以按照账面价值的一定的百分比，购入借款人的应收账款。该百分比要根据应收账款的质量和时间长短来确定。另外，因为银行取得了该应收账款的所有权，所以应当及时通知借款人的客户向购买的银行进行支付。通常，借款人会做出承诺，存起一部分资金，以备在应收账款得不到支付时补偿银行的部分或全部损失。

（3）存货。为了保证还贷，银行可以将持有一定比例的企业借款人的当期商品或原材料的存货作为抵押。通常，银行发放的贷款仅占借款人存货市场价值的一定百分比，以备在存货价值下跌的时候，留有足够的缓冲余地。借款可以通过一种称为浮动质押的方法，完全占有作为保证的存货。汽车和卡车经销的或家用电器的销售者，通常可以采用另一种方法，即保底安排。按照这种方法，贷款方临时拥有存货小商品的所有权，然后像货物买卖那样，借款人向贷款人支付货款或者签订销售合同，取得存货。

（4）房地产。在进行所有权调查、评估和土地考察之后，银行可以提出用借款人所有的土地和或土地的开发设施作为担保，并在有关政府部门就其抵押的申请权进行备案，以此告知其他债权人，该不动产已经被抵押（对此担保品拥有扣押的权利），这也有助于原始债权人维护自身相对于其他债权人的利益。通常关于房地产抵押的公证通知，需送交该不动产所在地的地方法院、税务评估和收取机构备案。银行也可以提出对财产的所有权保险，要求借款人购买保因素可能造成财产损失，对保险理赔的金额，银行有第一要求权。

（5）个人财产。银行对借款人所有的汽车、家具、珠宝、有价证券和其他形式的个人财产设立抵押。如果借款人在贷款期间拥有任何形式的个人财产作为抵押，就应当公开其财务状况说明（如向借款人个人财产所在地的政府相关部门汇报并备案）。为使该财务状况说明有效，文件应由借款人和银行官员共向签字。另一方面，如果银行或银行代理人占有了抵押的财产，可以准备一份抵押协议，赋予银行在贷款足额偿还之际能够控制作为抵押物的财产。

（6）个人担保。为了保障公司贷款，银行通常要求将股票、存款和其他公司主要股东和所有者的个人财产作为抵押。例如，银行要向小型的公司或者困难时期的公司提供贷款，它往往会要求提供担保。这需要该公司的所有者提供个人财产作为抵押，以确保该所有者能够尽最大努力使公司经营好转，并成功地返还贷款。

复习思考题

一、单项选择题

1. 银行完全凭借客户的信誉而无须提供物质保证或第三者担保而发放的贷款是(　　)。

A. 短期贷款　　B. 流动资金贷款　　C. 信用贷款　　D. 票据贴现

2. 个人住房贷款的等额本息还款法和等额本金还款法两种还款方式，其还款额分别是(　　)。

A. 递增、递减　　B. 递减、递增　　C. 一样多、递减　　D. 一样多、递增

3. 个人住房贷款利率执行人民银行规定的利率，如遇利率调整，则于(　　)起执行新利率。

A. 当月　　B. 次月　　C. 次年1月1日　　D. 3个月后

4. 借款人以所购住房作为贷款抵押物时，必须将住房价值全部用于贷款抵押，其贷款额度不得超过所购住房价值的(　　)。

A. 90%　　B. 80%　　C. 70%　　D. 60%

5. 根据贷款风险管理相关原则，借款人偿还住房贷款的月支出不得高于其月收入的(　　)。

A. 1/3　　B. 40%　　C. 50%　　D. 60%

二、判断题

1. 个人住房公积金贷款的资金由住房公积金管理中心提供。(　　)

2. 贷款人发放个人住房贷款时，借款人可以不提供担保。(　　)

3. 银行按借款合同约定的还款方式和金额，从发放贷款的当月起，从借款人的扣款账户中扣收每月的应收贷款本金和利息。(　　)

4. 质押贷款的期限不能超过存单或凭证式国债的到期日，用多张存单或凭证式国债作为质押物的，贷款到期日不能超过最晚到期日。(　　)

5. 质押贷款经银行同意后可办理展期两次，但展期期限不能超过质押存单和凭证式国债的到期日。(　　)

6. 住房公积金贷款是一项委托贷款业务，任何一家商业银行的分支机构都能办理此项业务。(　　)

7. 商业性助学贷款由教育部提供部分贴息，带有一定的政策贷款性质。(　　)

8. 由于电子记账类国债没有纸制凭证，票面价值不明确，因此不能用其申请个人权利

质押贷款。(　　)

三、简答题

1. 商业银行个人贷款有哪些种类？
2. 个人征信系统的内容有哪些？建立个人征信系统有哪些意义？
3. 简述抵押贷款与质押贷款的区别。
4. 银行对借款企业信用分析的要素有哪些？

第 6 章 商业银行支付结算业务

知识目标

- 掌握商业银行支付结算的原则和纪律。
- 熟知各种支付结算工具的种类、内容和具体规定。
- 熟知支付结算方式的类型、内容和具体规定。

技能要求

- 掌握支票、银行本票、汇票三种结算工具的结算流程。
- 熟知汇兑、委托付款、托收承付、单位信用卡、信用证结算的结算流程。

6.1 支付结算业务概述

6.1.1 支付结算业务的含义和种类

支付结算是指客户之间由于商品交易、劳务供应等经济活动而产生债权债务关系，通过现金和银行存款转移方式完成的货币给付及其资金清算过程。

银行支付结算业务是商业银行代客户清偿债权债务、收付款项的一种传统的中间业务，它是由商业银行的存款业务衍生出来的。客户到银行存款，开立存款结算账户，不仅为了资金安全，更大程度上是利用银行收付资金方面所提供的便利，使资金划转更为安全、快捷、有效。

按照性质不同，可以把结算分为现金结算和转账结算。现金结算是指以现金的支付来完成货币的收付以及债权债务的清偿。在我国，现金结算一般适用于小额、零星交易，主要涉及日用消费品的买卖以及与个人有关的货币收付活动。转账结算是以票据和结算凭证为依据，通过银行转账方式，将款项从付款人账户转到收款人账户的一种结算形式。这种方式适用于大额交易。目前，转账结算或票据支付是现代银行货币结算业务的主要形式。

按照地域不同，可以把结算分为同城结算和异地结算。同城结算是指在同一城镇或地区范围内，收付款人之间的经济往来通过银行办理划拨转账的收付行为。异地结算是指收付款人不在同一城镇或地区的银行开户而进行款项划拨的收付行为。

此外，还可以把结算按资金性质不同分为交易结算和非交易结算；按支付工具不同分为票据结算和非票据结算；按国内外不同分为国内结算和国际结算。

6.1.2 支付结算原则

1. 恪守信用，履约付款

这一原则的规定主要是确定结算当事人的权利和义务。在办理结算的过程中，各方当事人恪守信用是指收款方要严格按照合同规定向付款方提供商品或劳务；付款方要按照合同规定履行付款义务。收付双方必须讲信誉，按照事先的约定享有权利并承担义务。

2. 谁的钱进谁的账，由谁支配

这一原则是为了保护客户的资金所有权和客户对资金的自由支配权而确定的。谁的钱进谁的账，就是要求银行依法维护客户对其资金的所有权和占有权，银行有责任按照客户的要求进行资金的划转，即客户委托银行把资金交给谁，就应交给谁，且必须按照凭证所列内容，准确、及时地为客户办理收款或付款；谁的钱由谁支配，就是要求银行切实保障客户对其资金的支配权，即银行必须尊重和维护客户的合法权益，不能限制客户对资金的自由支配。

3. 银行不垫款

银行在办理结算业务过程中，只负责把付款单位账户上的款项划转到收款人账户，以实现商品交易等经济活动的清算，银行不承担替任何单位垫付款项的责任。贯彻这一原则的实质就是要求客户只能在自己的存款余额内对外签发支票或其他结算凭证，不得签发空头支票；要求银行在办理结算业务时，坚持“先收后付、收妥抵用”的原则。

6.1.3 支付结算纪律

1. 客户在办理结算业务时应遵守的结算纪律

（1）各企事业单位或个人在银行开立的账户是其办理资金收付的工具，只能供本单位或本人使用，开户单位和个人不准出租、出借账户。

（2）不准签发空头支票和远期支票，不准套取银行信用。所谓空头支票，是指超过存款余额签发的支票。它是一种没有现实支付能力的支票。银行对空头支票拒绝支付票款，并对签发单位处以罚款；对屡次签发的，还可视情节予以警告、通报批评，直至停止其向收款人签发支票，以维护支票的信誉。所谓远期支票，是指付款人在支票上签发的付款日

期为未来日期的支票。这种支票也是一种没有现实支付能力的票据，因为即使到了付款日期，付款人也不一定有充足资金支付票款，这样很容易使远期支票变成空头支票。因此，为了避免经济损失，保障支票的支付能力，银行应禁止签发远期支票，收款人也应拒收远期支票。

（3）不准多头开立基本结算户。符合开立基本账户条件的单位和个人，只能在一家金融机构开立一个基本账户，严禁多头开立基本账户。

（4）不准无理拒绝付款，任意占用他人资金。

2. 银行在办理结算业务时应遵守的结算纪律

（1）银行办理结算时需向外寄发的结算凭证必须于当天及时发出，最迟不得超过次日；汇入银行收到结算凭证后必须及时将款项支付给确定的收款人，不准延误、积压结算凭证；不准挪用、截留客户和他行的结算资金。

（2）不准无理拒绝支付应由银行支付的票据款项。

（3）不准违章签发、承兑、贴现票据，套取银行资金。

（4）不准签发空头银行汇票、银行本票和办理空头汇款，未收妥款项，不准签发银行汇票、本票；不准向外签发未办汇款的汇款回单。

（5）不准在支付结算制度之外规定附加条件，影响汇路畅通。

（6）不准拒绝受理、代理他行正常结算业务。

（7）不准放弃对企事业单位和个人违反结算纪律的制裁。

（8）不准违反规定为单位和个人开立账户。

（9）不准逃避向中国人民银行转汇大额汇划款项。

6.2 商业银行结算业务工具

支付结算工具是传达债权债务人支付指令，实现债权债务清偿和货币资金转移的载体。收付款人的支付指令通过支付结算工具传达到其开户银行，开户银行按照支付指令的要求办理资金转账。

我国的支付结算工具主要分为两大类：票据结算工具和非票据结算工具。票据结算工具包括支票、银行本票、银行汇票、商业承兑汇票、银行承兑汇票；非票据结算工具包括信汇凭证、电汇凭证、托收凭证等。办理支付结算所用票据和结算凭证必须按照中国人民银行统一制定的格式由中国人民银行指定的厂家印制。

目前，由中国人民银行统一规范管理的支付结算票据与结算凭证共有15中，分别是银行汇票、粘单、商业承兑汇票、银行承兑汇票、本票、转账支票、现金支票、支票（普通支票)、进账单、信汇凭证、电汇凭证、支付结算通知查询查复书、银行承兑汇票查询(复)书、托收凭证和拒绝付款理由书。

本节主要对商业银行用于支付结算的支票、银行本票、汇票和单位信用卡进行介绍。

6.2.1 支票

支票是一种委托式信用凭证，是由出票人签发的、委托办理支票存款的银行在见票时无条件支付确定的款项给收款人或持票人的票据。使用支票结算具有手续简便、使用灵活、结算及时、可以转让等特点。支票结算适用于单位和个人在同一票据交换区的各种款项的结算。

1. 支票的种类

(1)现金支票。支票上印有“现金支票”字样，现金支票只能用于支取现金，如图 6-1 所示。

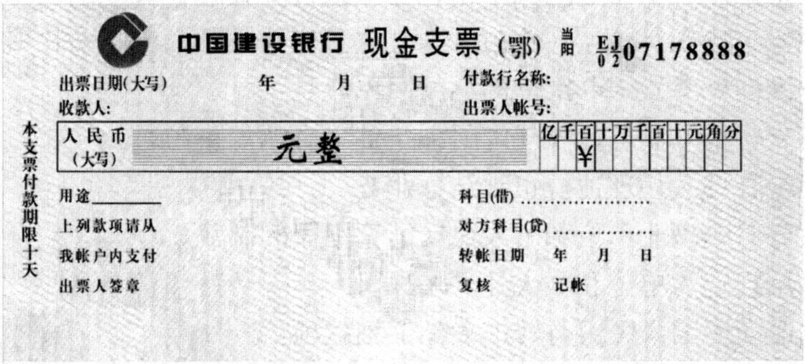
中国建设银行 现金支票 (鄂) 当阳 EJ 02 07178888
出票日期(大写) 年 月 日 付款行名称:
收款人: 出票人帐号:
人民币(大写) 元整 亿 千 百 十 万 千 百 十 元 角 分 ¥
用途 科目(借)
上列款项请从 对方科目(贷)
我帐户内支付 转帐日期 年 月 日
出票人签章 复核 记帐
本支票付款期限十天

图 6-1 中国建设银行现金支票样本

(2)转账支票。支票上印有“转账支票”字样，转账支票只能用于转账，不能支取现金，如图 6-2 所示。

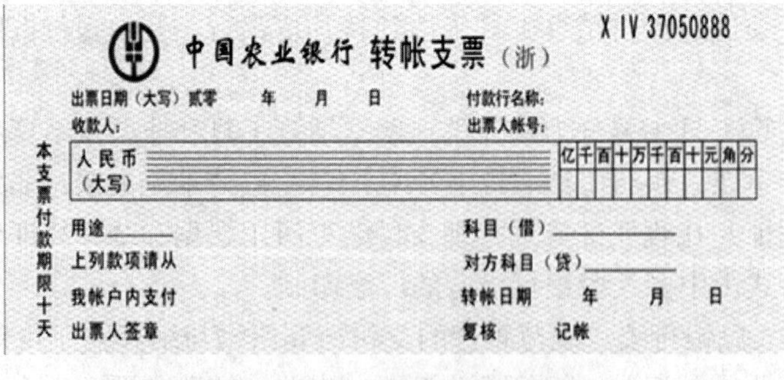
X IV 37050888
中国农业银行 转帐支票 (浙)
出票日期(大写) 贰零 年 月 日 付款行名称:
收款人: 出票人帐号:
人民币(大写) 亿 千 百 十 万 千 百 十 元 角 分
用途 科目(借)
上列款项请从 对方科目(贷)
我帐户内支付 转帐日期 年 月 日
出票人签章 复核 记帐
本支票付款期限十天

图 6-2 中国农业银行转账支票样本

（3）普通支票。支票上未印有“现金”或“转账”字样的为普通支票（见图 6-3），普通支票既可以用于转账，也可以用于支取现金。在普通支票左上角划有两条平行线，为划线支票。划线支票只能用于转账，不能提取现金，其目的主要是为了防止冒领。

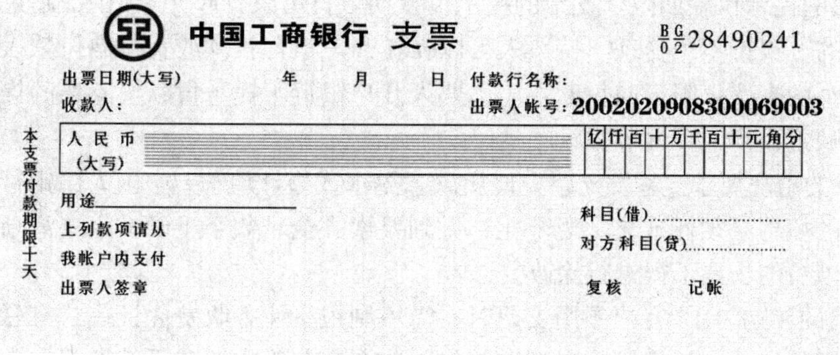

图 6-3　中国工商银行普通支票样本

（4）保付支票。付款银行应出票人或收款人的请求，在支票上记载“保付”或“照付”字样的支票。主要目的是避免出票人开出空头支票，保证支票提示时付款，以增强支票的流动能力。支票一经付款银行保付，付款责任就由保付银行承担。出票人和背书人不再承担责任。付款银行对支票保付后，应将支票所载金额由存款账户内划出，转入保付专户，以保证按约付款。

（5）旅行支票。银行为便利旅行者支取存款而发行的固定金额、专供旅行者使用的一种支付工具（见图 6-4）。旅行者在出发地向银行缴存一定金额，凭银行签发的旅行支票在事先约定的其他城市向其分行或联行支取款项。旅行者在购买支票时，必须在银行当面进行支票面上签字，持票人兑现时在付款行当面进行支票票面复签。经付款行认定签字与复签相一致方可付款。旅行支票付款地不在存款所在地，而是在其他城市或国外，这是与其他支票不同的地方，具有汇票的某种性质。

图 6-4　美国运通旅行支票样本

2. 支票的基本规定与结算流程

（1）支票的基本规定。

1）单位和个人在同一票据交换区域内的各种款项结算，均可使用支票。

2）支票的提示付款期限。支票的提示付款期限自出票日起 10 天内，超过提示付款期限提示付款的，银行不予受理。持票人可以委托开户银行收款或直接向付款人提示付款。用于支取现金的支票仅限于向付款人（出票人开户银行）提示付款。支票的提示付款期间遇节假日不顺延，到期日遇节假日顺延。

3）支票的填写要求。签发支票应使用碳素墨水或墨汁填写，中国人民银行另有规定的除外。支票的填写必须标准化、规范化，做到要素齐全、数字正确、字迹清晰、不错漏、不潦草，已填写的支票不得进行涂改。

4）支票的领购。① 客户领用支票时，需填制银行业务收费凭证一式三联，并在一联上加盖预留银行印鉴，经银行核对印鉴相符，收取支票工本费和手续费后，在重要空白凭证登记簿上注明领用日期、客户名称、支票起讫号码以备查核。② 银行出售支票每个账户只准“一次一本”，业务量大的可适当放宽。出售时应在每张支票上加盖本行行名和出票人账号。③ 客户结清账户时，应将未用空白支票交回银行注销。

5）支票的签发。① 出票人签发支票时其支票上的签章必须与预留银行的签章相符，使用支付密码的支票，出票人签发的支票上的密码必须与使用的支付密码相符。对签章与预留银行签章不符的支票和支付密码错误的支票，银行应予以退票，并按票面金额处以 5%但不低于 1 000 元的罚款。② 禁止出票人签发空头支票。空头支票即已超出支票账户余额的金额签发的支票。任何单位和个人不得签发空头支票，否则银行将按规定予以退票，并按票面金额处以 5%但不低于 1 000 元的罚款。

（2）支票结算业务的操作流程（见图 6-5）。

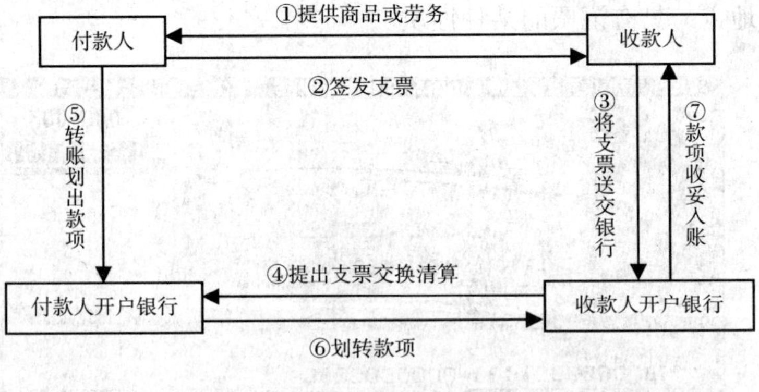

图 6-5 转账支票结算流程

6）出票人在付款人处的存款足以支付支票金额时，付款人应当在见票当日足额付款。

7）支票的付款人为支票上记载的出票人开户银行。支票的出票人为在经中国人民银行当地分支行批准办理支票结算业务的银行机构开立可以使用支票的存款账户的单位和个人。

6.2.2 本票

1．本票的含义

本票是一个人向另一个人签发的，保证即期或定期或在可以确定的将来的时间，对某人或其指定人或持票人支付一定金额的无条件书面承诺。我中国《票据法》第七十三条规定，本票是由出票人签发的，承诺自己在见票时无条件支付确定的金额给收款人或持票人的票据。第二款接着规定，本法所指的本票是指银行本票，不包括商业本票，更不包括个人本票。

本票的划分方法多种多样，根据签发人的不同，可分为商业本票和银行本票；根据付款时间的不同，可分为即期本票和远期本票；根据有无收款人的记载，可分为记名本票和不记名本票；根据其金额记载方式的不同，可分为定额本票和不定额本票；根据支付方式的不同，可分为现金本票和转账本票。

2．银行本票

银行本票是银行签发的，承诺自己在见票时无条件支付确定的金额给收款人或者持票人的票据。银行本票由银行签发且保证兑付，具有见票即付、信用度高、支付功能强等特点，是适用于同城采购的交易方式。

按照金额是否固定，银行本票分为不定额本票和定额本票。不定额银行本票是指凭证上金额栏是空白的，签发时根据实际需要填写金额，并用压数机压印金额的银行本票。定额银行本票是指凭证上预先印有固定面额的银行本票。定额银行本票为1 000元、5 000元、10 000元和50 000元。

3．银行本票的基本规定与结算流程

（1）银行本票的基本规定。

1）银行本票的提示付款期限自出票日起最长不得超过两个月，超过提示付款期限的银行本票，代理付款银行不予受理。

2）银行本票在同一票据交换区域允许背书转让。但填明“现金”字样的银行本票不得背书转让。

3）银行本票没有金额起点和最高限额。

4）银行本票小写金额必须为压数机压印金额。

5）银行本票的签发行在票据上签章，应为该行的本票专用章加其法定代表人或其授权经办人的名章。

6）现金银行本票的申请人和收款人必须均为个人。

7）在银行开立存款账户的持票人向开户银行提示付款时，应在银行本票背面“持票人向银行提示付款签章”处签章，签章须与预留银行签章相同。未在银行开立存款账户的个人持票人，持注明“现金”字样的银行本票向出票银行支取现金时，应在银行本票背面签章，记载本人身份证件名称、号码及发证机关。

8）银行本票丧失，失票人可以凭人民法院出具的享有票据权利的证明，向出票银行请求付款或退款。

9）银行本票的日期、金额、收款人名称不得更改，更改的票据无效。

10）银行本票见票即付。

（2）银行本票结算业务的操作流程（见图 6-6）。

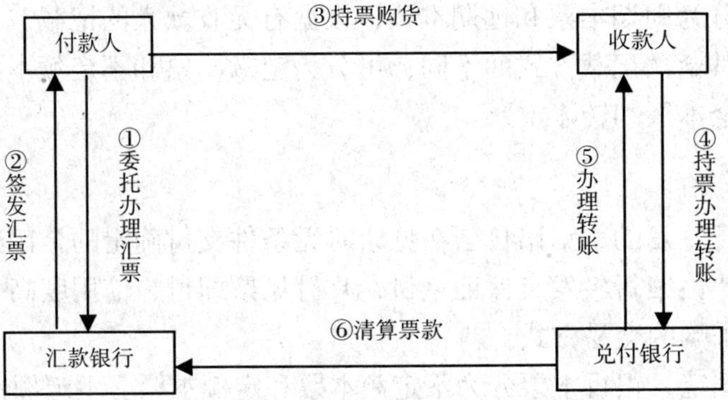

图 6-6　银行本票结算流程

6.2.3　银行汇票

1. 银行汇票的概念

银行汇票是出票银行签发的，由出票银行在见票时按照实际结算金额无条件支付给收款人或者持票人的票据。银行汇票的出票人为经中国人民银行批准有权办理该类业务的银行，银行汇票的出票银行即银行汇票的付款人，银行汇票具有使用灵活、票随人到、兑现性强等特点，适用于先收款后发货或钱货两清的商品交易，特别是异地交易结算。

2．银行汇票的基本规定与结算流程

（1）银行汇票的基本规定。

1）单位和个人各种款项，在异地、同城或同一票据交换区域均可使用银行汇票结算。银行汇票可以用于转账，填明“现金”字样的银行汇票也可以用于支取现金，但以申请人或付款人为单位的，银行不予签发现金银行汇票。

2）银行汇票的提示付款期限为自出票之日起一个月内，超过提示付款期限提示付款的，代理付款银行不予受理。

3）银行汇票的出票金额（含实际结算金额）、出票日期和收款人名称不得更改，更改的票据无效。

4）出票行为个人签发的填明“现金”字样并填明代理付款银行的银行汇票丧失，可以由失票人通知签发行或代理付款行挂失止付。

5）无效银行汇票的规定。银行汇票法定记载要素有欠缺的，票据无效；更改票据实际结算金额的银行汇票无效；银行汇票出票行在票据上的签章，应为该行的汇票专用章和法定代表人或其授权经办人的名章，不符合该规定的，票据无效；银行汇票的出票日期和收款人名称不得更改，更改的票据无效。

（2）银行汇票结算业务的操作流程（见图6-7）

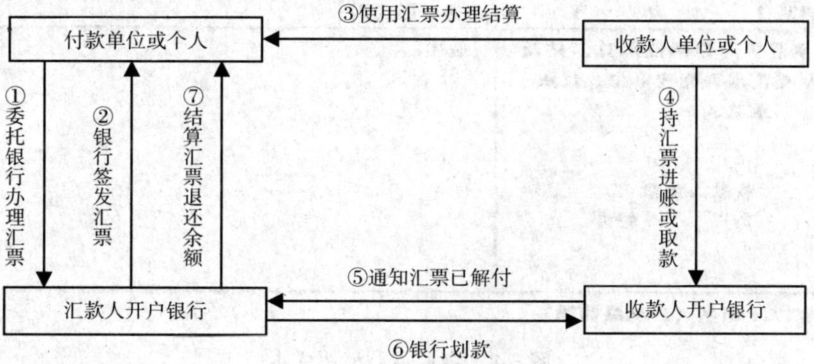

图6-7　银行汇票结算流程

6.2.4　商业汇票

商业汇票是出票人签发的、委托付款人在指定付款日期无条件支付确定金额给收款人或持票人的票据。商业汇票的签发是伴随商业信用行为的，因此，商业汇票的出票人必须与付款人具有真实的贸易关系和真实的委托付款关系。

商业汇票必须承兑。承兑即承诺兑付，是付款人在汇票上签章表示承诺将来在汇票到期时承担付款义务的一种行为。承兑行为只发生在远期汇票的有关活动中。

1. 商业汇票的种类

根据承兑人的不同，商业汇票分为商业承兑汇票和银行承兑汇票。

（1）商业承兑汇票。商业承兑汇票是由付款人或收款人签发，经付款人承兑，在指定日期无条件支付确定金额给收款人或持票人的票据。付款人在商业承兑汇票正面签署“承兑”字样并加盖预留银行印章后，将商业承兑汇票交给收款人。付款人应于商业承兑汇票到期前将票款足额缴存其开户银行，银行于到期日凭票将款项从付款人账户划转给收款人或贴现银行。付款人对其所承兑的汇票负有到期无条件支付票款的责任。如果汇票到期日，付款人银行存款账户上不足以支付票款，银行将不承担付款责任而只负责将汇票退给收款人，由收付双方自行处理。同时，银行对付款人按照签发空头支票的有关罚款规定，处以罚金。

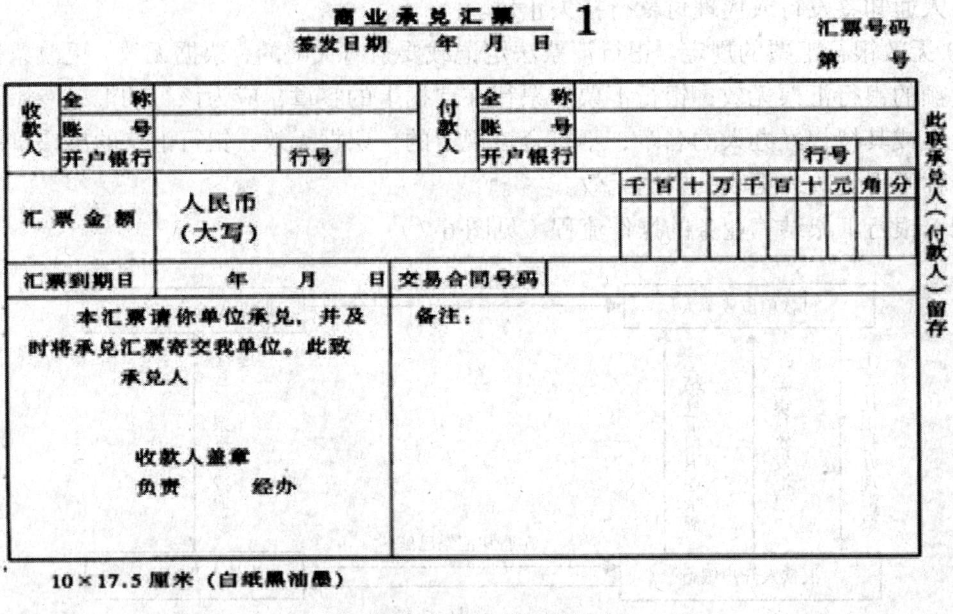
商业承兑汇票 1
签发日期 年 月 日
汇票号码
第 号

收款人	全称		付款人	全称	
	账号			账号	
	开户银行	行号		开户银行	行号
汇票金额	人民币（大写）				千 百 十 万 千 百 十 元 角 分
汇票到期日	年 月 日		交易合同号码		
本汇票请你单位承兑，并及时将承兑汇票寄交我单位。此致 承兑人 收款人盖章 负责 经办			备注：		

此联承兑人（付款人）留存

10×17.5厘米（白纸黑油墨）

图 6-8 商业承兑汇票样本

（2）银行承兑汇票。银行承兑汇票是指由付款人出票并向其开户银行提出承兑申请，经银行审查后同意承兑的商业汇票。使用银行承兑汇票进行结算时，由承兑申请人持银行承兑汇票和购销合同向其开户银行申请承兑。银行按照有关政策规定对申请进行审查，符合承兑条件的，银行即可与承兑申请人签订承兑契约，并在汇票上签章，用压数机压印汇票金额后，将银行承兑汇票和解讫通知交给承兑申请人转交收款人，承兑银行将票面金额的一定比例向承兑申请人收取手续费。承兑手续费不足 10 元的，则按 10 元收取。收款人或被背书人应在银行承兑汇票到期时，将银行承兑汇票、解讫通知，连同进账单送交开户银行办理转账。汇票到期前，承兑申请人应将票款足额缴存其开户银行。如果汇票到期日承兑申请人未能足额缴存票款时，承兑银行应向收款人或贴现银行无条件履行支付责任，同时根据承兑契约对承兑申请人执行扣款，并对未扣回的承兑金额罚息。

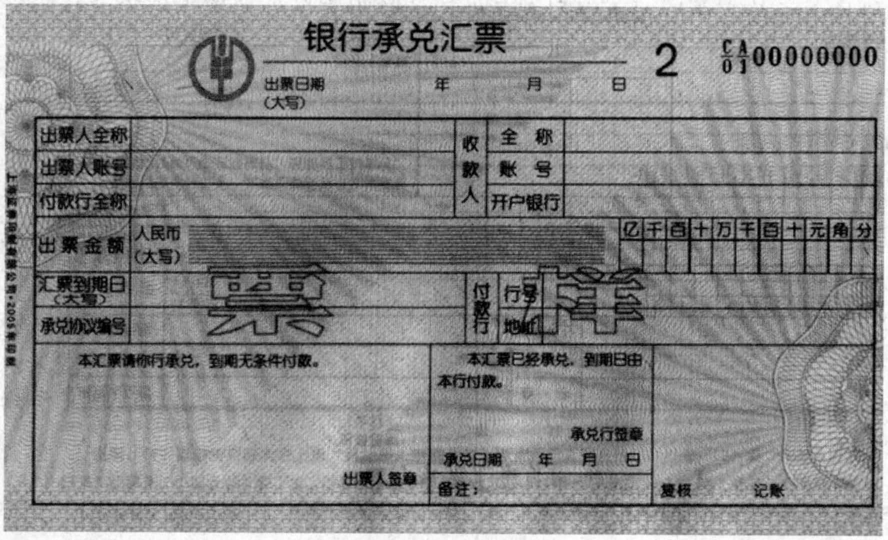

银行承兑汇票　2　CA 01 00000000

出票日期（大写）　年　月　日

出票人全称		收款人	全称	
出票人账号			账号	
付款行全称			开户银行	
出票金额	人民币（大写）		亿 千 百 十 万 千 百 十 元 角 分	
汇票到期日（大写）		付款行	行号	
承兑协议编号			地址	

本汇票请你行承兑，到期无条件付款。　出票人签章

本汇票已经承兑，到期日由本行付款。　承兑行签章　承兑日期　年　月　日　备注：

复核　记账

票样

图 6-9　银行承兑汇票样本

（3）银行承兑汇票和商业承兑汇票的区别。银行承兑汇票和商业承兑汇票主要有以下三个区别：第一，承兑人不同。银行承兑汇票的承兑人是银行，商业承兑汇票的承兑人一般是企业。第二，直接付款人不同。银行承兑汇票是承兑银行付款，商业承兑汇票是承兑的企业付款。第三，当出票的企业不能偿付票据资金时，风险承担分布不同。商业承兑汇票的出票人和承兑人不能付款时，企业只能通过诉讼等方式收回票据款，收回的可能性很低。而银行承兑汇票的出票企业不能偿付票据资金时，银行仍然要承担第一性的付款责任。

2．商业汇票的基本规定

（1）签发商业汇票以合法的商品交易为基础。禁止签发、承兑和贴现无商品交易的商业汇票，严禁利用商业汇票拆借资金和套取银行贴现资金。

（2）商业汇票一律记名，允许背书转让。若票据出票人或承兑人在汇票上记载“不得转让”字样的，该汇票不得背书转让。需要保证的，保证人必须在汇票或粘单上记名保证人名称、日期等。

（3）商业汇票付款期限，由交易双方商定，但最长不得超过 6 个月。如属分期付款，应分别签发若干张不同期限的汇票。

（4）商业汇票的提示付款期限为自汇票到期日起 10 天内，超过提示付款期限的银行承兑汇票，持票人开户银行不予受理。超过提示付款期限的商业承兑汇票在向承兑人做出说明后，可向承兑人请求付款。

（5）商业汇票的出票金额、日期和收款人名称不得更改，更改的票据无效。

（6）付款人承兑商业汇票不得附有条件，承兑附有条件的视为拒绝承兑。

（7）银行承兑汇票的承兑银行应按照比例向出票人收取承兑手续费。

（8）银行承兑汇票的承兑权限按上级行的贷款审批授权执行。每张汇票承兑金额不得超过 1 000 万元。

（9）禁止出售、承兑、贴现空白银行承兑汇票。

（10）银行承兑汇票的承兑行在票据上的签章，应为该行的汇票专用章和法定代表人或其授权经办人的名章。

（11）商业汇票可以转让背书，但票据被拒绝承兑、拒绝付款或者超过提示付款期的，不得背书转让；背书不得附有条件，附有条件的所附条件不具备票据上的效力。商业承兑汇票的收款人或持票人委托其开户银行提示付款的，应做成委托收款背书，未按此规定办理的，开户银行不予受理。

3. 商业汇票结算的操作流程

（1）商业承兑汇票结算的操作流程（见图 6-10）。

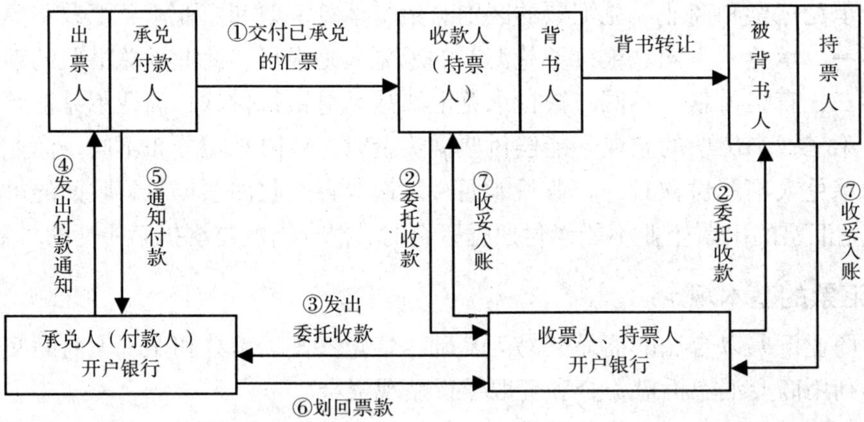

图 6-10 商业承兑汇票结算流程

（2）银行承兑汇票结算的操作流程（见图 6-11）。

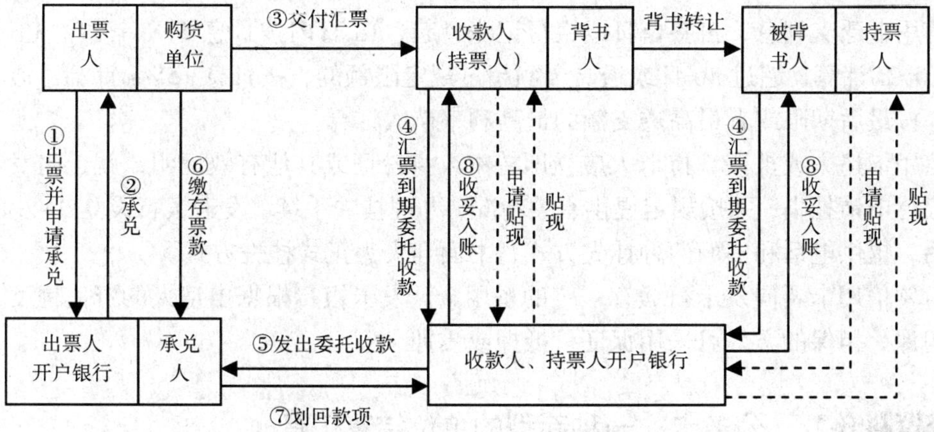

图 6-11 银行承兑汇票结算流程

6.2.5 单位信用卡结算

1．单位信用卡的定义

单位信用卡是指商业银行向单位发行的、凭以向特约单位（如商店、旅馆、娱乐场所、饭店等）购物、消费和向银行存取现金，且具有消费信用的特制载体卡片。

持卡人可持信用卡在特约单位购物、消费以及用于10万元以下的商品交易、劳务供应款项的结算。

2．单位信用卡结算的一般规定

（1）凡在中国境内金融机构开立基本存款账户的单位可申领单位卡。单位卡可申领若干张，持卡人资格由申领单位法定代表人或其委托的代理人书面指定和注销，持卡人不得出租或转借信用卡。持卡人可持信用卡在特约单位购物消费。

（2）单位卡账户的资金一律从其基本存款账户转账存入，在使用过程中，需要向其账户续存资金的，也一律从其基本存款账户转账存入，不得缴存现金，不得将销货收入的款项存入其账户。严禁将单位的款项存入个人卡账户。销户时，单位卡账户余额转入基本存款账户，不得提取现金。单位持卡人不得凭信用卡在异地和其领卡城市范围内银行网点及自动柜员机上提取现金。

（3）单位卡一律不得用于10万元以上的商品交易、劳务供应款项的结算，一律不得支取现金。

（4）信用卡在规定的限额和期限内允许善意透支，透支额金卡最高不得超过10 000元，普通卡最高不得超过5 000元。透支期限最长为60天。禁止恶意透支。恶意透支是指持卡人超过规定限额或规定期限，并且经发卡银行催收无效的透支行为。

（5）信用卡透支利息，自签单日或银行记账日起，15 日内按日息 5‱计算，超过 15 日按日息 10‱计算，超过 30 日或透支金额超过规定限额的，按日息 15‱计算。透支利息不分段，按最后期限或者最高透支额的最高利率档次计算。

（6）信用卡遗失或被盗，持卡人应立即持本人身份证或其他有效证明，就近向发卡银行或代办银行申请挂失，并按规定提供有关情况，办理挂失手续。发卡银行设立 24 小时挂失服务电话，提供电话和书面两种挂失方式，书面挂失为正式挂失方式。

（7）申领信用卡要向发卡行缴存一定的备用金。发卡银行根据申请人的资信程度，要求其提供担保。担保的方式可采用保证、抵押或质押。

补充资料 6-1 公务卡：一种新型的单位结算工具

公务卡，是指财政预算单位工作人员持有的、主要用于日常公务支出和财务报销业务的贷记卡。公务卡消费的范围主要包括差旅费、会议费、招待费和零星购买支出等费用。公务卡具有一般银行卡所具有的授信消费等共同属性，同时具有财政财务管理的独特属性，能够将财政财务管理的有关要求与银行卡的独特优势相结合，是一种新型的财政财务管理工具和手段。同时，公务卡具有一般银行卡的基本属性。

作为公务业务的一种新型结算方式，公务卡操作可以概括为“银行授信额度，个人持卡支付，单位报销还款，财政实施监控”。单位工作人员外出公务消费时，不用预借现金，而是持公务卡先行刷卡支付，并取得发票及刷卡凭证（银行的小票），出差回来后向单位财务申请报销，单位财务审核无误后将报销款项直接划入该工作人员公务卡账户中。

2005 年，招商银行与中兴通讯联手发行了国内首张公务卡。2007 年 5 月 14 日，央行和财政部联合召开了全国公务卡应用推广会议，共同推动公务卡在中央和各级地方预算单位的广泛使用。以此为标志，公务卡的应用推广工作进入全面实施的新阶段。到 2010 年建立比较完善的公务卡管理制度，在所有中央预算部门和地方省市两级预算单位全面推进公务卡管理。2012 年 9 月 27 日，财政部下发通知，在 2012 年年底前全面推行公务卡。

推行公务卡，就是在公务小额支出中全面使用非现金支付工具，减少现金使用，同时利用银行卡支付系统协助财政部门实现对公务小额支付的全程监控，加强对财政支出的管理。

（资料来源：http://baike.baidu.com/view/426944.htm?fr=aladdin）

6.3　商业银行结算业务方式

中国人民银行制定和颁布的《支付结算办法》中将汇兑、托收承付、委托收款、国内信用证统称为结算方式。

6.3.1　汇兑结算

1. 汇兑结算的定义和类型

汇兑结算是汇款人委托银行将其款项汇给收款人的结算方式。作为一种传统的结算方式，汇兑结算便于汇款人向异地的收款人主动汇款。汇兑结算方式具有适用范围大，服务面广，划拨款项简便、灵活等特点。

按凭证传递方式的不同，汇兑分为信汇和电汇两种，由汇款人选择使用。信汇是指汇款人委托银行通过邮寄方式将款项划转给收款人。电汇是指汇款人委托银行通过电报将款项划转给收款人。

2. 汇兑结算的基本规定

（1）汇兑结算的使用范围。汇兑结算广泛应用于单位和个人各种款项的结算，且没有金额起点限制；从地域范围看，汇兑结算主要用于异地或同一票据交换区内的资金汇划。

（2）汇款凭证必须记载的内容。汇款人委托银行办理汇兑结算，应向汇出银行填写信汇、电汇凭证，签发汇兑凭证时，在汇兑凭证上必须记载下列事项：表明“信汇”或“电汇”的字样；无条件支付的委托，即汇款人对于汇款不得有任何限制付款的条件；确定的金额；收款人的名称；汇款人的名称；汇入地点、汇入行名称；汇出地点、汇出行名称；委托日期，指汇款人向汇出银行提交汇兑凭证的当日；汇款人签章（或签名）。欠缺上述记载事项之一的，银行不予受理。

（3）汇兑现金凭证填写的规定。汇款人和收款人均为个人，需要在汇入银行支取现金的，应在信汇、电汇凭证的“汇款金额”栏内，先填写“现金”字样，后填写汇款金额。

（4）留行待取和支取现金的规定。汇兑凭证记载的收款人为个人、收款人需要到汇入银行领取款项的，汇款人应在汇兑凭证上注明“留行待取”字样。对于留行待取的汇款，若是指定该单位的某个收款人领取的，还应注明收款人的单位名称；若信汇凭证上指明凭收款人签章收取的，应在信汇凭证上预留收款人签章。

（5）汇入行实施退汇的规定。汇入行在以下两种情况下可以办理退汇：收款人拒绝接受汇款；汇入行向收款人发出取款通知，收款人在两个月内不来取款导致汇入行无法交付的汇款。

（6）分次支取汇款的规定。分次支取汇款的，应以收款人的姓名开立临时存款户。临时存款户只付不收，付完清户，不计付利息。

3．汇兑结算的流程（见图 6-12）

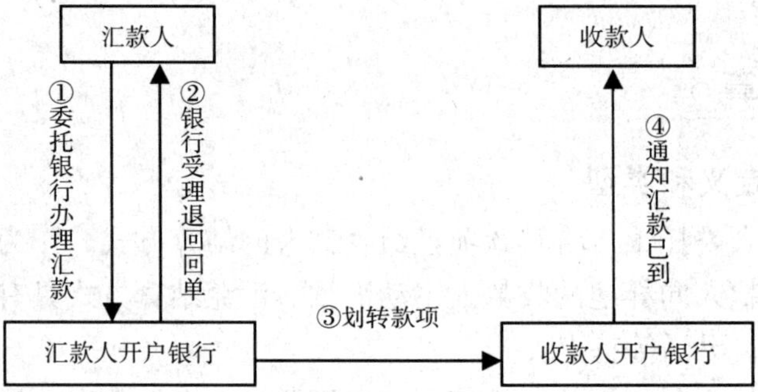

图 6-12 汇兑结算流程

6.3.2 托收承付结算

1．托收承付结算的定义和类型

托收承付也称异地托收承付，是收款人根据购销合同发货后，委托银行向异地付款人收取款项，付款人向银行承认付款的结算方式。托收承付结算方式的特点是可以促使销货单位按照合同规定发货，购货单位按照合同规定付款，维护了购销双方的权益。

托收承付结算方式分为邮寄和电报两种，由收款单位选择采用。邮寄是指收款人委托银行通过邮寄方式将款项划转给收款人的结算方式。电报是指收款人委托银行通过电报将款项划转给收款人的结算方式。

2．托收承付的主要规定

（1）使用托收承付结算方式的收款单位和付款单位，必须是国有企业、供销合作社以及经营管理较好，并经开户银行审查同意的城乡集体所有制工业企业。

（2）办理托收承付结算的款项，必须是商品交易，以及因商品交易而产生的劳务供应的款项。代销、寄销、赊销商品的款项，不得办理托收承付结算。

（3）收付双方使用托收承付结算必须签有符合《合同法》的购销合同，并在合同上订明使用托收承付结算方式。

（4）收付双方办理托收承付结算，必须重合同、守信用。收款人对同一付款人发货托收累计三次收不回货款的，收款人开户行应暂停收款人向该付款人办理托收；付款人累计三次提出无理由拒付的，付款人开户行应暂停其向外办理托收。

（5）收款人办理托收，除另有规定外，必须具有商品确已发运的证件（包括铁路、航运、公路等运输部门签发的运单、运单副本和邮局包裹回执）。

（6）托收承付结算每笔的金额起点为 10 000 元。新华书店系统每笔的金额起点为 1 000 元。

（7）托收承付结算款项的划回方法分邮寄和电寄两种，由收款人选择使用。

（8）签发托收承付凭证必须记载要素事项。欠缺要素事项之一的，银行不予受理。

（9）付款人货款的承付方式有验单付款和验货付款两种，由收付款双方协商选用，并在合同中明确规定。验单付款的承付期为 3 天，从付款人开户银行发出承付通知的次日算起（承付期内遇法定休假日顺延）。验货付款的承付期为 10 天，从运输部门向付款人发出提货通知的次日算起。

（10）付款人在承付期内，未向银行表示拒绝付款，银行即视作承付，并在承付期满的次日（法定休假日顺延）上午银行开始营业时，将款项主动从付款人的账户内付出，按照收款人制定的划款方式，划给收款人。

（11）付款人在承付期满日银行营业终了时，如无足够资金支付货款，其不足部分，即为逾期未付款项，按逾期付款处理。付款人开户银行对付款人逾期支付的款项，应当根据逾期付款金额和逾期天数，按每天 5‱，计算逾期付款赔偿金。

3．托收承付结算的流程（见图 6-13）

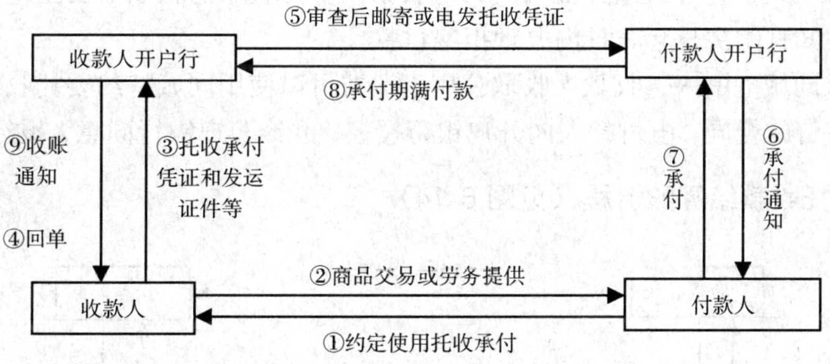

图 6-13　托收承付结算流程

6.3.3　委托收款结算

1．委托收款结算的定义和类型

委托银行收款是指收款人向银行提供收款依据，委托银行向付款人收取款项的结算方式。委托收款方式具有方便灵活、适用面广、不受金额起点限制等特点。

委托收款分为邮寄和电报划回两种，由收款人选用。邮寄是指收款人委托银行通过邮寄方式将款项划转给收款人的结算方式。电报划回是指收款人委托银行通过电报将款项划转给收款人的结算方式。

2．委托收款结算的基本规定

（1）单位和个人凭已承兑商业汇票、债券、存单等付款人债务证明办理款项的结算，均可以使用委托收款结算方式。

（2）委托收款在同城、异地均可以使用。

（3）收款结算款项的划回方式，分邮寄和电报两种，由收款人选用。

（4）签发委托收款凭证必须记载要素事项。欠缺要素事项之一的，银行不予受理。

（5）委托收款以银行为付款人的，银行应当在当日将款项主动支付给收款人；以单位为付款人的，银行应及时通知付款人，付款人应于接到通知的当日书面通知银行付款（如付款人提前收到由其付款的债务证明，应通知银行于债务证明的到期日付款）。付款人在接到通知日的次日起 3 天内（遇法定休假日顺延）未通知银行付款，视同付款人承诺付款，银行应于付款人接到通知日的次日起（法定休假日顺延。如债务证明未到期的，则应于债务证明到期日）上午营业时，将款项划给收款人。

（6）银行在办理划款时，付款人存款账户不足支付的，应通知被委托银行向收款人发出到期未付款项通知书。

（7）付款人审查有关债务证明后，对收款人委托收取的款项需要拒绝付款的，可以在接到付款通知日的次日起 3 日内办理拒绝付款。

（8）在同城范围内，收款人收取公用事业费可以使用同城特约委托收款，但必须具有收付双方签订的合同，由付款人向开户银行授权，并经开户银行同意，报经人民银行批准。

3．委托收款结算的流程（见图 6-14）

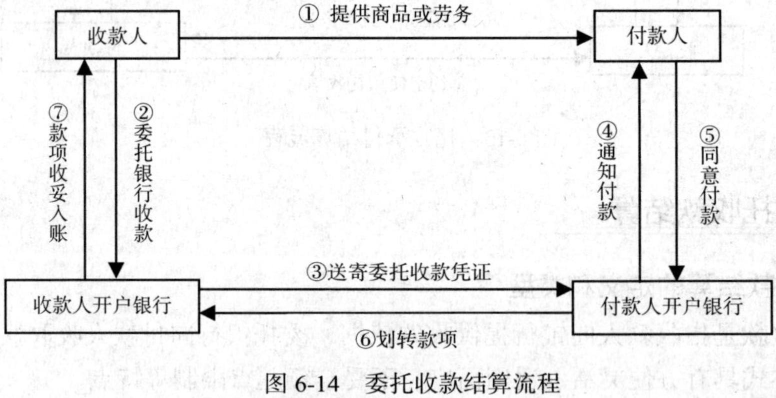

图 6-14 委托收款结算流程

6.3.4 信用证结算

1．信用证的概念及特点

信用证是银行根据申请人的要求和指示，向受益人开立的载有一定金额、在一定期限内凭规定的单据在指定的地点付款的书面保证文件。

以信用证作为主要工具的结算即信用证结算。信用证结算是在托收基础上演变出来的一种比较完善的结算方式。其主要作用是把托收方式下由进口商履行跟单汇票的付款责任转由银行履行，保证进出口双方的货款或单据（货物）交收不致落空；同时，银行还能为进出口双方提供融通资金的便利，从而促进国际贸易的发展。

信用证的特点如下：

（1）信用证是一种银行信用，开证行负第一性的付款责任。开证行支付方式是由商业银行自己的信用作保证，所以作为一种商业银行保证文件的信用证，开证行对之负第一性的付款责任。

（2）信用证是一种独立性文件，它不依附于贸易合同而独立存在。开证申请书是依据买卖合同的内容提出的，因此，信用证与合同有一定的逻辑关系。但信用证一经开出，就成为独立于买卖合同的另一种契约，开证行和参与信用证业务的其他商业银行只按信用证的规定办事，不受买卖合同的约束。基于信用证与合同的相对独立性，信用证条款的改变并不代表合同条款有类似的修改。

（3）信用证是一项纯单据文件，它处理的对象是单据。信用证业务中，商业银行只审查受益人所提交的单据是否与信用证条款相符，以决定其是否履行付款责任。只要受益人提交符合信用证条款规定的单据，开证行就应承担付款责任。而对于所装货物的实际情况如何、是否中途损失、能否如期到达目的港等均不负责。对于单据的真伪、专业性术语的解释、邮递过程中的丢失，也不负责。

2．信用证的种类

信用证可以按照多种标准进行分类，其主要类型如下。

（1）根据是否要求受益人提交单据分为跟单信用证和光票信用证。

跟单信用证是开证行凭跟单汇票或单纯凭单据付款的信用证。单据是指代表货物或证明货物已交运的运输单据，如提单、运单等。通常还包括发票、保险单等商业单。国际贸易中一般使用跟单信用证。

光票信用证是开证行仅凭不附单据的汇票付款的信用证，汇票如附有不包括运输单据的发票、货物清单等，仍属光票。

（2）根据开证行的责任分为不可撤销信用证和可撤销信用证。

不可撤销信用证指信用证一经开出，在有效期内，未经受益人、开证人的同意，开证行不得片面修改或撤销信用证的规定和承诺。信用证上未注明可否撤销，即为不可撤销信用证。

可撤销信用证指开证行有权随时予以修改或撤销，但若受益人已按信用证规定得到议付、承兑或延期付款保证，则银行的撤销或修改无效。

3．信用证的主要当事人及其权利与义务

（1）开证申请人。开证申请人是向开证银行申请开立信用证的人，一般是进口商。其责任是：

1）申请人和受益人签订以信用证方式结算，申请人应按合同规定在一定期限内通过银行开立符合合同条款规定的信用证。

2）开证行收到审核无误的单据，要求申请人赎单时，申请人有赎单付款的义务，也有经过验单发现单据有错误而拒绝赎单的权利。

（2）开证行。开证行是接受开证申请人的委托，开出信用证的银行。开证行的义务：正确、及时开证；承担第一性付款责任。权利：收取手续费和押金；拒绝受益人或议付行的不符单据；付款后如开证申请人无力付款赎单时可处理单、货；货不足款可向开证申请人追索余额。

（3）通知行。通知行是受开证行委托，将信用证转交出口方的银行。其责任是接到信用证，证明其真实性、完整性，根据开证行的要求将信用证及时、准确地通知受益人，对于信用证条款不完整、密押不符的要及时与开证行联系。

（4）议付行。议付是指指定银行在相符交单下，在其应获偿付的银行工作日当天或之前向受益人预付或者同意预付款项，从而购买汇票（其付款人为指定银行以外的其他银行）及/或单据的行为。指定银行是指信用证可在其处兑用的银行，如信用证可在任一银行兑用，则任何银行均为指定银行。

议付行是对受益人交来的单据进行议付的银行。其义务：严格审单；垫付或贴现跟单汇票。权利：可议付也可不议付；议付后可处理（货运）单据；议付后开证行倒闭或借口拒付可向受益人追回垫款。

（5）受益人。受益人是指接受信用证并享受其利益的一方，即出口货物实际供货人。

受益人的义务：收到信用证后应及时与合同核对，不符者尽早要求开证行修改或拒绝接受或要求开证申请人指示开证行修改信用证；如接受则发货并通知收货人，备齐单据在规定时间向议付行交单议付；对单据的正确性负责，不符时应执行开证行改单指示并仍在信用证规定期限交单。

受益人的权利：被拒绝修改或修改后仍不符，有权在通知对方后单方面撤销合同并拒绝信用证；交单后若开证行倒闭或无理拒付，可直接要求开证申请人付款；收款前若开证申请人破产可停止货物装运并自行处理；若开证行倒闭时信用证还未使用，可要求开证申请人另开。

4．信用证结算的流程（见图 6-15）

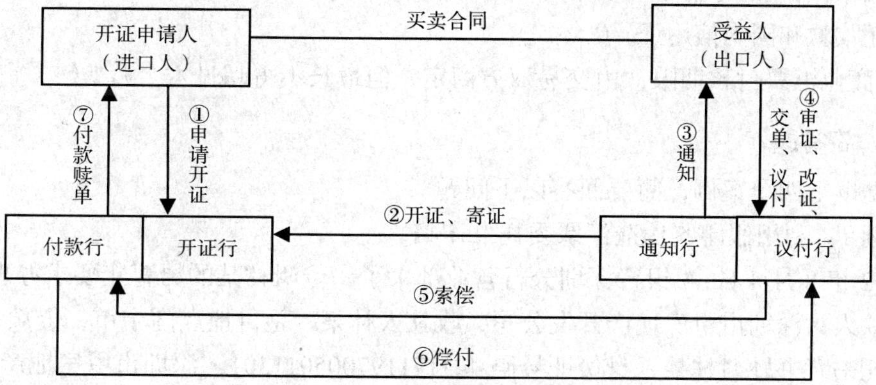

图 6-15　信用证结算流程

复习思考题

一、单项选择题

1.（　　）是出票人签发的，委托付款人见票时或在指定日期无条件支付一定金额给收款人或持票人的书面凭证。

A．支票　　B．汇票　　C．本票　　D．信用证

2.（　　）是指汇票付款人保证汇票到期时支付汇票金额的承诺。

A．担保　　B．保函　　C．贴现　　D．承兑

3．单位和个人均可签发的票据是（　　）。

A．支票　　B．银行本票

C．银行汇票　　D．上述所有票据

4．下列业务不属于商业银行的支付结算工具的是（　　）。

A．托收承付　　B．支票　　C．银行本票　　D．信用证

5．按照我国现行规定，可以向商业银行申请贴现的票据必须是（　　）的商业汇票。

A．未到期已承兑　　B．已到期已承兑

C．未到期未承兑　　D．已到期未承兑

二、判断题

1. 不准签发空头支票和远期支票是支付结算的基本原则。(　　)

2. 支票类包括现金支票、转账支票、普通支票和划线支票。(　　)

3. 普通支票可以取现。(　　)

4. 中国人民银行制定和颁布的《支付结算办法》中规定的结算方式包括汇兑、托收承付、委托收款和国内信用证。(　　)

5. 商业汇票付款期限，由交易双方商定，但最长不得超过六个月。(　　)

三、简答题

根据以下四个案例，简要回答以下问题。

案例1：利用假印鉴伪造汇票委托书诈骗

2012年8月4日，A银行深圳分行营业部来了一位叫林某的男青年要求办理银行汇票，汇款人为深圳市甲房地产开发公司，收款人林某，兑付地点南宁市，金额13.25万元。汇票委托书背书姓名林某，身份证号码441171197005011301。深圳市甲房地产开发公司前来办理业务时，发现本单位没有办理过此笔银行汇票，林某也不是本单位职工。银行立即向公安机关报案，并通知兑付行协助止付该笔汇票款。但为时已晚，此笔汇票款于2012年8月6日在A银行南宁市分行营业部通过应解汇款科目全部提取现金转走。经公安机关鉴定，汇票委托书盖的印鉴与汇款人预先留下的印鉴有差异，按身份证号码查证，没有林某，身份证是伪造的，致使该银行损失13.25万元。

案例2：利用开户单位与银行之间对账不及时，在提货单上做手脚，骗取单位资金

合肥市某材料站是中行绩溪路分理处的一个基本客户，为了帮助该站搞好核算，分理处很早就开始在电脑中为其录入每笔转账所附的购货合同号。2010年7月28日，该单位在分理处开出一笔金额为18万元的汇票。日终结算时，细心的经办员发现留底的汇票委托书上的购货合同号似曾相识。经调阅电脑记录得知，月初曾开出过一笔金额及合同号完全一致的汇票。出于高度的责任心次日分理处经办员与材料站会计取得联系，主动提出进行对账单勾对。经单位会计仔细审查原始凭证，发现收款单位在提货单上做了手脚，导致其重复付款。由于发现及时，所骗款项被很快追回。

案例3：承兑行资信不佳引出的纠纷

2009年5月，F行给当地一家客户H公司办理了一笔贴现。该贴现是J市一家支行级的商业银行B开出的，当时按照有关规定，银行的信贷部门和会计部门认真审验了票据，票据各项要素齐全，H公司提供的与票据关联的合同也无不符之处，之后银行给H公司办理了贴现。但票据到期后，承兑行不履行付款责任。贴现行向承兑行追索，承兑行以承兑申请人和收款人无真实商品交易联合诈骗银行资金为由，拒绝付款。

案例 4：利用银行结算中间凭证诈骗

2013 年 5 月 18 日，深圳甲公司与江西乙粮油公司签订大米购销合同。5 月 30 日，甲公司业务员沈某依照合同到 M 银行营业部办理货款电汇，银行经过审查，受理了凭证，并加盖“受理凭证专用章”。沈某持此金额 9 万元电汇回单，交给江西乙粮油公司常驻深圳的业务员姜某，姜某随即将回单电传回公司。5 月 25 日，江西乙粮油公司发货运至深圳交给甲公司，但迟迟收不到电汇款，后派人前往银行查询，银行因甲公司账上无款，没有转账。5 月 19 日，江西乙粮油公司将凭证退回给该公司经办人沈某。沈某躲避江西来人。公司多次追款没有结果，认为甲公司以空头电汇回单欺骗他们，银行予以受理有过错，两者应连带承担民事责任，故向某区法院提起诉讼。

问题：

1. 综观上述四个案例，从管理部门和业务部门的角度分析，银行方面本身违背了哪些规定？

2. 案情二反映了银行内部工作中存在哪些问题？发生此类案件银行应该承担哪些责任？

3. 银行办理贴现业务，应严格遵守哪些有关规定？具体的工作流程如何？

4. 在案情三中，承兑行拒付的行为是否违法？请细述理由。

5. 在案情四中，购货公司利用银行中间凭证欺骗销货公司的财物之所以得逞，有哪些原因？商业银行应在哪些方面加强管理？

第 7 章　银行卡与电子银行业务

知识目标

- 掌握借记卡和信用卡的基础知识。
- 掌握电子银行的类型及特点。
- 了解电子支付业务的特点和类型。

技能要求

- 掌握信用卡使用细则及操作流程。
- 掌握电子银行的使用规则。

7.1　银行卡业务

7.1.1　银行卡概述

银行卡是商业银行等金融机构及邮政储汇机构向社会发行的，具有消费信用、转账结算、存取现金等全部或部分功能的信用支付工具。银行卡包括信用卡和借记卡两种。因为各种银行卡都是塑料制成的，又用于存取款和转账支付，所以又称为“塑料货币”。

20 世纪 70 年代以来，由于科学技术的飞速发展，特别是电子计算机的运用，使银行卡的使用范围不断扩大，不仅减少了现金和支票的流通，而且使银行业务由于突破了时间和空间的限制发生了根本性变化。银行卡自动结算系统的运用，使一个“无支票、无现金社会”的到来不久将成为现实。

1. 银行卡的分类

按照不同的分类标准，银行卡有多种分类方式。

（1）按照能否透支，银行卡分为信用卡和借记卡。

信用卡又分为贷记卡和准贷记卡。贷记卡是指发卡银行给予持卡人一定的信用额度，持卡人可在信用额度内先消费、后还款的信用卡。准贷记卡是指持卡人先按银行要求缴存一定金额的备用金，当备用金不足支付时，可在发卡银行规定的信用额度内透支的信用卡。准贷记卡作为中国信用卡产业发展过程中的过渡产品正在逐步退出历史舞台，在现实生活中准贷记卡的使用量、使用意义都在逐步减小。

借记卡按功能不同分为转账卡、专用卡、储值卡。借记卡不能透支。转账卡具有转账、存取现金和消费功能。专用卡是在特定区域、专用用途（百货、餐饮、娱乐行业以外的用途）使用的借记卡，具有转账、存取现金的功能。储值卡是银行根据持卡人要求将资金转至卡内储存，交易时直接从卡内扣款的预付钱包式借记卡。

补充资料 7-1 信用卡组织及其职能

卡组织，由成员组成的国际性或区域性支付卡组织，授权成员发卡，受理商户的卡交易，拥有并经营自己的国际区域处理网络。卡组织负责建设和运营全球或区域统一的支付卡信息交换网络，负责支付卡交易的信息转换和资金清算，制定并推行支付卡跨行交易业务规范和技术标准。

国际性卡组织包括维萨国际组织（VISA International）、万事达卡国际组织（MasterCard International）、美国运通国际股份有限公司（America Express）、大莱信用卡有限公司（Diners Club）、JCB 日本国际信用卡公司（JCB）。

欧洲卡组织：EUROPAY。

台湾卡组织：联合信用卡中心。

国内卡组织：中国银联（China Union Pay）。

中国银联是经中国人民银行批准的、由 80 多家国内金融机构共同发起设立的股份制金融服务机构，注册资本 16.5 亿元人民币。公司于 2002 年 3 月 26 日成立，总部设在上海。中国银联通过建立和运营广泛、高效的银行卡跨行信息交换网络系统，实现高效率的银行卡跨行通用及业务的联合发展。“银联”是国家确定的国内银行卡联网通用的标志，凡持有银联标识银行卡的个人持卡人，均可在任意标有银联标识的自动终端上进行跨行存取支付，均可在任意标有银联标识的 POS 终端刷卡消费。

（**资料来源**：http://www.51credit.com/creditcard/xueyuan/zhishi/5158.shtml）

（2）按照信用等级不同，银行卡可分为普通卡、金卡、白金卡等。

普通卡的发行对象经济实力一般，有关授权限额起点、服务费用收取、消费信用额度的要求相对较高。

金卡、白金卡发行对象经济实力较强、社会地位高、资历信度高，银行提供的服务、信用额度比普通卡高，金卡、白金卡持有人还享有银行提供的 VIP 服务。

（3）按照发行对象不同，银行卡可分为个人卡和单位卡（商务卡）。

个人卡是发卡银行面向有稳定收入的个人发行的具有消费信用、转账结算、存取现金等全部或部分功能的信用支付工具，负担信用卡还款责任的是申请者本人。

单位卡（商务卡）是向企事业单位、团体、部队、学校等发行的具有消费信用、转账结算等全部或部分功能的信用支付工具。其申请人是单位，负担信用卡还款责任的是申请单位。单位卡在申领时，必须在银行开立基本结算账户。法人组织必须指定若干个持卡人，只有指定的持卡人才能使用单位卡。单位卡不能存取现金，卡内款项只能从基本结算账户转账转入。

（4）按照流通范围不同，银行卡可分为国内卡和国际卡。

国内卡是在发行国国内或国内一定区域内使用的银行卡。

国际卡是能在国际上通用的银行卡，是发卡行向符合发卡行信誉条件，并有一定外汇存款的单位和个人发行的具有转账结算、存取现金、消费信用等全部或部分功能的银行卡。

（5）按照载体材料的不同，银行卡可以分为磁条卡和智能卡（IC 卡）。

磁条卡是一种磁记录介质卡片。它由高强度、耐高温的塑料或纸质涂覆塑料制成，能防潮、耐磨且有一定的柔韧性，携带方便、使用较为稳定可靠。通常，磁卡的一面印刷有说明提示性信息，如插卡方向；另一面则有磁层或磁条，具有 2～3 个磁道以记录有关信息数据。

芯片卡，又称 IC 卡，是指以芯片作为交易介质的卡。芯片卡不仅支持借贷记、电子现金、电子钱包、脱机支付、快速支付等多项金融应用，还可以应用于金融、交通、通信、商业、教育、医疗、社保和旅游娱乐等多个行业领域，真正实现一卡多能，为客户提供更丰富的增值服务。

补充资料 7-2　2015 年起银行芯片卡将取代磁条卡迎来插卡时代

根据中国人民银行部署，2014 年 10 月底前全国 POS 机关闭芯片银行卡降级交易，芯片卡支付将告别刷卡，迎来插卡时代。从 2015 年开始，经济发达地区新发行以人民币结算的银行卡应为芯片卡，磁条卡逐步停发。

作为磁条卡的升级，芯片卡不仅安全性高，而且具有更便捷丰富的功能。央行从 2011 年开始推广芯片卡，虽然存量银行卡中芯片卡只占两成，但新发银行卡中芯片卡已占到了九成，全国 99.6%的 POS 机和 99.5%的 ATM 完成了接受芯片卡插卡支付改造。

我国芯片银行卡绝大多数同时还带有磁条支付功能。由于收银员长期养成的磁条卡刷卡使用习惯，芯片银行卡在受理中仍然存在降级使用磁条的情况，使其安全优势尚未得到充分发挥。为提升银行卡安全交易水平，要逐步关闭这种降级交易。此前，全国 ATM 在 2014 年 8 月底完成了关闭芯片银行卡降级交易。

2015年起在经济发达地区及重点行业领域新发行的、以人民币为结算账户的银行卡应为芯片卡。原有磁条卡仍可正常使用。在经济不发达地区仍然允许磁条卡发行。对存量巨大的磁条卡，将采取自然淘汰的方式，逐步引导商业银行开展磁条卡更换芯片卡工作，不会影响磁条卡的使用。

（资料来源：http://js.xhby.net/system/2014/10/21/022243955.shtml）

2. 银行卡的功能

（1）消费支付功能。银行卡的持卡人可以在特约商户处直接刷卡消费，而不必使用现金，特约商户凭客户签字的单据向银行收取结算款项，并按事先约定向银行支付一定比例的手续费。

（2）存取现金功能。银行卡的持卡人可以在发卡行指定的营业网点或发卡行约定的其他营业机构及自助机具上办理存取现金业务。

（3）消费信贷功能。消费信贷功能是信用卡的本质功能。信用卡持卡人在消费时，可以在规定的限额内进行短期的透支。准贷记卡内存款按照银行活期利率计付存款利息。但卡内存款不足以支付消费款项时，按照发卡行核定的信用额度，可以允许透支。

（4）代收代付功能。银行卡可以代发工资、缴纳电话费、水电费等。代收代付功能方便了持卡人日常支付，发卡行则扩大了客户群，并可收取代办手续费。

（5）网上银行功能。随着互联网的兴起，出现了网上银行。银行卡充当了最佳的网上支付工具。持卡人可以在网上实现查询、挂失、转账支付等功能。结合网上商城，利用银行卡足不出户就可以进行网上支付。

（6）自助服务功能。持卡人可以用银行卡在自助银行存取款、转账、修改密码；在自助机具上进行缴费、查询交易明细。

（7）理财功能。持卡人可以办理股票资金转账、直接买卖股票等业务；可以进行外汇买卖、国债买卖、基金买卖、理财产品买卖等金融理财活动。

补充资料7-3 我国银行卡业务发展情况

2013年，我国银行卡市场规模稳步提升。截至2013年三季度末，全国发卡银行400多家，累计发卡量达39亿多张，其中金融IC卡发卡量达3.8亿张。联网商户超过650万户，联网的POS终端近930万台、ATM近50万台，银行卡消费金额占社会消费品零售总额的比重超过47%。此外，在行业拓展方面，不断涌现适合行业特点的银行卡交易模式，拓展了银行卡在公用事业缴费、机票及酒店预订、福利彩票、保险等领域的应用；金融IC卡与行业信息化、城市信息化的融合应用已步入探索发展阶段，社保、交通、教育等领域的金融IC卡应用不断涌现，丰富了银行卡社会服务属性的内涵。在使用地域方面，银行卡

“下乡”取得良好成效，截至 2013 年三季度末，设置在行政村的银行卡助农取款服务点达 76 万个，实现小额取现交易超过 9 100 万笔、金额超过 320 亿元；境外受理银联卡的国家和地区已达 142 个，便利了中国居民出境支付，提升了银联品牌的国际市场地位。

（资料来源：http://www.cfc365.com/business/credit%20card/2014-01-28/12042.shtml）

课堂实训 7-1 商业银行借记卡资料收集

分组查找目前国内商业银行的借记卡产品资料并进行整理；每组学生对所找资料进行理解，并进行陈述。

课堂实训 7-2 商业银行贷记卡资料收集

让学生利用所学知识通过对目前国内商业银行主要的贷记卡产品的资料收集和整理之后，分组理解并陈述主要产品的贷记卡产品的相关资料来进一步理解和掌握各贷记卡产品的通用功能和特色功能。

7.1.1 银行卡业务操作规程

1. 借记卡的操作流程

（1）开立借记卡。

1）客户申请。客户申领借记卡时，须完整填写《借记卡申请表》，并连同有效证件及开户存款等一并交给发卡网点经办柜员。客户在填写申请表时，可根据自己的需要选择是否开通网上银行、手机银行、电话银行等电子银行业务。

2）柜员审核并录入信息。经办柜员须认真审核“申请表”内容填写是否完整，客户姓名、证件名称、证件号码等填写与有效证件是否相同。经办人员刷卡读出卡号，与借记卡卡面卡号核对是否一致，录入申领人的姓名、有效证件号码等有关资料，为申领人开立账户。。在“申请表”上记录借记卡卡号，加盖经办人员名章、发卡网点业务公章，登记借记卡开销户登记簿。

3）发卡。开户完成、办理开户资金存入后，经办柜员将借记卡、有关证件原价和回单联交与申请人。

4）资料归档。经办柜员将“申请表”和其他开户资料专夹保管，按月装订保存。

（2）借记卡柜台存现。

1）有卡存现。经办人员办理存现交易时，首先应询问持卡人存现金额并清点现金，无误后，通过磁条读卡器刷卡读取卡号，按照屏幕提示选择交易类型，输入存现金额等项内容，审核交易类型选择是否正确，输入存现金额与收取现金是否一致，核对借记卡卡面卡号与屏幕显示是否一致，交易成功后，打印“存款凭条”。经办人员核对“存款凭条”内容无误后交持卡人签字确认，然后将回单联及借记卡交持卡人。

2）无卡存现。经办人员办理无卡存现交易时，须认真审核存现人填写的“存款凭条”，记录存现人有效证件号码，清点现金无误后，按照屏幕提示选择交易类型，手工录入卡号。

（3）借记卡柜台取现。借记卡柜台取现与柜台存现程序类似，只是柜台取现时需要持卡人通过密码键盘输入个人密码。借记卡取现，在同一受理网点单笔或日累计金额超过 5 万元时，持卡人须提供有关资料，提前一天到受理网点或通过电话等方式向银行预约，银行核对资料无误后方可为其办理款项支取。

（4）借记卡在 ATM 上的交易。

1）ATM 取现。持卡人凭卡和个人密码在 ATM 上取现，每卡每日累计金额不超过 20 000 元。持卡人插入借记卡后，根据屏幕提示输入个人密码和取现金额，ATM 吐钞，持卡人按屏幕提示将卡退出，ATM 吐卡。

2）ATM 查询。持卡人可通过 ATM 查询卡账户余额、可用余额和交易明细。持卡人通过 ATM 查询卡账户交易明细，仅限于本地卡。

3）ATM 吞卡处理。

① ATM 管理行应每天检查 ATM，在《吞（扣）卡登记簿》登记被吞卡有关情况。

② 领卡人到 ATM 挂靠网点要求领卡，需提供吞卡凭条，如领卡人不能提供吞卡凭条，需提供借记卡卡号，经办人员通过登记簿查找所吞借记卡，审核领卡人与有效证件照片是否相符，通过磁条读卡器刷卡，请领卡人输入个人密码进行验证：核对个人密码相符，要求领卡人在登记簿上签名，注明领回卡的具体日期和时间后，将卡片交给领卡人；核对个人密码不符，受理网点暂扣被吞卡，请领卡人回原发卡网点办理挂失，同时在登记簿上记录。

③ 对持卡人 7 个工作日仍未领取或不能退还的吞卡，经办人员须对卡片磁条进行损毁，并对卡片进行剪角或打孔处理，编制吞卡清单，及时上缴当地制卡中心。

（5）借记卡销户。持卡人办理销户时，须至原发卡网点填写《借记卡销户申请书》和“取款凭条”，并与本人有效证件和借记卡一起交给经办人员。若借记卡已挂失满 7 日的，持卡人须将“挂失申请书”回执联交与经办人员。代理销户的，还须提供代理人的有效证件。

经办人员须严格审核持卡人填写的“销户申请书”中的卡号、姓名、证件号码等有关内容与开卡资料是否一致，姓名、证件号码与有效证件是否相同，持卡人与有效证件上的照片是否相符；挂失后销户的，须同时审核“挂失申请书”回执联与留存联内容是否一致，并确认挂失已满 7 日。

经办人员审核无误后，通过磁条读卡器数卡，确认该卡账户没有未达账项，按照提示，可办理销卡、销户，由持卡人通过密码键盘输入个人密码，交易成功，打印销户凭证、利息凭条，经核对无误后交持卡人签名确认。若该卡账户有未达账项，应提醒持卡人暂不能销户。

经办人员在销户凭证、利息凭条、“销户申请书”上加盖“业务公章”，并将销户凭证、利息凭条、现金（单位卡资金划入基本存款账户）等交还持卡人，并登记“开销户登记簿”。挂失销户的，在“挂失申请书”回执联上注明“挂失销户”，与留存联配对专夹保管备查。

2．信用卡的操作流程

（1）申请。多数情况下，具有完全民事行为能力（中国大陆地区为年满 18 周岁的公民）的、有一定直接经济来源的公民，可以向发卡行申请信用卡。有时，法人也可以作为申请人。

申领信用卡的对象可以分为单位和个人。申请的单位应为在我国境内具有独立法人资格的机构、企事业单位、三资企业和个体工商户。每个单位申请信用卡可根据需要领取一张主卡和多张（5～10 张）附属卡。个人申领信用卡则必须具有固定的职业和稳定的收入来源，并向银行提供担保。担保的形式包括个人担保、单位担保和个人资金担保。

申请方式一般是通过填写信用卡申请表，申请表的内容一般包括申领人的名称、基本情况、经济状况或收入来源、担保人及其基本情况等，并提交一定的证件复印件与证明等给发卡行。客户按照申请表的内容如实填写后，在递交填写完毕的申请书的同时还要提交有关资信证明。申请表都附带有使用信用卡的合同，申请人授权发卡行或相关部门调查其相关信息，以及提交信息真实性的声明、发卡行的隐私保护政策等，并要有申请人的亲笔签名。

课堂实训 7-3　信用卡申请表的填写

寻找一位信用卡用户，并根据客户提供的资料填写信用卡申请表，掌握信用卡申请表填写的技巧。

（2）审查。发卡银行接到申请人交来的申请表及有关材料后，要对申请人的信誉情况进行审查。审查的内容主要包括申请表的内容是否属实，对申请的单位还要对其资信程度进行评估，对个人还要审查担保人的有关情况。

通常，银行会根据申请资料，考察申请人多方面的资料与经济情况，来判断是否发信用卡给申请人。考虑的因素有申请人过去的信用记录、申请人已知的资产、职业特性等。发卡行审核的具体因素与过程属于商业机密，外界一般很难了解。各个发卡行的标准也不尽相同，因此，同样的材料在不同的银行可能会出现核发的信用额度不同，信用卡的种类不同，甚至会出现有的银行审核通过，而有的银行拒发的情况。

（3）确定信用额度。信用额度是指发卡行授权信用卡持卡人使用信用卡消费贷款的最高额度。信用额度的确定是根据发卡机构对申办人资料的审查与核实，对获得的资信信息进行综合分析，在做出同意发卡决定的同时，评估申办人的基础信用，给予申办人用卡的信用限额。

信用额度是根据申办人的信用状况来确定的，不同的申办人有不同的信用额度。信誉良好的信用额度高，反之则低。个人信用卡额度最高 5 万元，最低 1 000 元。初次授予信用额度实行低限原则，即发卡行对申请人初次授予信用额度时，按其信用额度等级对应的信用额度区间最低值执行。

同时，发卡行需对持卡人的资信变化情况和信用额度的使用情况及时进行分析、监控，定期调整其信用额度及信用额度等级。发卡行对持卡人的信用额度自发卡日起每年至少调整一次，至多调整四次；调增幅度 A 级以上（含 A 级）的持卡人每次不得超过 5 000 元，A 级以下的持卡人每次不得超过 2 000 元。持卡人有下列情况之一，不得调高其信用额度：有拖欠其他贷款本息的行为；准贷记卡透支超过规定期限仍未还款，贷记卡拖欠利息或最低还款额；受到经济处罚、涉嫌司法纠纷或案件；在他行有恶意透支或拖欠行为。

（4）发卡。申请人申领信用卡成功后，发卡行将为持卡人在发卡银行开立单独的信用卡账户，以供购物、消费和取现后进行结算。

（5）开卡。由于信用卡申请通过后是通过邮寄将卡片寄出等方式，所以并不能保证领取人就是申请人。为了使申请人和银行免遭盗刷损失，信用卡在正式启用前设置了开卡程序。开卡主要是通过电话或者网络等，核对申请时提供的相关个人信息，符合后即完成开卡程序。此时申请人变为卡片持有人，在卡片背后签名后可以正式开始使用。信用卡开卡后一般需同时为卡设置密码。

信用卡特约商户或银行受理信用卡后，要审查信用卡的有效性和持卡人的身份。

（6）辨识。信用卡卡面上至少有如下信息。

正面：发卡行名称及标识、信用卡别（组织标识）及全息防伪标记、卡号、英文或拼音姓名、启用日期（一般计算到月）、有效日期（一般计算到月），最新发行的卡片正面附有芯片，芯片账户与卡磁条账户为相对独立的两个账户。

背面：卡片磁条、持卡人签名栏（启用后必须签名）、服务热线电话、卡号末四位号码或全部卡号（防止被冒用）、信用卡安全码（在信用卡背面的签名栏上，紧跟在卡号末四位号码的后面的 3 位数字，用于信用卡激活、密码管理、电视、电话及网络交易等）。

（7）透支使用。信用卡通常仅限于持卡人本人使用，外借给他人使用一般是违反使用合同的。

持卡人在信用额度内支取现金，每卡每日最高支取额不得超过 2 000 元，且累计取现额不得超过信用额度的 50%；准贷记卡持卡人须进行消费透支时，最长透支期限为 60 天，透支利率为日利率 5‱，按月计收单利，结息日为每月的 20 日；贷记卡持卡人使用信用额度发生的交易款项按月计收复利，日利率 5‱；贷记卡消费透支有一定的免息期，持卡人在到期还款日前，偿还全部应还款额的，消费交易享受自交易日至还款日期间的免息待遇。免息还款期最长为 56 天，最短为 25 天。免息期满未归还透支款的，发卡行将按照规定收取滞纳金和超限费，并收取透支利息，透支利息按月计收。

（8）销卡。信用卡销卡前，账户余额必须清零，销卡在申请提出后的 45 天内完成销卡的全部流程。

课堂实训 7-4　使用银行卡的注意事项

（1）输入密码时注意用手遮挡，如果发现 ATM 的密码防护罩和入卡防护槽有异常情况，为了安全起见，不要使用，同时立即告知银行。

（2）为防范假 ATM 的情况，客户应尽量选择有显著标识的自助银行，在银行的录像监控下使用 ATM。

（3）最好将银行卡和身份证分开存放，不要将银行卡转借他人，不要随意泄露银行卡卡号及密码。

（4）刷卡消费时，不要让银行卡离开视线范围，留意收银员的刷卡次数，拿到签购单及卡片时，核对签购单上的金额是否正确，是否为本人的卡片。

（5）开通手机短信服务，随时掌握账户变动情况，一旦发现异常交易，马上致电银行进行挂失。

（6）如果怀疑资金被盗，应立即拨打银行客服电话，并对银行卡账户及时进行挂失。

（7）银行卡不要和手机、电视、音响、微波炉等磁场强的电器放在一起，最好放得远一些，多张银行卡、存折也不要放在一起。

7.2　电子银行业务与电子支付业务

根据中国银行业监督管理委员会 2006 年 3 月 1 日施行的《电子银行业务管理办法》中的有关定义，电子银行业务是持商业银行等银行业金融机构利用面向社会公众开放的通信通道或开放型公众网络，以及银行为特定自助服务设施或客户建立的专用网络，向客户提供的离柜金融服务。电子银行业务主要包括利用计算机和互联网开展的网上银行业务，利用移动电话和无线网络开展的手机银行业务，利用电话等声讯设备和电信网络开展的电话银行业务，以及其他利用电子服务设备和网络，由客户通过自助服务方式完成的金融交易。

7.2.1 电子银行业务

1. 网上银行

网上银行又称网络银行、在线银行，是指银行利用互联网技术，通过互联网向客户提供开户、查询、对账、行内转账、跨行转账、信贷、网上证券、投资理财等传统服务项目，使客户可以足不出户就能够安全便捷地管理活期和定期存款、支票、信用卡及个人投资等。可以说，网上银行是在互联网上的虚拟银行柜台。

网上银行又被称为“3A银行”，因为它不受时间、空间限制，能够在任何时间（Anytime）、任何地点（Anywhere）、以任何方式（Anyway）为客户提供金融服务。

（1）网上银行的发展模式。网上银行发展的模式有两种：一种是完全依赖于互联网的无形的电子银行，也叫“虚拟银行”。所谓虚拟银行，就是指没有实际的物理柜台作为支持的网上银行。这种网上银行一般只有一个办公地址，没有分支机构，也没有营业网点，采用互联网等高科技服务手段与客户建立密切的联系，提供全方位的金融服务。以美国安全第一网上银行为例，它成立于1995年10月，是在美国成立的第一家无营业网点的虚拟网上银行，它的营业厅就是网页画面，当时银行的员工只有19人，主要工作就是对网络的维护和管理。

另一种是在现有的传统银行的基础上，利用互联网开展传统的银行业务。即传统银行利用互联网作为新的服务手段为客户提供在线服务，实际上是传统银行服务在互联网上的延伸。这是网上银行存在的主要形式，也是绝大多数商业银行采取的网上银行发展模式。

（2）网上银行的产品与服务。

1）相关业务。

① 提供网上形式的传统银行业务，包括银行及相关金融信息的发布、客户的咨询投诉、账户的查询勾兑、申请和挂失以及在线缴费和转账功能。

② 电子商务相关业务，既包括商户对客户模式下的购物、订票、证券买卖等零售业务，也包括商户对商户模式下的网上采购等批发业务的网上结算。

③ 新的金融创新业务，如集团客户通过网上银行查询子公司的账户余额和交易信息，再签订多边协议。

2）业务介绍。一般来说，网上银行的业务品种主要包括基本网银业务、网上投资、网上购物、个人理财、企业银行及其他金融服务。

① 基本网银业务。商业银行提供的基本网上银行服务包括在线查询账户余额、交易记录，下载数据、转账和网上支付等。

② 网上投资。由于金融服务市场发达，可以投资的金融产品种类众多，国外的网上银

行一般提供包括股票、期权、共同基金投资和CD买卖等多种金融产品服务。

③ 网上购物。商业银行的网上银行设立的网上购物协助服务，大大方便了客户网上购物，为客户在相同的服务品种上提供了优质的金融服务或相关的信息服务，加强了商业银行在传统竞争领域的竞争优势。

④ 个人理财。个人理财助理是国外网上银行重点发展的一个服务品种。各大银行将传统银行业务中的理财助理转移到网上进行，通过网络为客户提供理财的各种解决方案，提供咨询建议，或者提供金融服务技术的援助，从而极大地扩大了商业银行的服务范围，并降低了相关的服务成本。

⑤ 企业银行：企业银行服务是网上银行服务中最重要的部分之一。其服务品种比个人客户的服务品种更多，也更为复杂，对相关技术的要求也更高，所以能够为企业提供网上银行服务是商业银行实力的象征之一，一般中小网上银行或纯网上银行只能部分提供，甚至完全不提供这方面的服务。

企业银行服务一般提供账户余额查询、交易记录查询、总账户与分账户管理、转账、在线支付各种费用、透支保护、储蓄账户与支票账户资金自动划拨、商业信用卡等服务，此外，还包括投资服务等。部分网上银行还为企业提供网上贷款业务。

⑥ 其他金融服务。除了银行服务外，大商业银行的网上银行均通过自身或与其他金融服务网站联合的方式，为客户提供多种金融服务产品，如保险、抵押和按揭等，以扩大网上银行的服务范围。

2. 电话银行

电话银行是实现银行现代化经营与管理的基础，它通过电话这种现代化的通信工具把用户与银行紧密相连，使用户不必去银行，无论何时何地，只要通过拨通电话银行的电话号码，就能够得到电话银行提供的其他服务（往来交易查询、申请技术、利率查询等），当银行安装这种系统以后，可使银行提高服务质量，增加客户，为银行带来更好的经济效益。

（1）电话银行的服务内容：客户账户余额查询；账户往来明细及历史账目档案；大额现金提现预告；银行存贷款利率查询；银行留言；银行通知；其他各类指定的查询服务。

（2）电话银行的服务特点：操作简单，自动化管理，不需要人工干预；安全性高，系统内配有多级用户验证，保证客户银行信息安全；可实时查询，实现银行24小时服务；银行内线与外线任意配置；可配置传真接口；可实现强行拨号，而无需等待提示语音结束；线路的接口应该符合信息产业部的入网标准。

各家银行都能够开通电话银行，需到网点办理借记卡，在柜台申请开通电话银行。

3. 手机银行

手机银行也称移动银行，是利用移动通信网络及终端办理相关银行业务的简称。作为一种结合了货币电子化与移动通信的崭新服务，移动银行业务不仅可以使人们在任何时间、任何地点处理多种金融业务，而且极大地丰富了银行服务的内涵，使银行能以便利、高效而又较为安全的方式为客户提供传统和创新的服务。

手机银行是基于短信的银行服务。通过电话银行进行的业务都可以通过手机银行实现，手机银行还可以完成电话银行无法实现的二次交易。例如，银行可以代用户缴付电话、水、电等费用，但在划转前一般要经过用户确认。由于手机银行采用短信息方式，用户随时开机都可以收到银行发送的信息，从而可在任何时间与地点对划转进行确认。

手机银行是网络银行的派生产品之一，它的优越性集中体现在便利性上，客户利用手机银行不论何时何地均能及时交易，节省了 ATM 和银行窗口排队等候的时间，真正实现24 小时全天候服务，大力拓展了银行的中间业务。

目前，国内多家银行开通了手机银行业务，其业务大致可分为三类：查缴费业务，包括账户查询、余额查询、账户的明细、转账、银行代收水电费、电话费等；购物业务，指客户将手机信息与银行系统绑定后，通过手机银行平台购买商品；理财业务，包括炒股、炒汇等。

补充资料 7-4

2014 年 4 月，中国银行业协会发布《2013 年度中国银行业服务改进情况报告》。报告显示，2013 年中国银行业网上银行交易总额 1 066.97 万亿元人民币，同比增长 21.79%。

数据显示，截至 2013 年年末，中国银行业网上银行个人客户同比增加 28.09%；企业客户达到同比增加 29.92%；网上银行交易总量 500 亿元，4 312.87 万笔，网上银行交易总额 1 066.97 万亿元，同比增加 190.87 万亿元，增长 21.79%。

手机银行个人客户达到 4.58 亿户，同比增加 1.64 亿户，增长 55.50%；企业客户达到 11.43 万户，同比增长 23.04%；手机银行交易总量达 49.80 亿笔，交易总额 12.74 万亿元，同比增长 248.09%。电视银行个人客户达到 383.85 万户，同比增加 954.24%；电视银行交易总量达 34.86 万笔，交易总额 0.90 亿元。新兴微信银行个人客户达到 290.94 万户，企业客户达到 4.46 万户，全年交易总量达 850.76 万笔，交易总额 6.65 亿元。

（资料来源：http://bank.hexun.com/2014-04-17/164033357.html）

7.2.2 电子支付业务

20 世纪 90 年代，互联网迅速走向普及化，逐步从大学、科研机构走向企业和家庭，其功能也从信息共享演变为一种大众化的信息传播手段，商业贸易活动逐步进入这个王国。通过使用互联网，既降低了成本，也造就了更多的商业机会，电子商务技术从而得以发展，使其逐步成为了互联网应用的最大热点。为适应电子商务这一市场潮流，电子支付随之发展起来。

2005 年 10 月，中国人民银行公布《电子支付指引（第一号）》，规定："电子支付是指单位、个人直接或授权他人通过电子终端发出支付指令，实现货币支付与资金转移的行为。电子支付的类型按照电子支付指令发起方式分为网上支付、电话支付、移动支付、销售点终端交易、自动柜员机交易和其他电子支付。"简单来说，电子支付是指电子交易的当事人，包括消费者、厂商和金融机构，使用安全电子支付手段，通过网络进行的货币支付或资金流转。电子支付是电子商务系统的重要组成部分。

1. 电子支付的特征

（1）电子支付是采用先进的技术通过数字流转来完成信息传输的，其各种支付方式都是通过数字化的方式进行款项支付的；而传统的支付方式则是通过现金的流转、票据的转让及银行的汇兑等物理实体来完成款项支付的。

（2）电子支付的工作环境基于一个开放的系统平台（互联网）；而传统支付则是在较为封闭的系统中运作的。

（3）电子支付使用的是最先进的通信手段，如互联网、企业外部网，而传统支付使用的则是传统的通信媒介；电子支付对软、硬件设施的要求很高，一般要求有联网的微机、相关的软件及其他一些配套设施，而传统支付则没有这么高的要求。

（4）电子支付具有方便、快捷、高效、经济的优势。用户只要拥有一台上网的 PC 机，便可足不出户，在很短的时间内完成整个支付过程。支付费用仅相当于传统支付的几十分之一，甚至几百分之一。

2. 电子支付的类型

电子支付的业务类型按电子支付指令发起方式分为网上支付、电话支付、移动支付、销售点终端交易、自动柜员机交易和其他电子支付等。

（1）网上支付。网上支付是电子支付的一种形式。广义地讲，网上支付是以互联网为基础，利用银行所支持的某种数字金融工具，发生在购买者和销售者之间的金融交换，而实现从买者到金融机构、商家之间的在线货币支付、现金流转、资金清算、查询统计等过程，为电子商务服务和其他服务提供金融支持。

（2）电话支付。电话支付是电子支付的一种线下实现形式，是指消费者使用电话（固定电话、手机、小灵通）或其他类似电话的终端设备，通过银行系统就能从个人银行账户里直接完成付款的方式。

（3）移动支付。移动支付是使用移动设备通过无线方式完成支付行为的一种新型的支付方式。移动支付所使用的移动终端可以是手机、PDA、移动 PC 等。

3. 电子支付工具

随着计算机技术的发展，电子支付的工具越来越多。这些支付工具可以分为三大类：电子货币类，如电子现金、电子钱包等；电子信用卡类，包括智能卡、借记卡、电话卡等；电子支票类，如电子支票、电子汇款（EFT）、电子划款等。这些方式各有自己的特点和运作模式，适用于不同的交易过程。以下介绍电子现金、电子钱包、电子支票和智能卡。

（1）电子现金。电子现金是一种以数据形式流通的货币。它把现金数值转换成为一系列加密序列数，通过这些序列数来表示现实中各种金额的市值，用户在开展电子现金业务的银行开设账户并在账户内存钱后，就可以在接受电子现金的商店购物。

（2）电子钱包。电子钱包是电子商务活动中网上购物顾客常用的一种支付工具，是在小额购物或购买小商品时常用的新式钱包。

电子钱包一直是全世界各国开展电子商务活动中的热门话题，也是实现全球电子化交易和互联网交易的一种重要工具，全球已有很多国家正在建立电子钱包系统以便取代现金交易的模式。目前，我国也正在开发和研制电子钱包服务系统。使用电子钱包购物，通常需要在电子钱包服务系统中进行。电子商务活动中的电子钱包的软件通常都是免费提供的，可以直接使用与自己银行账号相连接的电子商务系统服务器上的电子钱包软件，也可以从互联网上直接调出来使用，采用各种保密方式利用互联网上的电子钱包软件。目前，世界上有 VISA cash 和 Mondex 两大电子钱包服务系统，其他电子钱包服务系统还有 HP 公司的电子支付应用软件（VWALLET）、微软公司的电子钱包 MS Wallet、IBM 公司的 Commerce POINT Wallet 软件、Master Card cash、Euro Pay 的 Clip 和比利时的 Proton 等。

（3）电子支票。电子支票是一种借鉴纸张支票转移支付的优点，利用数字传递将钱款从一个账户转移到另一个账户的电子付款形式。这种电子支票的支付是在与商户及银行相连的网络上以密码方式传递的，多数使用公用关键字加密签名或个人身份证号码（PIN）代替手写签名。

用电子支票支付，事务处理费用较低，而且银行也能为参与电子商务的商户提供标准化的资金信息，故而可能是最有效率的支付手段。

（4）智能卡。智能卡是在法国问世的。20 世纪 70 年代中期，法国 Roland Moreno 公司采取在一张信用卡大小的塑料卡片上安装嵌入式存储器芯片的方法，率先开发成功 IC 存储卡。经过 20 多年的发展，真正意义上的智能卡，即在塑料卡上安装嵌入式微型控制器芯片的 IC 卡，已由摩托罗拉和 Bull HN 公司于 1997 年研制成功。

在美国，人们更多地使用 ATM 卡。智能卡与 ATM 卡的区别在于两者分别是通过嵌入式芯片和磁条来储存信息的。但由于智能卡存储信息量较大，存储信息的范围较广，安全性也较好，因此逐渐引起人们的重视。

近年来，中国国家金卡工程取得了令人瞩目的成绩，目前 IC 卡已在金融、电信、社会保障、税务、公安、交通、建设及公用事业、石油石化、组织机构代码管理等许多领域得到广泛应用，像第二代居民身份证（卡）、社会保障 IC 卡、城市交通 IC 卡、电话 IC 卡、三表（水电气）IC 卡、消费 IC 卡等行业 IC 卡应用已经渗透到百姓生活的方方面面，并取得了较好的社会效益和经济效益，这对提高各行业及地方政府的现代化管理水平，改变人民的生活模式和提高生活质量，推动国民经济和社会信息化进程发挥了重要作用。

补充资料 7-5 第三方支付

所谓第三方支付，就是一些和产品所在国家以及国外各大银行签约并具备一定实力和信誉保障的第三方独立机构提供的交易支持平台。

在通过第三方支付平台的交易中，买方选购商品后，使用第三方平台提供的账户进行货款支付，由第三方通知卖家货款到达、进行发货；买方检验物品后，就可以通知付款给卖家，第三方再将款项转至卖家账户。

相对于其他的资金支付结算方式，第三方支付可以比较有效地保障了货物质量、交易诚信、退换要求等环节，在整个交易过程中，都可以对交易双方进行约束和监督。在不需要面对面进行交易的电子商务形式中，第三方支付为保证交易成功提供了必要的支持，因此随着电子商务在中国的快速发展，第三方支付行业也发展迅猛。

中国国内的第三方支付平台包括互联网型支付企业和金融型支付企业。以支付宝、财付通、盛付通为首的互联网型支付企业，它们以在线支付为主，捆绑大型电子商务网站，迅速做大做强。以银联商务、微付通（微付天下）、快钱、汇付天下、易宝、拉卡拉等为首的金融型支付企业，侧重行业需求和开拓行业应用。

其中，用户数量最大的是 PayPal 和支付宝，前者主要在欧美国家流行，后者是马云阿里巴巴旗下产品，截至 2013 年年底支付宝实名用户已近 3 亿，其中超过 1 亿的手机支付用户在 2013 年完成了 27.8 亿笔、金额超过 9 000 亿元的支付，支付宝成为全球最大的移动支付公司。拉卡拉则是中国最大线下便民金融服务提供商。另外，中国银联旗下银联电子支付也开始发力第三方支付，推出了银联商务提供相应的金融服务。

（资料来源：http://baike.baidu.com/link?url=HaL2C1hqpqVRwnb_ I3CazDW0R1dloFN- keqSZzOjyHU_2vfGC-uPiMcsGQzRrIV-X04TODE5YNrQPEChCEb76xJK）

4. 电子支付流程

（1）银行卡支付流程。以电子现金方式为典型案例。

1）在实际商品、相关服务与资金流动发生之前，由客户通过安全方式将信用卡信息传递给商户。

2）商户验证客户身份为信用卡账户所有者。

3）商户把信用卡收费信息和数字签名发送给其银行或在线信用卡处理器。

4）使用第三方进行验证的支付。即买卖双方都使用电子邮箱和第一虚拟银行的 FV 账户，来确保信用卡号码不在互联网上传输，进而避开信用卡方面的安全问题。

5）银行或处理方把信息送给客户银行进行授权。

6）客户银行为商户返回信用卡数据、收费确认和授权。

7）网上信用卡支付完成。

（2）电子现金支付流程。用 E-cash 作为典型的电子现金来进行网上支付。其流程大致如下：

1）客户需要先在其电子钱包软件中储存 E-cash 硬币，即一定数量的电子现金。

2）客户浏览商户的站点，确定欲购物品的品类、数量及价格等。

3）客户通过商户的站点递交一份购物表格。

4）商家收到订单后，即向客户电子钱包发送支付请求，请求内容包括有订单金额、可用币种、当前时间、商户银行、商户的银行账户 ID 及订单描述等。

5）客户钱包将上述信息呈现给客户，请求是否付款。

6）客户同意付款，则将从电子钱包中采集与请求金额值相等的硬币。

7）在将所要支付给商户的硬币值送给商户之前，须用银行的共用密钥加密。

8）商户将接收的硬币值送给银行存入自己的账户。在先送往商户、后送给银行的支付信息中包含有关支付和加密的硬币值的信息。

9）在商户存款期间，支付信息与加密硬币一起被送往银行。

10）在收到支付信息后，作为存入请求的一部分，商户将其送往银行。客户可以用类似的存入信息格式向银行返回专用硬币。

11）在收到有效支付后，商户给用户发送所购商品或收据。

（3）网上银行支付流程。以招商银行开发的“一网通”网上支付系统为例。

1）客户使用专用账号进行交易。该专用账户是“一卡通”的账户，有独立的账号和密码，并且只能通过它进行在线付款。

2）设置网上消费金额限制。

3）支付信息直接传送到银行，不需要经过商家转发。加密后的信息直接传到银行，可以最大限度地避免信息泄漏。

4）商家无法获取客户支付信息。商家从银行接收客户的订货信息，可避免客户篡改已被银行确认的订单信息。

5）对登录次数予以限制。客户在一日之内登录错误次数超过五次即被拒绝登录。

6）网上传输支付信息时采用安全套接层协议（SSL）进行加密。

（4）电子钱包的支付流程。

1）客户使用计算机通过互联网连接商家网站。

2）顾客检查且确认自己的购物清单后，利用电子钱包进行网络支付。

3）如经发卡银行确认后被拒绝且不予授权，则说明此卡不够钱或没有钱，可换卡再次付款。

4）发卡银行证实此卡有效且授权后，后台网络平台将资金转移到商家收单银行的资金账号，完成结算，回复商家和客户。

5）商家按订单发货，与此同时，商家或银行服务器端记录整个过程中发生的财务与物品数据，供客户电子钱包管理软件查询。

复习思考题

一、单项选择题

1. 下列不属于银行借记卡功能的是（　　）。

A. 储蓄功能　B. 透支功能　C. 汇兑功能　D. 结算功能

2. 按照信息载体的不同，银行卡可分为（　　）。

A. 信用卡和借记卡　B. 个人卡和单位卡

C. 磁条卡和芯片卡　D. 专用卡和储值卡

3. 按是否具有透支功能，银行卡分为（　　）。

A. 借记卡和贷记卡　B. 借记卡和准贷记卡

C. 借记卡和信用卡　D. 贷记卡和准贷记卡

4. 信用卡按发卡行对申请人的资信状况及还款能力等因素评价的不同，可以分为（　　）。

A. 贷记卡和准贷记卡　B. 单位卡和个人卡

C. 国际卡和国内卡　D. 金卡和普卡

5. 信用卡正面卡面的日期为（　　）。

A. 有效期　B. 持卡人生日

C. 持卡人持卡累计时间　D. 交易限制日

二、判断题

1. 办理卡片挂失及解挂，均可委托他人办理。（　　）

2. 持卡人如遇银行卡被 ATM 吞没时，应及时与 ATM 所属营业机构联系，并凭持卡人有效身份证件到相关营业机构办理领回手续。（　　）

3. 要通过电子钱包进行交易支付必须要办理银行卡。(　　)

4. 出于安全的需要，网上银行支付系统通常在互联网与专用的金融网之间安装支付网关系统。(　　)

5. 自助银行可以提供所有的银行柜台业务。(　　)

6. 借记卡具有消费信用、转账结算、存取现金等全部功能。(　　)

7. POS 刷卡手续费由客户承担，特约商户无须支付手续费。(　　)

三、简答题

1. 网上银行提供哪些金融服务？
2. 电话银行提供哪些金融服务？
3. 手机银行有哪些特点？

第8章　商业银行个人理财业务

知识目标

- 掌握个人理财业务的含义。
- 掌握个人理财产品类型。

技能要求

- 了解我国个人理财业务发展现状。
- 综合运用相关知识制定理财方案。
- 针对不同目标客户推介理财产品。

8.1　商业银行个人理财业务概述

8.1.1　银行个人理财业务的概念

广义地讲，储蓄、保险、证券、基金、外汇、地产等都是理财途径，与这些途径相关的业务就是理财业务。

狭义的个人理财业务则专指商业银行接受客户的委托和授权，按照与客户事先约定的投资计划和方式进行投资和资产管理的业务活动。

银监会出台的《商业银行个人理财业务管理暂行办法》对于“个人理财业务”的界定是，“商业银行为个人客户提供的财务分析、财务规划、投资顾问、资产管理等专业化服务活动”。商业银行个人理财业务按照管理运作方式的不同，分为理财顾问服务和综合理财服务。我们一般所说的“银行理财产品”，是指其中的综合理财服务。

补充资料 8-1　商业银行个人理财业务管理暂行办法（节选）

第一章　总则

第一条　为加强商业银行个人理财业务活动的管理，促进个人理财业务健康有序发展，依据《中华人民共和国银行业监督管理法》、《中华人民共和国商业银行法》等有关法律法规，制定本办法。

第二条 本办法所称个人理财业务，是指商业银行为个人客户提供的财务分析、投资顾问等专业化服务，以及商业银行以特定目标客户或客户群为对象，推介销售投资产品、理财计划，并代理客户进行投资操作或资产管理的业务活动。

第三条 商业银行应当遵守法律、行政法规和国家有关政策规定，按照符合客户利益和风险承受能力的原则，审慎尽责地开展个人理财业务。商业银行不得利用个人理财业务变相突破国家有关规定，不得进行变相高息揽储，或者恶意逃避国家财务、税收等行政管理。

第四条 商业银行开展个人理财业务，应建立相应的风险管理体系和内部控制制度，严格相关授权管理。

（资料来源：中国银行业务监督管理委员会令 2005 年第 2 号《商业银行个人理财业务管理暂行办法》）

8.1.2 商业银行个人理财业务发展现状

个人理财起源于美国。美国最早提供个人财务规划服务的是 20 世纪 30 年代的保险营销人员。1929—1933 年的经济危机，使人们普遍丧失了对银行的信赖，加上严重的经济危机给人们的生活带来的不确定性，保险公司提供的可以满足不同需求、为客户度身定做的保险产品逐渐得到人们的认可。随着业务规模的扩大和广度的延伸，这部分从业人员开始对客户进行一些简单的个人生活和资产规范。第二次世界大战后，美国经济快速复苏，伴随着个人财富的大量积累，个人理财业务进入了起飞阶段。之后发展至欧洲、亚洲等各个经济发达国家和地区。

我国商业银行个人理财产品市场的发展大致可以分为三个阶段。

第一阶段为 2005 年 11 月以前。这一阶段属于银行个人理财产品市场的萌芽阶段，主要特点为产品发售数量较少、产品类型单一和资金规模较小等。银行理财市场从 1999 年的 1 320 亿元人民币缓慢增长到 2005 年的 3 560 亿元人民币。2002 年，第一个个人银行理财产品问世。由于当时的个人投资产品种类少、收益低，银行理财产品以其较高的收益水平和合适的风险程度受到广大个人投资者的普遍欢迎。2005 年年初出现了国内首个人民币结构性理财产品，以人民币本金投资，利用海外成熟的金融市场分享国际市场金融产品的收益。

第二阶段为 2005 年 11 月至 2008 年中期。这一阶段属于银行个人理财产品市场的发展阶段，主要特点为产品数量飙升、产品类型日益丰富和资金规模屡创新高等。银行理财市场从 2005 年的 3 560 亿元人民币增长到 2008 年上半年的 9 260 亿元人民币。2005 年 12 月，银监会允许获得衍生品业务许可证的银行发行股票类挂钩产品和商品挂钩产品，为中国银行业理财产品的大发展提供了制度上的保证。银行个人理财产品从此得到较快发展，权益挂钩、项目融资、新股申购、QDII 等类别的新产品不断涌现。

第三阶段为 2008 年中期至今。这一阶段属于银行市场的规范阶段，主要特点是受全球性金融危机影响，理财产品零/负收益和展期事件的不断暴露，法律法规的密集出台等。随着发行主体产品研发能力的不断提高和监管力度的不断加大，银行理财产品市场逐步走向成熟。

补充资料 8-2

目前，发行银行理财产品的商业银行数量呈阶梯形增长趋势。2004 年，国内共有 13 家商业银行发行理财产品 124 款；2005 年，共有 27 家商业银行发行理财产品 602 款；2006 年，共有 29 家商业银行发行理财产品 1 336 款；2007 年，共有 52 家商业银行发行理财产品 3 112 款；2008 年，共有 73 家商业银行发行理财产品 6 399 款；2009 年，共有 94 家商业银行发行理财产品 7 741 款。2013 年，211 家商业银行共发行理财产品 4.3 万余款，募集资金规模约达 28.8 万亿元人民币，分别较 2012 年增长了 51.6%和 33.8%。我国银行理财产品的发行数量和发行规模呈几何级数增长，投资方向不断丰富，结构类型日益精细化，合作模式不断拓展，流动性安排灵活多变，产品的风险控制措施不断优化。

（资料来源：http://www.docin.com/p-1044803506.html）

8.2 商业银行个人理财产品的类型

8.2.1 商业银行理财产品的类型

1. 按产品的收益类型划分

（1）保证收益理财产品。保证收益理财产品是指商业银行按照约定条件向客户承诺支付固定收益，银行承担由此产生的投资风险或者银行按照约定条件向客户承诺支付最低收益并承担相关风险，其他投资收益由银行和客户按照合同约定分配，并共同承担相关投资风险的理财产品。

保证收益的理财产品包括固定收益理财产品和有最低收益的浮动收益理财产品。前者的收益到期为固定的，如 6%；而后者到期后有最低收益，如 2%，其余部分视管理的最终收益和具体的约定条款而定。

（2）非保证收益理财产品。非保证收益理财产品又分为保本浮动收益理财产品和非保本浮动收益理财产品。

1）保本浮动收益理财产品是指商业银行按照约定条件向客户保证本金支付，本金以外的投资风险由客户承担，并依据实际投资收益情况确定客户实际收益的理财产品。

2）非保本浮动收益理财产品是指商业银行根据约定条件和实际投资收益情况向客户支付收益，并不保证客户本金安全的理财产品。

非保证收益理财产品的发行机构不承诺理财产品一定会取得正收益，有可能收益为零，不保本的产品甚至有可能收益为负。

2．按产品的投资领域划分

根据投资领域的不同银行理财产品有着不同的投资领域，据此，理财产品大致可分为债券型、信托型、挂钩型及 QDII 型产品。

（1）债券型理财产品。债券型理财产品是指银行将资金主要投资于货币市场，一般投资于央行票据和企业短期融资券。因为央行票据与企业短期融资券个人无法直接投资，这类人民币理财产品实际上为客户提供了分享货币市场投资收益的机会。在这类产品中，个人投资人与银行之间要签署一份到期还本付息的理财合同，并以存款的形式将资金交由银行经营，之后银行将募集的资金集中起来开展投资活动。投资的主要对象包括短期国债、金融债、央行票据以及协议存款等期限短、风险低的金融工具。在付息日，银行将收益返还给投资人；在本金偿还日，银行足额偿付个人投资人的本金。

（2）信托型理财产品。信托公司通过与银行合作，由银行发行人民币理财产品，募集资金后由信托公司负责投资，主要是投资于商业银行或其他信用等级较高的金融机构担保或回购的信托产品，也有投资于商业银行优良信贷资产受益权信托的产品。例如，新股申购甚至房地产投资都可以纳入理财产品的投资标的，这意味着普通投资者投资信托的机会很多。投资人主要通过银行购买信托产品，如农业银行、中信银行都有相关的产品问世。

（3）挂钩型理财产品。挂钩型理财产品也称结构性产品，其本金用于传统债券投资，而产品最终收益与相关市场或产品的表现挂钩。有的产品与利率区间挂钩，有的与美元或者其他可自由兑换货币汇率挂钩，有的与商品价格主要是以国际商品价格挂钩，还有的与股票指数挂钩。为了满足投资人的需要，这类产品大多设计成保本产品，特别适合风险承受能力强、对金融市场判断力比较强的投资者。尤其是股票挂钩产品，已经从挂钩汇率产品，逐渐过渡到挂钩恒生、国企指数，继而成为各种概念下的挂钩产品，种类十分丰富。

（4）QDII 型理财产品。QDII 即合资格境内机构投资者，它是在一国境内设立，经中国有关部门批准从事境外证券市场的股票、债券等有价证券业务的证券投资基金。QDII 意味着将允许内地居民使用外汇投资境外资本市场，QDII 将通过中国政府认可的机构来实施。

投资人将手中的人民币资金委托给被监管部门认证的商业银行，由银行将人民币资金兑换成美元，直接在境外投资，到期后将美元收益及本金结汇成人民币后分配给投资人的理财产品。例如，光大银行发售的“同升三号”股票联结型理财产品，投资于全球著名的金融公司股票，精选了全球五个金融子行业中市值最大公司，分别为花旗集团、美国国际集团、高盛集团、汇丰控股、瑞士银行。理财期限是18个月，同样保证100%的本金归还。

3．按产品的投资期限划分

银行理财产品按期限类型可分为6个月以内、1年以内、1年至2年期以及2年以上期产品。其中，6个月以内的产品又可分为1个月以内、1个月至3个月以及3个月至6个月三种类型。根据市场一般性划分，1个月以内的产品称为超短期理财产品，1个月至1年期的理财产品称为短期理财产品，1年至2年期的理财产品称为中期理财产品，2年期以上理财产品称为长期理财产品。

4．按产品的风险等级划分

（1）基本无风险的理财产品。银行存款和国债由于有银行信用和国家信用作保证，具有最低的风险水平，同时收益率也较低，投资人保持一定比例的银行存款的主要目的是保持适度的流动性，满足生活日常需要和等待时机购买高收益的理财产品。

（2）较低风险的理财产品。主要是各种货币市场基金或偏债型基金，这类产品投资于同业拆借市场和债券市场，这两个市场本身就具有低风险和低收益率的特征，再加上由基金公司进行的专业化、分散性投资，使其风险进一步降低。

（3）中等风险的理财产品。

1）信托类理财产品。由信托公司面向投资人募集资金，提供专家理财、独立管理，投资人自担风险的理财产品。投资这类产品投资人要注意分析募集资金的投向，还款来源是否可靠，担保措施是否充分，信托公司自身的信誉。

2）外汇结构性产品。作为金融工程的创新产品，通常是几个金融产品的组合，如外汇存款附加期权的组合，这类产品通常有一个收益率区间，投资人要承担收益率变动的风险。

3）结构性理财产品。这类产品与一些股票指数或某几只股票挂钩，但是银行有保本条款，另外，也有机会获得高于定期存款的收益。

（4）高风险的理财产品。QDII等理财产品即属于此类。

8.2.2 商业银行理财产品介绍

当前市场上较为常见的理财产品按投资对象主要分为货币型理财产品、债券类理财产品、股票类理财产品、信贷资产类理财产品、组合投资类理财产品、结构性理财产品、另类理财产品和其他理财产品。其中，货币型理财产品挂钩于利率、外汇等，信贷类挂钩于信用，组合投资类和结构性产品挂钩类别较多。

1．货币型理财产品

货币型理财产品是投资于货币市场的银行理财产品。它主要投资于信用级别较高、流动性较好的金融工具，包括国债、金融债、中央银行票据、债券回购，高信用级别的企业债、公司债、短期融资券，以及法律法规允许投资的其他金融工具。这些金融工具的市场价格与利率高度相关，因此属于挂钩利率类理财产品。

货币型理财产品具有投资期短，资金赎回灵活，本金、收益安全性高等主要特点。该类产品通常被作为活期存款的替代品。

由于货币型理财产品的投资方向是具有高信用级别的中短期金融工具，所以其信用风险低，流动性风险小，属于保守、稳健型产品。

【例8-1】 A银行——“××理财计划”

产品投向：本理财计划投资于金融债、中央银行票据、债券回购以及高信用级别的企业债、公司债、短期融资券等。

产品的申购和赎回：理财计划存续期内，投资者可根据资金状况在产品存续期内每个工作日的交易时间内随时申购或赎回。

产品收益：本理财计划预期收益率超过银行七天通知存款利率，A银行每个工作日根据实际投资运作的收益情况计算并公布产品当日年化收益率。

例如，某投资者在4月21日购买该类产品100万元，4月24日工作时间卖出，4月21日至4月24日每天的当日年化收益率（已扣除管理费用）（见表8-1）。

表8-1 “××理财计划”当日年化收益率

4月21日	4月22日	4月23日	4月24日
2.15%	2.20%	2.10%	2.15%

那么，在此期间理财收益为：

（2.15%+2.20%+2.10%）÷365 × 100万元=176.71（元）

2．债券型理财产品

债券型理财产品是以国债、金融债和中央银行票据为主要投资对象的银行理财产品。与货币型理财产品类似，债券型理财产品也属于挂钩利率类理财产品。

债券型理财产品的特点是产品结构简单、投资风险小、客户预期收益稳定。债券型理财产品的市场认知度高，客户容易理解。

【例 8-2】 A 银行人民币债券理财计划

产品投向：主要投资于银行间债券市场中信用等级较高的债券。

理财收益：A 银行人民币债券理财计划为 1 个月期理财产品，到期一次还本付息，根据本理财产品债券投资组合情况，预期本产品年收益率为 2.62%。

理财收益=理财金额×年收益率×实际理财天数/365

风险提示：

（1）市场风险：在理财期内，如果市场利率上升，该产品收益率不随市场利率上升而提高。

（2）流动性风险：投资者没有提前终止权。

（3）其他风险：如果自然灾害、战争等不可抗力因素出现，将严重影响金融市场的正常运行，从而导致理财资产收益降低或损失，甚至影响理财计划的受理、投资、偿还等的正常进行，进而影响理财计划的资金收益安全。

3．股票类理财产品

股票（或股权）类理财产品品种比较多，这些产品都是部分或全部投资于股票（或股权）的理财产品，风险相对较大。中国银监会于 2009 年下发的《关于进一步规范商业银行个人理财业务投资管理有关问题的通知》对股票类理财产品进行了规范。该通知规定，对于一般性客户的理财资金不得投资于境内二级市场公开交易的股票或预期相关的证券投资基金。理财资金参与新股申购应符合国家法律法规和监管规定。理财资金不得投资于未上市企业股权和上市公司非公开发行或交易的股份。同时，该通知还指出，对于具有相关投资经验、风险承受能力较强的高资产净值客户，商业银行可以通过私人银行服务满足其投资需求，不受上述条款的限制。

【例 8-3】 A 银行阳光私募理财计划

产品投向：产品募集资金投向境内 A 股市场，投资范围包括 A 股股票、债券及债券回购、权证、开放式基金、封闭式基金、指数型 LOF 与 ETF 等。其中，投资比例限制分别为：权益类资产（包括股票、股票型基金、混合型基金及以股票为标的资产的金融衍生品）0～98%；投资范围内的非权益类资产 2%～100%。

本理财计划投资对象为 A 银行委托 B 信托投资有限公司设立的新股申购链式信托计划。该链式信托主要通过投资上海证券交易所、深圳证券交易所的首次公开发行股票、增发新股的网上、网下申购，所申购股票原则上于该股票上市首日出售；间歇资金投资于银行间市场、货币市场基金、银行存款等经委托人认可的其他投资方式，风险较低。

收益情况：A 银行阳光私募理财计划（见表 8-2）为不保本浮动收益。产品到期不保证本金，主要面临市场风险。投资市场的价格波动可能对投资者的本金或收益产生影响。

表 8-2　A 银行阳光私募理财计划

产品类型	非保本浮动收益
销售机构	A 银行
投资期	386 天
投资币种	人民币
投资标的	资本证券市场
投资起点金额	100 万元
销售期	2009 年 11 月 30 日到 2009 年 12 月 10 日
起息日	2009 年 12 月 11 日
到期日	2010 年 12 月 31 日
还本利息方式	1. 单利 2. 产品到期后一次性偿还本息
赎回规定	银行有权提前终止产品，投资者无权提前赎回
是否可质押	不可以

4. 信贷资产类理财产品

信贷资产类理财产品一般是指信托公司作为受托人成立信托计划，接受银行委托，将银行发行理财产品所募集来的客户资金，向理财产品发售银行或第三方购买信贷资产。信托计划到期后由信托投资公司根据信托投资情况支付本金和收益。

根据监管要求，在开发信贷资产类理财产品过程中，金融机构开展信贷资产转让及信贷资产类理财业务时，应保证信贷资产（含贷款和票据融资）是确定的、可转让的，以合法有效地进行转让或投资。银行业金融机构在进行信贷资产转让时，须严格遵守资产转让真实性原则。

根据中国银监会《关于规范信贷资产转让及信贷资产类理财业务有关事项的通知》，信贷资产类理财产品通过资产组合管理的方式投资于多项信贷资产，理财产品的期限与信贷资产的剩余期限不一致时，应将不少于 30%的理财资金投资于高流动性、本金安全程度高的存款、债券等产品。

【例 8-4】　A 银行人民币资金信托理财计划

产品投向：本理财产品投资对象为 A 银行××分行信贷资产单一资金信托产品，B 信托投资有限责任公司以受托人名义向 A 银行××分行购买一笔信贷资产，信贷资产的借款人为××高速公路有限公司。借款人在 A 银行具有良好的企业信用记录，且在理财计划到期日，A 银行为借款人提供后续贷款安排。

产品收益：该产品理财期限为 1 年，预期年收益率为 5.0%（高于同期 1 年期存款利率）。

申购和赎回权利：

（1）在理财期间，如果本理财产品所投资的单一资金信托提前终止，与之相对应，本理财产品将提前终止。

（2）投资者无提前终止权。

5．组合投资类理财产品

组合投资类理财产品通常投资于多种资产组成的资产组合或资产池，其中包括债券、票据、债券回购、货币市场拆放、新股申购、信贷资产以及他行理财产品等多种投资品种，同时发行主体往往采用动态的投资组合管理方法和资产负债管理方法对资产池进行管理。

与其他理财产品相比，组合投资类理财产品实现两大突破，一是突破了理财产品投资渠道狭窄的限制，进行多种组合投资，甚至可以跨多个市场进行投资；二是突破了银行理财产品间歇性销售的形式，组合投资类理财产品可以滚动发行和连续销售。

6．结构性理财产品

结构性理财产品是运用金融工程技术，将存款、零息债券等固定收益产品与金融衍生品（如远期、期权、掉期等）组合在一起而形成的一种金融产品。

结构性理财产品的回报率通常取决于挂钩资产（挂钩标的）的表现。根据挂钩资产的属性，结构性理财产品大致可以细分为外汇挂钩类、利率/债券挂钩类、股票挂钩类、商品挂钩类及混合类等。

7．QDII 基金挂钩类理财产品

（1）基金。投资者通过基金将分散的资金集中起来，交由专业的托管人和管理人进行托管、管理，投资于股票、债券、外汇、货币、实业等领域，以尽可能地减少风险，获得收益，从而使资本得到增值。

（2）交易所上市基金（Exchange Traded Fund，ETF）。ETF 在本质上是开放式基金，与现有开放式基金没什么本质的区别。但其本身有三个特征：可以在交易所挂牌买卖，投资者可以像交易单只股票、封闭式基金那样在证券交易所直接买卖 ETF 份额；ETF 基本是指数型开放式基金，但与现有的指数型开放式基金相比，其最大优势在于，它是在交易所挂牌的，交易非常便利；其申购赎回也有自己的特色，投资者只能用与指数对应的一揽子股票申购或者赎回 ETF，而不是现有开放式基金的以现金申购赎回。

8．另类理财产品

另类资产是指除传统股票、债券和现金之外的金融资产和实物资产，如房地产、证券化资产、对冲基金、私募股权基金、大宗商品、巨灾债券、低碳产品和艺术品等。对另类资产的投资称为另类投资，较传统投资而言，有两个方面的区别与联系：其一，交易策略上，除采用传统投资的买进并持有策略外，为规避资产深幅下跌风险，另类投资还可采用

卖空策略；其二，操作方式上，传统投资的投资资金以本金作为最大约束上限，而另类投资则可以采用杠杆投资策略，以实现以小搏大的投资目的。

较传统投资而言，另类投资的主要优点有：

（1）另类资产多属于新兴行业或领域，未来潜在的高增长也将会给投资者带来潜在的高收益；

（2）另类资产与传统资产以及宏观经济周期的相关性较低，大大提高了资产组合的抗跌性和顺周期性。

投资于另类资产的理财产品被称为另类理财产品。

【例 8-5】　A 银行君顶酒庄红酒收益权信托理财产品基本信息（见表 8-3）

表 8-3　A 银行君顶酒庄红酒收益权信托理财产品基本信息

发行银行	A 银行		
产品名称	君顶酒庄红酒收益权信托理财产品		
委托期限	起息日	2008-07-10	
	到期日	2010-01-10	
预期收益率	8%	投资币种	人民币
基础资产	君顶酒庄葡萄酒产品有“东方”、“尊悦”、“天悦”三个系列		
支付条款	其理财收益有如下两种实现方式： （1）葡萄酒装瓶后，客户可向 A 银行提出红酒消费申请，当客户消费后，除得所消费的红酒外，还将获得折合年化约为 8%的红酒实物收益率 （2）理财产品到期时，投资者选择以现金方式分配理财收益，君顶酒庄将回购未行权的红酒，回购价格为年化 8%的收益率，中粮集团旗下中粮酒业将为该回购行为提供担保		
流动性条款	银行、客户均无权提前终止该产品		
收益类型	非保本浮动收益型、“实期”结合型		

（资料来源：中国社会科学院金融研究所金融产品中心）

8.3　商业银行代理理财产品

商业银行代理理财产品是个人理财业务的重要组成部分，银行代理服务类业务指银行在其渠道代理其他企业、机构办理的、不构成商业银行表内资产负债业务、给商业银行带来非利息收入的业务。

近年来，随着我国经济的持续发展，金融业持续深化改革，投资者对银行业务的需求日益多样化，商业银行业务更多地涉及代理销售投资产品及产品的售后服务，为投资者提供广阔的金融平台。近年来，我国商业银行代理服务业务发展迅猛，代理理财产品层出不穷，在满足个人理财需求方面起着举足轻重的作用。

目前，我国商业银行共开展了约几十种的代理业务，下面就主要类别进行介绍。

8.3.1 基金

基金是通过发行基金份额或收益凭证，将投资者分散的资金集中起来，由专业管理人员投资于股票、债券或其他金融资产，并将投资收益按持有者投资份额分配给持有者的一种利益共享、风险共担的金融产品。

补充资料 8-3

2009 年 6 月 1 日，中国证监会宣布基金专户理财“一对多”正式实施，这部分也作为银行代销的产品。基金专户理财又称基金管理公司独立账户资产管理业务，是基金管理公司向特定对象（主要是机构客户和高端个人客户）提供的个性化财产管理服务。其市场动机主要是，一些大企业或特定机构或中产阶层拥有大量闲置资金，需要通过独立账户加以专门管理。而“一对多”专户理财通俗来说是指多个客户把钱汇总在一个账户交给基金公司专业团队打理。根据证监会公布的基金“一对多”合同内容与格式准则，单个“一对多”账户人数上限为 200 人，每个客户准入门槛不得低于 100 万元，每年至多开放一次，开放期原则上不得超过 5 个工作日。“一对多”由公募基金公司中的专户团队管理，但准入要求与私募基金更接近。

银行作为开放式基金销售代理人，代表基金管理人与基金投资者进行基金单位的买卖活动。客户可在大多数的银行柜台或网上银行办理基金开户、认购、申购、赎回、转换、修改分红方式和定额定投业务。

1. 基金开户

进行基金投资，投资者首先需要开立基金交易账户和基金 TA 账户。投资者使用银行卡办理基金交易账户后，才可以开立基金 TA 账户；购买不同基金公司发行的基金，需要开立不同的基金 TA 账户。

2. 基金认购

基金认购是指投资者在开放式基金募集期间申请购买基金份额的行为。基金认购采用“金额认购、面额发行”的原则，即认购以金额申请，认购的有效份额按实际确认的认购金额在扣除相应的费用后，以基金份额面值为基准计算。在认购期内产生的利息以注册登记中心的记录为准，在基金成立时，自动转换为投资者的基金份额，即利息收入增加了投资者的认购份额。

投资者进行基金认购可以在商业银行网点和网上银行办理。其中在网点办理一般需携带本人有效身份证件和基金账户卡或银行卡到银行营业网点，填写基金认（申）购申请表，柜台受理认（申）购申请，柜台处理完毕后，投资者查询结果并确认基金份额。

3．基金申购

（1）基金申购是指投资者在基金存续期内基金开放日申请购买基金份额的行为。

（2）投资者在进行基金申购时可根据基金所开办的收费模式，选择申购前收费份额类别或申购后收费份额类别。

（3）投资者于 T 日申购基金成功后，基金注册登记人于 T+1 日为投资者增加权益并办理注册登记手续，投资者于 T+2 日起可赎回该部分基金份额。对于基金的申赎时间安排，投资者需要注意基金招募说明书。

（4）基金申购采取“未知价”原则，投资者申购以申购日（T 日）的基金份额净值为基础计算申购份额。T 日的基金份额净值在当天收市后计算，并在 T+1 日公告。

（5）定期定额申购是指投资者通过向开办此业务的销售机构申请，与销售机构约定每期扣款时间、扣款金额及扣款方式，由销售机构于每期约定扣款日在投资者指定银行账户内自动完成扣款及基金申购申请的一种投资方式。投资者在办理定期定额申购时，每次供款金额不得少于基金管理人规定的定期定额申购业务最低每期供款金额。

（6）投资者进行基金申购需携带本人有效身份证件和基金账户卡或银行卡到银行营业网点，然后填写基金认（申）购申请表，柜台受理认（申）购申请，柜台处理完毕后，投资者查询结果并确认基金份额。

4．基金赎回

（1）基金赎回是指在基金存续期间，将手中持有的基金份额按一定价格卖给基金管理人并收回现金的行为。赎回后的剩余基金份额不能低于基金公司规定的最小剩余份额（一般最低要求持有 1 000 份）；基金管理人可以对基金账户在销售机构托管的每只基金份额类别的最低持有份额进行规定。如果投资者赎回后该基金份额类别的份额余额低于基金管理人规定的最低余额，基金管理人有权将该基金份额类别的余额部分一并赎回。

（2）“未知价”赎回原则。投资者赎回基金，只能以赎回日（T 日）的基金份额净值为基础计算赎回资金。

（3）“份额赎回”原则。在未知价的情况下，投资者以份额申请赎回。

（4）巨额赎回。单个开放日基金净赎回超过基金总份额的 10%时，为巨额赎回。依据基金合同，若发生巨额赎回，基金管理人可以根据基金当时的资产组合情况决定采用全额赎回或部分顺延赎回的方式。投资者在赎回基金时，须选择是否顺延赎回。如选择顺延赎回，在遇巨额赎回的情况时，则当日赎回不能全额成交部分延续至下一交易日继续赎回；如选择非顺延赎回，则当日赎回不能全额成交部分，在下一交易日不再继续赎回；如投资者未做选择，则视同顺延赎回。

5. 基金分红

基金分红是指基金将收益的一部分以现金形式派发给投资者，这部分收益原来就是基金单位净值的一部分。按照《证券投资基金管理暂行办法》的规定，基金管理公司应当根据基金的契约内容，以现金形式分配至少 90%的基金净收益，并且每年至少一次。基金分红分为现金分红和红利再投资两种形式。一般银行系统对非货币基金默认为现金分红，货币基金默认为红利再投资。

8.3.2 国债

国债是国家信用的主要形式。我国的国债专指财政部代表中央政府发行的国家公债，由国家财政信誉作担保，信誉度非常高，历来有“金边债券”之称。

目前，银行代理国债的种类有三种：凭证式国债、无记名（实物）国债、记账式国债。

（1）凭证式国债是一种国家储蓄债，可记名、挂失，以“凭证式国债收款凭证”记录债权，不能上市流通，从购买之日起计息。在持有期内，持券人如遇特殊情况需要提取现金，可以到购买网点提前兑取。提前兑取时，除偿还本金外，利息按实际持有天数及相应的利率档次计算，经办机构按兑付本金的 2‰收取手续费。

（2）无记名（实物）国债是一种实物债券，以实物券的形式记录债权，面值不等，不记名，不挂失，可上市流通。发行期内，投资者可直接在销售国债机构的柜台购买。在证券交易所设立账户的投资者，可委托证券公司通过交易系统申购。发行期结束后，实物券持有者可在柜台卖出，也可将实物券交证券交易所托管，再通过交易系统卖出。

（3）记账式国债以记账形式记录债权，通过证券交易所的交易系统发行和交易，可以记名、挂失。投资者进行记账式证券买卖，必须在证券交易所设立账户。由于记账式国债的发行和交易均无纸化，所以效率高、成本低、交易安全。

8.3.3 信托

银行代理信托类产品是指信托公司委托商业银行代为向合格投资者推介信托计划。而资金信托业务是指投资者基于对信托公司的信任，将自己合法拥有的资金委托给信托投资公司，由信托投资公司按照投资者的意愿，以自己的名义为受益人的利益或者特定目的的管理、运用和处分的业务行为。它起源于英国，但现代信托制度却是在 19 世纪初传入美国后才得以快速发展壮大起来的。我国信托制度最早诞生于 20 世纪初，20 世纪 80 年代改革开放后得到真正发展。

银行一般不直接代销信托公司的信托计划。信托公司推介信托计划时，可与商业银行签订信托资金代理收付协议。委托人以现金方式认购信托单位，可由商业银行代理收付。信托公司委托商业银行办理信托计划收付业务时，应明确界定双方的权利义务关系，商业银行只承担代理资金收付责任，不承担信托计划的投资风险。

由于信托风险较高，一般地方性监管机构对信托在本地的销售进行较为严格的控制，其中一些地方性监管机构严格限制信托在银行柜面进行代销。因此，银行代理信托往往采用信托代理资金收付的模式进行。

8.3.4 黄金

1. 银行代理黄金业务的种类

（1）条块现货。投资黄金条块因规格大小而有不同的门槛，但有保存不便和移动不易的缺点，放在家中，安全性差。

（2）金币。金币有两种：纯金币和纪念金币。纯金币可以收藏也可以流通，变现不难，价格也随国际金价波动。纪念金币的价值受主题和发行量的影响较大，因此和鉴赏能力、题材炒作等高度相关，和金价的关联度反而较小。

（3）黄金基金。黄金基金是将资金委托专业经理人全权处理，用于投资黄金类产品，成败关键在于经理人的专业知识、操作技巧以及信誉，属于风险较高的投资方式，适合喜欢冒险的积极型投资者。

（4）纸黄金。银行纸黄金让投资者免除了储存黄金的风险，也让投资者有随时提取所购买黄金的权利，或按当时的黄金价格，将账户里的黄金兑换成现金，通常也称“黄金存折”。

补充资料 8-4　黄金 T+D 介绍

2005 年起，上海金交所推出了黄金 T+D 交易品种，是黄金延期交收交易品种，俗称“黄金准期货”。它是指以保证金方式进行交易，会员及客户可以选择合约交易日当天交割，也可以延期至下一个交易日进行交割，同时引入延期补偿费机制来平抑供求矛盾的一种现货交易模式。目前交易所实行 10%的首付款制度，可以递延交割，这就相当于 10%保证金的黄金期货，不同点是没有交割期限，投资者可以永远持仓，也可以在买入当日就进行交割申报申请交割。操作模式采用日结算制度，实行每日无负债。投资者可以通过对黄金价格未来走势的判断进行做空和做多双向操作。由于它具有保证金性质，以一定量的保证金可以“撬起”多倍的交易额。

2. 银行代理黄金业务流程

（1）实物黄金业务流程。客户选择开办实物黄金的网点办理业务→填写实物黄金购买申请表→将申请表、身份证、现金或卡折提交柜员→收取或代保管黄金产品、成交单及发票。

目前，大多数银行可以为客户提供实物黄金代保管服务，并提供黄金价格查询和服务咨询等服务。客户还可从已经开办回购业务的网点办理实物金条回购。

（2）纸黄金业务流程。客户只需持现金或在银行开立的储蓄卡折以及身份证等有效证件，即可按银行公布的价格进行纸黄金的购买。

（3）黄金代销。银行可以与公司企业签订代销协议，作为代理设立销售柜台，并接纳黄金产品销售或购买申请。银行按照协议向合作方收取代销费用以及黄金加工成本、加工费等协议内的其他服务费用。

复习思考题

一、单项选择题

1. 若预期未来利率水平下降，投资者应采取的措施为（　　）。

A. 增加固定收益证券　　B. 增持外汇　　C. 减持房产　　D. 出售手中股票

2. 若预计我国将出现持续的国际收支逆差，则投资者应做出的相应理财决策是（　　）。

A. 增加外汇配置　　B. 减少国外股票配置

C. 增加国内基金配置　　D. 减少外汇配置

3. 如果就业率比较高，预期未来家庭收入可通过努力劳动获得明显增加，个人理财策略偏于配置更多的（　　）。

A. 国债　　B. 定期存款　　C. 股票　　D. 活期存款

4. 当经济增长处于收缩阶段时，个人和家庭应考虑更多投资于（　　）。

A. 房地产　　B. 股票　　C. 外汇产品　　D. 储蓄产品

5. 理财计划按照客户获取收益的方式不同，可以分为（　　）。

A. 保证收益理财计划和非保证收益理财计划

B. 保本浮动收益理财计划和非保本浮动收益理财计划

C. 保证收益理财计划和非保本浮动收益理财计划

D. 保本浮动收益理财计划和非保证收益理财计划

6. 客户和某商业银行签订了非保本浮动收益理财计划，则（　　）。

A. 该银行根据约定条件和实际投资收益情况向客户支付收益

B. 该银行根据约定条件保证客户的收益

C. 该银行根据约定条件保证客户的收益率

D. 该银行根据约定条件保证客户的本金安全

7. 某银行新推出的一项理财计划明确说明投资者可能面临零收益的投资风险，但银行保证于到期日或自动终止日向投资者支付 100%本金，则据此推断该理财计划属于（　　）。

A. 保证收益理财计划　　B. 固定收益理财计划

C. 保本浮动收益理财计划　　D. 非保本浮动收益理财计划

8. 个人理财业务是建立在（　　）基础之上的银行业务。

A. 法定代理关系　　B. 委托代理关系

C. 存款业务关系　　D. 贷款业务关系

二、判断题

1. 如果就业率比较高，社会人才供不应求，预期未来家庭收入可通过努力劳动获得明显增加，那么个人理财应更多配置储蓄产品类资产。（　　）

2. 如果物价水平是处在变动之中的，则名义利率能够反映理财产品的真实收益水平。（　　）

3. 目前，外汇理财产品和人民币理财产品我国商业银行个人理财业务的基础产品。（　　）

4. 综合理财服务可以划分为理财顾问和理财计划两类。（　　）

5. 在经济增长放缓、处于收缩阶段时，个人和家庭应该买入对周期波动比较敏感的行业的资产，以获取经济波动带来的收益。（　　）

三、简答题

1. 货币型理财产品的特点及其投资范围有哪些？

2. 商业银行代理理财产品有哪些？

第 9 章　商业银行外汇业务

知识目标

- 了解目前常见的外汇业务类型。
- 了解外汇储蓄存款的含义和种类划分。
- 掌握外汇储蓄存款利息的基本规定。

技能要求

- 理解并掌握个人外汇存款的操作流程。
- 掌握个人外汇存款业务的开户、支取、挂失和清户等业务操作。
- 掌握个人外汇结算业务的操作规则。

9.1　商业银行个人外汇存款业务

9.1.1　外汇存款概述

外汇存款又称外币存款，是指在银行开立的以各种可兑换货币表示的存款。

1. 外汇存款分类

（1）按开户对象的不同，外汇存款可分为单位外汇存款和个人外汇存款。单位外汇存款是指在我国境内的机关、团体、企业（包括外国驻华机构及外商投资企业）及在境外的中外企业和团体等单位存放在我国外汇指定银行里的各项外汇存款。

个人外汇存款是指在我国境内的居民（包括中国居民及在华的外国人、海外华侨、港澳台同胞等）及我国派驻国外及港澳台地区从事学习、工作和科研等人员，以及其他个人（如居住在国外及港澳台地区的外国人、华侨及港澳台同胞）以可兑换货币（外汇及外钞）存入我国外汇指定银行的外汇存款。

（2）按存款对象所处的地点不同，外汇存款可分为国内同业外汇存款和国外同业外汇存款。国内同业外汇存款是指国内各金融机构在国内的各项外汇存款。

国外同业外汇存款是指国外银行（含在国外及中国港澳地区的华资银行）在我国外汇指定银行存放的外汇人民币或其他可兑换货币的存款。

（3）按存款的期限不同，外汇存款可分为定期外汇存款和活期外汇存款。定期外汇存款是指存款期限固定，在存款期满时可提用的外汇形式。目前，定期外汇存款主要采取整存整取的方式。活期外汇存款是指存款期限不固定，储户可随时提用的外汇存款形式。根据存取方式的不同，活期外汇存款又可分为支票户存款和存折户存款两种。

补充资料 9-1　定期外汇存款和活期外汇存款

目前，对单位或个人外币定期储蓄存款存期分为 1 个月、3 个月、半年、1 年和 2 年五个档次，存款到期可以续存；对外商投资企业及国内金融机构的定期存款也分为 7 天通知、1 个月、3 个月、6 个月、1 年和 2 年五个档次。

支票户存款是指凭送款单或其他收款凭证进入，凭支票或其他付款凭证支取的存款方式，如外贸公司因代理进口需要在银行开立的进口保证金账户；存折户存款是指凭存折和存取款凭条进行外汇存取的方式，如个人的活期外汇存取。

（4）按存入资金形态不同，外汇存款可分为现钞户存款和现汇户存款。现钞户存款是我们通常所说的外币现钞存款。对于现钞户存款，顾客一般可随时支取外币现钞。现汇户存款是指可随时委托存款银行根据有关规定直接予以转账结算使用的存款。

单位外汇存款一般属于现汇户存款；而个人外汇存款既有现汇户存款，也有现钞户存款。

2．外汇存款利息计算的基本规定

目前，我国外汇银行在经营外汇存款业务的计付存款利息过程中，一般按以下规定办理。（1）单位及个人在银行的外汇存款，除特殊规定外，均予以计息。对于国际组织给予援助和捐献以及国家财政部门拨给的行政经费等项外汇存款，对于境内机关、团体和企业外的其他单位的活期外汇存款支票等，按规定均不计息。

（2）利息计算公式为：

$$利息 = 本金 \times 存期 \times 利率$$

式中，本金是指存入存款账户里的基本额部分；存期是指存款的时间，不分大小月、闰年和平年，每月均按 30 天计算，一年按 360 天计算；利率是利息对本金的比率，分年利率、月利率和日利率，我国公布的外币存款利率以年利率（%）表示。

银行计算利息时，存款天数一律采用“算头不算尾”的计算方式，即从存入日起息；

利息算至取款日的前一天，支取日当天不计息。

（3）定期存款按存入时公布的利率计息，如提前支取，按支取日的活期存款利率计息；如逾期支取，逾期部分按活期存款利率计息。

定期存款到期日均以对年、对月和对日为准。如遇到期日是假期，银行不对外办公，则可提前一日支取，视同到期并计息。

（4）活期外汇存款及定期外汇存款不论利率调整与否，一律按存入时银行公布的存款利率计息。

（5）存款利息计算时，本金以“元”相类似的货币单位为起息单位，元以下不计息。利息算到分位，分以下四舍五入。

9.1.2 个人外汇存款业务

1. 个人外汇存款的对象及外汇来源

居住在我国境内的公民（包括归侨、侨眷和港澳同胞的亲属）和在我国境内定居的外国人（含无国籍人），统称境内居民。凡拥有下列外汇来源者，均可属于个人外汇存款对象，可申请办理个人外汇存款：

（1）收到国外或我国港澳台地区汇入的外汇款项。

（2）委托银行调回存放在境外的合法外汇（如调回的遗产款和房地产出售款等）。

（3）回国定居的华侨和我国港澳台同胞在回国时、外国人来华定居时携入或者汇入的外汇款项。

（4）公派赴国外或我国港澳台地区的工作人员、留学生、学者、教练和其他人员等，从境外携入或汇入属于个人应得的外汇款项（如讲学费和发明创造奖金等）。

（5）其他来源合法的外汇及外币现钞。

补充资料 9-2 其他外汇合法来源

除境内居民外，其他拥有外汇合法来源也可申请个人外汇存款的情况如下：

（1）外国驻华机构所属常驻人员持有的各项外汇奖金。

（2）短期来华的外国旅游者、华侨和我国港澳台同胞等携入或汇入的各项外汇资金。

（3）居住在国外或我国港澳台地区的外国人、外籍华人、华侨和我国港澳台同胞（统称境外居民）汇入的各项外汇资金。

（4）其他经批准存入的个人所持有的外汇及外币现钞。

2．个人外汇存款业务操作

（1）开户。客户个人在开立外汇存款账户时，应填具“开户申请书”，并提交有效身份证明。银行在核对客户证件及外汇凭证后，根据客户的要求予以开立活期外汇存款账户。客户如要预留印鉴取款的，则应填具印鉴卡交银行留存。

外币储蓄存款的两种主要包括美元、港币、英镑、欧元、日元、加拿大元、澳大利亚元、瑞士法郎和新加坡元。

外汇银行可为储户提供活期、定期及通知存款等外币储蓄存款业务。同时，储户可以选择普通活期、活期一本通、定期一本通知定期存单等多种存款方式。

补充资料 9-3　申请开立个人外汇存款账户相关业务规定（见表 9-1）

表 9-1　申请开立个人外汇存款账户相关业务规定

服务对象	有效身份证件	开户起存金额
中国公民	居民身份证、户口簿、军人证和武警身份证明等	活期存款 20 元人民币的等值外币 定期存款 50 元人民币的等值外币
我国港澳台同胞	港澳居民往来内地通行证、台湾居民来往祖国大陆通告证或其他有效旅行证件	活期存款 100 元人民币的等值外币 定期存款 500 元人民币的等值外币
外国人、外籍华人和华侨	护照	活期存款 100 元人民币的等值外币 定期存款 500 元人民币的等值外币

（资料来源：中国银行网站）

个人外汇存款根据外汇的来源不同，可分为外汇存款或外钞存款账户。根据期限不同，可分为定期存款或活期存款账户。定期存款开户后，由银行给客户出具记名式存单。活期存款开户后，由银行给客户出具存折。

（2）支取。

1）境内居民支取外汇存款时，须按开户时约定的支取方式（如定期或活期，是否凭印鉴支取等）凭存折或存单办理。

存款人因特殊原因须提前提取定期外汇存款的，可按开户时的约定条件，凭存单或存折及存款人本人有效身份证件办理。存款人委托他人取款的，要同时提供代取人的有效身份证件。

2）境内居民外汇现汇户的存款，存款人可自由将存款本息汇往境外；外汇现钞户的存款，存款人可随时办理支取。如须汇出，须按规定办理审批手续。如自费留学费用，凭国外有关学校的通知，办理汇出汇款手续；境外直系亲属发生特殊情况的（如重病和意外灾难等），可凭其亲属来信，申请办理手续汇款；向境外购买药品、仪器及书刊等，可凭信件或发票，办理汇出汇款手续。

3）境内居民存款人或其直系亲属获准出境的，由存款人按规定从存款账户内支取外币现钞。同时凭出境证件，由外汇管理局开具允许携带外币的出境证明。

4）无论现汇户或现钞户存款，支取外币现钞时，辅币均支取人民币。

5）存款支取的货币原则上应与原存款货币相同；如兑换成其他货币，则按支取日的人民币汇价折算。

（3）挂失。

1）口头挂失。口头挂失是指因遗失银行卡、存折和存单而办理的临时性挂失。办理口头挂失后，客户遗失的银行卡、存折和存单在挂失期内将无法继续使用。

客户办理口头挂失可通过营业网点、网上银行或电话银行进行。

口头挂失时客户须提供本人有效身份证件、卡号或账号、户名、住址和余额等信息供银行验证。委托他人代为办理的，还须提供代理人的身份证件。口头挂失有效为 15 天，客户须在有效期内补办正式挂失手续；否则口头挂失将自动失效。

2）正式挂失。正式挂失是指客户因遗失银行卡、存折或存单到银行网点办理的书面挂失。办理正式挂失后，客户须持本人有效身份证件，提供银行卡、存折或存单账号、开户时间、储蓄种类、余额及地址信息，填写挂失申请书。若委托他人代理的，还应出示代理人的身份证件。客户正式挂失 7 天后，银行将为客户办理解除挂失及补发新的银行卡、存折或存单。

3）密码挂失。密码挂失是指客户因遗忘银行卡、存折或存单的密码而到银行营业网点重置密码的服务。

客户办理密码挂失，须提供挂失密码的银行卡、存折或存单，并提供本人有效身份证件。若委托他人代理的，还应出示代理人的身份证件。密码挂失 7 天后，方可办理解除挂失及重置密码手续。

4）解除挂失。客户解除挂失，须凭本人有效身份证件、已挂失密码的银行卡、存折或在存单以及挂失申请书客户留存联向原挂失网点申请办理解除挂失。解除挂失不可代办。已收取的挂失手续费一律不退。

5）补发银行卡、存折或存单。正式挂失 7 天后，客户可以根据自己的意愿，凭挂失申请书和本人有效身份证件到原挂失营业机构办理补领、补发新的银行卡、存折或存单及支取存款业务手续。客户如遗失或损毁挂失申请书，其挂失手续应比照正式挂失手续办理。

（4）清户。外汇储蓄存款账户清户时，储户须将存折或存单交回存款行，经银行核对无误后，付清存折或存单上的所有本息，方可清户。

9.2　个人外汇结算业务

随着经济的发展，个人因出国留学和旅游等事由而须通过银行办理外汇汇入、汇出、托收、购汇。外币兑换、旅行支票购买与兑付等业务，即个人外汇结算业务。

9.2.1　汇款业务

汇入汇款是指国外或我国港澳地区汇款人将款项通过境外汇款汇入境内银行，由境内银行根据其汇款指示将款项付给收款人的结算方式。

我国居民个人汇入的汇款主要是经常项目下的专利、版权、稿费、咨询费、保险金、利润、红利、利息、退休金、雇员报酬、遗产、赡家款和捐赠等外汇收入。

1．汇入汇款业务申办的条件

当客户（收款人）到银行进行汇入汇款业务申办时，要符合下列条件：

（1）收款人须凭身份证领取款项。

（2）境内居民从境外汇入的属于经常项目外汇收入，一次性提取外币现钞或兑换人民币等值 5 万美元以上（含 5 万美元）的，应持相应经常项目收入证明材料向所在地外汇管理局申请，经外汇管理局审核真实性后，凭外汇管理局核准件到银行办理。

补充资料 9-4　居民个人经常项目外汇收入

（1）专利费和版权费。它是指居民个人将属于个人的专利、版权许可或转让给非居民而取得的外汇。

（2）稿费。它是指居民个人在境外发表文章和出版书籍获得的外汇稿费。

（3）咨询费收入。它是指居民个人为境外提供法律、会计和管理等咨询服务而取得的外汇。

（4）保险金。它是指居民个人从境外保险公司获得的赔偿性外汇。

（5）利润和红利。它是指居民个人对外直接投资的收益及持有境外货币有价证券而获得的利润和红利。

（6）利息。它是指居民个人境外存款利息以及因持有境外货币有价证券而取得的利息收入。

（7）年金和退休金。它是指居民个人从境外获得的外汇年金和退休金。

（8）雇员报酬。它是指居民个人继承非居民的遗产所取得的外汇。

（9）赡家款。它是指居民个人接受境外亲属提供的用以赡养亲属的外汇。

（10）捐赠。它是指居民个人接受境外无偿提供的捐赠和礼赠。

（11）居民个人合法获得的其他经常项目收入。

2. 汇入汇款解付的原则

（1）“收妥头寸”原则。银行办理汇入汇款解付的前提必须是收妥头寸。

头寸又称头衬，源自旧中国商业和金融用语。不论是商业还是金融业，营业结束后，都要“轧头寸”：收入大于支出称“多头寸”，支出大于收入称“少头寸”。

货币头寸又称现金头寸，是指商业银行每日收支相抵后，资金过剩或不足的数量。它是同业拆借市场的重要交易工具。

（2）“随到随解”原则。

1）电汇最迟不超过 2 个工作日完成，信汇最迟不超过 5 个工作日完成。解付电汇款时应注意早于起息日的汇款不得解付。

2）收到国外汇出行发出的只提供收款人地址而没有收款人账号的付款电报，必须在 1~2 个工作日内对收款人发出解付通知书；有收款人电话的，应予以电话通知。

3）对于发出解付通知书已满 1 个月，但客户尚未来领取的，应再次挂号寄发解付通知书，并继续做好跟进工作；对于距第一次通知已满 3 个月、客户仍未来领取的，应主动向汇出行查询。

（3）“谁款谁收”原则。

1）凡私人为收款人，解付时必须交验、记录收款人的有效身份证明（身份证、护照和军人证等）。如系他人代领，则除交验、记录收款人身份证件外，还须交验、记录代领人本人的身份证件。除协议另有规定外，对于养老金汇款还应提供健康证明。

2）境内居民汇入款。解付居民汇入款后，不向汇出行寄送“正收条”。

3）汇入汇款货币与收款人账户货币不同，按付款指示入账。

（4）“为客户保密”原则。非汇款人和收款人查询不予受理。公检法等部门因公了解汇款情况，须出示有关介绍信及证件后予以办理。

3. 汇入汇款的退汇

（1）因收款人名称、账户和地址不清等原因而无法解付汇入款超过 3 个月，银行应主动退汇。

（2）汇出行提出退汇的，若查明头寸确已收妥，且汇款未解付的，可办理退汇；若已解付，由汇款人直接与收款人联系退汇事宜。

（3）因收款人拒收要求办理退汇的，应由收款人说明原因，经银行查实同意，退还原汇出行。

课堂实训 9-1 居民个人将从国外取得的款项汇入国内基本流程

第一步 汇款人李先生将稿费 8 000 美元存入美国 A 银行，并通过 A 银行汇入我国 B 银行。

汇款时应将收款账户、账号/卡号、户名、当地分行英文名称、地址、SWIFT 代码以及银行境外代理行情况通知汇款人。汇款人在境外填写汇款申请书时，收款银行应为某银行“某某”分行；“收款人及账号”为收款人户名以及收款账号；将收款人联系方式写在“附言”栏内。由于境外汇入汇款采用电传方式，因此附言内容必须使用汉语拼音或阿拉伯数字书写。

第二步 我国 B 银行收到从美国 A 银行汇入的汇款单，根据汇款人提供的国内收款人的资料，通知收款人持个人身份证，并填写一式三联的“涉外收入申报单”到银行柜台办理收款手续。

国内银行可接收境外汇入款的账户包括活期一本通、基本户为活期多币种账户的灵通卡、理财金账户和 e 时代卡。如果汇款与收款行互开往来账户，款项一般可全额汇达。但是，汇款行与收款行无账户关系，则必须通过另一家或几家银行做转汇行转至收款行。每家转汇在做转汇业务时，都会从汇款额中扣收一笔转汇费。

第三步 银行对收款人提供的相关资料审核无误后，将李先生汇入的 8 000 美元打入收款人的账户。

9.2.2 外币兑换业务

1．外币兑入业务

外币兑入即结汇，是指银行按规定的人民币汇率买入企事业单位或个人的外汇，并支付相应人民币的业务。

（1）凡属中国人民银行公布的“人民币外汇汇率表”内所列的各种外国货币，银行均可办理收兑。银行办理收兑外币，按当天牌价兑付，没有收兑牌价的外币不予收兑。已停止流通的旧版货币，不能直接兑现，只能办理托收。

（2）兑入外币现钞时，银行要审定币别，识别真伪并鉴定其流通情况，合乎兑换条件后才能办理收兑。发现外币为假钞时，将没收假钞，并开具没收假钞证明。

补充资料 9-5 外币防伪常识

大众化的外币防伪常识主要靠“看”。

一看制版：真钞主景、主建筑和正面人像制版，采取手工雕刻和机器雕刻相结合，防伪效果较好，底纹和边缘位置线条复杂。

二看纸张：真钞纸张光洁度好，耐磨，对水和油有耐腐蚀性，长时间流通不易发毛。

三看印刷：真钞有凹凸感。

四看油墨：真钞长时期流通不脱色，假钞则色彩暗淡，易脱色。

真钞内还加入了水印、纤维丝和安全线等防伪措施。真钞水印加在纸内，影像逼真，立体感强，水印有一定阴影，且过渡自然；假钞缺少立体感，有些较为模糊，透光性不好，有的水印在钞纸的表面。

（3）兑入外币现钞，应付人民币金额＝兑入外币金额×现钞买入价；兑入外币现汇，应付人民币金额＝兑入外汇金额×现汇买入价。

【例 9-1】 129 美元兑换人民币是多少？美元现钞买入价为 8.203 8。

USD129.00×8.203 8＝CNY1 058.29

【例 9-2】 1220 港币兑换人民币是多少？港币现钞买入价为 1.052。

HKD1 220.00×1.052=CNY1 283.44

2．外币兑出业务

外币兑出即售汇，售汇是指银行按规定的人民币汇率卖给企事业单位或个人外汇，并收取相应人民币的业务。

（1）申请购买国家公布的可自由兑换的外币时，应按外汇管理局的有关规定向银行申请购买，经银行审核无误后办理兑付。

银行兑付旅行支票时，须先期支付垫款，所以旅行支票兑付现金或支票时，银行须扣除票面金额的 7.5‰贴息，按支票面额货币支付。

（2）兑出外币的折算方法。

兑出外币金额＝人民币金额卖出价÷卖出价

应收人民币金额＝兑出外汇主币金额×卖出价

找回人民币金额＝实收人民币金额–应收人民币金额

兑出外币时只能兑付外币主币金额。

【例 9-3】 60 元人民币可换得港币是多少？港币卖出价为 1.061 5。

CNY60.00÷1.061 5＝HKD56.52

HKD50.00×1.061 5＝CNY53.08

CNY60.00–CNY53.08=CNY6.92

兑 HKD50，找 CNY6.92。

【例 9-4】　190 元人民币可换得美元是多少？美元卖出价为 7.678 2。

CNY190.00 ÷ 7.678 2=USD24.75

USD24.00 × 7.678 2=CNY184.28

CNY190.00–CNY184.28=CNY5.72

兑 USD24，找 CNY5.72。

3．外币互兑业务实例

外币互兑是指一种外币兑换成另一种外币的业务。在我国，外币互兑是银行按挂牌人民币汇率，以一种外汇通过人民币折算，兑换成另一种外汇的业务活动。它包括两种情况：一是两种外币之间的套算，即一种外币兑换为另一种外币，通过人民币进行套算，也就是先买入一种外币，按买入价折成人民币数额，再卖出另一种外币，把人民币数额卖价折算为另一种外币；二是同种货币之间的套算包括钞兑汇或汇兑钞，因为同一种外币体现在汇率上现钞和现汇价值有所差异，所以要按外币套算处理。本节主要介绍第一种情况。

外币互兑计算公式如下：

应付人民币金额 = 兑入外汇金额 × 现钞（现汇）买入价

兑出外币金额 = 应付人民币金额 ÷ 卖出价

应收人民币金额 = 兑出外汇主币金额 × 卖出价

找回人民币金额 = 应付人民币金额 − 应收人民币金额

【例 9-5】以 25 英镑能兑换多少日元呢？英镑买入价 14.501 3，日元卖出价为 0.076 916。

首先，兑换成人民币：

GBP25.00 × 14.501 3＝CNY362.53

然后，将人民币兑换成日元：

CNY362.53 ÷ 0.076 916=JPY4 713.32

由于兑出外币时只能兑付外币主币金额：

JPY4000.00 × 0.076 916=CNY307.66

最后，兑换后外币辅币以人民币支付：

CNY362.53–CNY307.66=CNY54.87

可兑换日元为 4 000.00，找人民币 54.87 元。

课堂实训 9-2　人民币换外币的业务

王某从人民币存款账户中支取现金兑换成 30 000 美元（美元卖出价 770.20/100），操作如下。

（1）王某持个人有效证件到银行柜员申请兑换美元。

有效证件包括本人身份证（中国公民）、户口簿（16岁以下中国公民）、军人身份证件（中国人民解放军）、武装警察身份证件（中国人民武装警察）、港澳居民往来内地通行证或身份证（港澳居民）、台湾居民往来大陆通行证（台湾居民）、护照（外国公民或有护照的中国公民）和有关法律、行政法规规定的有关证件。

（2）银行审核王某的资格后，按当日外汇牌价收取外币所需人民币（USD3 000×7.702 0=CNY231 060）。2014年5月15日中国银行人民币外汇牌价如表9-2所示。

表9-2 中国银行人民币外汇牌价表

2014年5月15日16：57：52

货币名称	现汇买入价	现钞买入价	卖出价	基准价	中间价
美元	627.11	620.96	630.19	629.48	629.48

注：现汇买入价是指银行买入现汇时的牌价。

现钞买入价是指银行买入外币现钞时的牌价。

卖出价是指银行将外币卖给客户的牌价，也就是客户到银行购汇时的牌价。

基准价是指人民银行公布的一种中间价，其他商业银行可在基准价的基础上，按照人民银行规定的浮动范围制定自己的买入价和卖出价。

中间价=（现汇买入价+现汇卖出价）÷2

银行办理外币兑换，按当天公布的牌价兑付。已停止流通的旧版货币，不能直接兑换，只能在发行国允许的期限内办理托收。

课堂实训9-3 外币兑换人民币的业务

居民韩女士持有10 000美元现钞到银行兑换成人民币，操作步骤如下。

（1）个人持10 000美元到银行柜台要求兑换成人民币。

1）一次性结汇等值10 000美元以下（含10 000美元）的，凭本人身份证明到银行直接办理。

2）一次性结汇或者1日内累计结汇等值10 000美元以上的，以信用证、保函和跟单托收等方式结算的，凭该结算方式下的有效商业单据办理结汇手续。

（2）银行柜员让韩女士填写一式两联的个人结汇申请书。

海外游客来华携入的外币和票据金额没有限制，但入境时必须据实申报；在我国境内，游客可持外汇到中国银行及各兑换点兑换成人民币，但要保存好银行出具的外汇兑换证明（俗称水单），其有效期为半年。

（3）银行柜员按当日外汇牌位（美元现钞买入价为 620.96/100）将外币现金折算成人

民币（USD10 000 × 6.209 6＝CNY62 096）付给韩女士。

4．因私购汇业务

因私购汇是指境内居民个人因私出境旅游（含我国港澳游）、探亲会亲、境外就医、自费留学、其他出境学习、商务考察、境外培训、被聘工作、缴纳境外国际组织会费、境外邮购、出境定居、境外直系亲属救助、国际交流、外派劳务、境外咨询、其他服务贸易费用、货物贸易及相关费用等事项下用汇，按外汇管理规定向商业银行申请购买外汇的业务。

换汇种类包括现钞、旅行支票、外汇币票、境外电汇和信用卡。币种主要为美元、欧元、日元和英镑等。

个人因私购汇时，银行遵照国家外汇管理的相关政策，按公布的实时汇率办理境内居民个人购汇业务。在购汇时须填写“因私购汇申请书”，并按相关要求向银行提供审核材料，银行也按相关规定进行审核和售汇。居民个人因私购汇须审核的材料及审核的原则如表 9-3 所示。

表 9-3　因私购汇审核材料

<table>
<tr><th colspan="3">项　目</th><th>审核材料</th><th>审核原则</th></tr>
<tr><td>年度总额内购汇</td><td colspan="2">自费出境学习学费、生活费、出境旅游、商务考察、探亲会亲、境外就医、朝觐、境外培训、被聘工作、国际交流、出境定居、外派劳务、境外邮购费用、缴纳国际组织会费、境外直系亲属救助、境外咨询、其他服务贸易费用、货物贸易及相关费用等经常项目购汇</td><td>（1）本人真实身份证明
（2）由直系亲属代为办理的，还须提供委托人的授权书、代办人的真实身份证明和亲属关系证明</td><td>（1）审核居民个人身份证明的真实性
（2）居民个人年度总额为每人每年等值 5 万美元</td></tr>
<tr><td>超过年度总额购汇</td><td>自费出境学习学费和生活费</td><td>（1）本人因私护照及有效签证（或签注）
（2）境外学校录取通知书（购买第二学年或学期以后的学费或生活费无须提供）
（3）境外学校相应年度或学期学费证明或生活费证明</td><td colspan="2">（1）审核有关材料的真实性和一致性
（2）境内居民个人无法提供境外学校录取通知书、学费证明原件的，可提供传真或网上下载件办理</td></tr>
</table>

续表

项目		审核材料	审核原则
超过年度总额购汇	自费出境学习保证金购汇	（1）因私护照 （2）境外学校录取通知书（购买第二学年或学期以后的学费或生活费无须提供） （3）境外学校学费证明或（和）生活费用证明	（1）自费出境学习人员只有在汇出或在境内银行预交签证保证金后才能取得真实入境签证的情况，可通过缴纳购汇保证金方式办理自费出境学习学费和生活费购汇手续 （2）境内居民个人向银行缴纳的购汇保证金金额为人民币 2 000 元 （3）境内居民个人无法提供境外学校录取通知书和学费证明原件的，可提供传真件或网上下载件办理
	境外就医	（1）本人因私护照及有效签证（或签注） （2）境内医院出具的证明附医生意见以及境外医院出具的费用证明	（1）审核有关材料的真实性和一致性 （2）境外医院出具的费用证明无法提供原件的，可提供传真件办理
	境外培训	（1）本人因私护照及有效签证（或签注） （2）境外培训费用证明	（1）审核有关材料的真实性和一致性 （2）境外培训费用证明无法提供原件的，可提供传真件办理
	缴纳境外国际组织会费	（1）本人真实身份证明 （2）境外国际组织缴费通知	（1）审核有关材料的真实性和一致性 （2）境外国际组织缴费通知无法提供原件的，可提供传真件办理
	境外邮购	（1）本人真实身份证明 （2）广告或订单等收费凭证	（1）审核有关材料的真实性和一致性 （2）广告或订单等收费凭证无法提供原件的，可提供传真件或网上下载件办理
	境外咨询	（1）书面申请 （2）本人真实身份证明 （3）合同（协议）、发票（支付通知）和税务凭证	（1）审核有关材料的真实性和一致性 （2）按照个人办理服务贸易售付汇的相关规定进行审核
	其他服务贸易费用	（1）书面申请 （2）本人真实身份证明 （3）合同（协议）、发票（支付通知）和税务凭证	（1）审核有关材料的真实性和一致性 （2）按照个人办理服务贸易售付汇的相关规定进行审核

个人因私购汇的相关规定：

（1）境内居民个人购汇实行年度总额管理，年度总额为每人每年等值 5 万美元。

（2）在年度总额内购汇，凭本人真实身份证明并向银行申报用途后即可办理购汇。

（3）超过年度总额购汇，银行按外汇管理规定审核委托人的真实需求凭证后即可办理购汇。

（4）外汇局对境内居民个人购汇不再实行核销管理。

课堂实训 9-4

2014 年 5 月 15 日，张小姐因个人需要前往美国自费留学，购入 20 000 美元，具体流程如下。

（1）张小姐持个人有效证件去银行办理购买外汇的业务。

（2）银行柜员让张小姐填写一式三联的“因私购汇申请书”。

（3）按当日美元与人民币外汇牌价，换得美元。

复习思考题

一、单项选择题

1. 以下不属于境外个人的有效实名证件的是（　　）。

A. 台湾居民的护照

B. 外国公民的护照或外国人永久居留证；外国边民的护照或所在国制发的《边民出入境通行证》

C. 居住在境内或境外的华侨的中国护照及其外国永久居留证明

D. 香港、澳门特别行政区居民的港澳居民往来内地通行证

2. 根据反洗钱法的规定，客户持中华人民共和国居民身份证件办理（　　）业务时，应同时通过人民银行联网核查公民身份信息系统，核验身份证信息的真伪，并在相关业务单据上打印核查记录。

A. 900 美元的账户发汇业务

B. 单笔金额在 50 美元的现金结汇业务

C. 单笔 6 000 美元的现金存款业务

D. 单笔 5 000 美元的现金取款业务

3. 客户向外币储蓄账户存入外币现钞，当日累计等值（　　）美元以上（不含）时，应留存客户外币现钞来源凭证，并在相关凭证上标注存款银行名称、存款金额及存款日期。

A. 1 000　　B. 5 000　　C. 10 000　　D. 50 000

4. 个人手持外币现钞，当日结汇累计金额在等值（　　）美元以上（不含）的，除分别按照年度限额内或超年度限额的要求审核材料外，还需审核现钞来源证明材料。

A. 1 000　　B. 5 000　　C. 10 000　　D. 50 000

5. 客户从外币账户提取外币现钞，当日累计等值（　　）美元以上（不含）时，应留存经属地外汇局签章的《提取外币现钞备案表》。

A. 1 000　　B. 5 000　　C. 10 000　　D. 50 000

6. 现金发汇、收汇的各类国际汇款，客户发汇和收汇的日累计最高限额均为等值（　　）美元（含），超过日累计最高限额的不予办理。

A. 1 000　　B. 5 000　　C. 10 000　　D. 50 000

7. 个人购汇提钞，当日累计金额在等值（　　）美元以上（不含）时，应留存经属地外汇局签章的《提取外币现钞备案表》。

A. 1 000　　B. 5 000　　C. 10 000　　D. 50 000

二、判断题

1. 居住在中国境内的中国公民仅凭护照就可办理个人外汇业务。（　　）

2. 法定有效证件外，为进一步确认客户身份，还可根据需要，要求客户出具户口簿、护照、工作证、机动车驾驶证、社会保障卡、公用事业账单、学生证、介绍信、户籍证明等其他能证明身份的本人有效证件或证明文件。（　　）

3. 客户办理业务的有效证件一般应具有姓名、号码、发证机关、发证日期、有效期、照片等信息。（　　）

4. 办理外汇业务的各类网点和机构在办理个人外汇业务时，应当识别客户身份，核对客户的有效身份证件或者其他身份证明文件。（　　）

5. 客户持中华人民共和国居民身份证件办理单笔等值 1 万美元（不含）以上的现金取款业务时，应通过人民银行联网核查公民身份信息系统，核验身份证信息的真伪，并在相关业务单据上打印核查记录。（　　）

三、简答题

1. 外汇存款的类型有哪些？

2. 因私购汇的业务规定有哪些？

第10章 商业银行其他业务

知识目标

- 掌握商业银行代理、信息咨询、信托、租赁等业务。
- 了解商业银行担保类和承诺类业务。

技能要求

- 掌握商业银行代理、信息咨询、信托、租赁等业务的操作流程。
- 了解商业银行担保类和承诺类业务的操作规范。

10.1 商业银行代理业务

10.1.1 商业银行代理业务概述

代理业务是指商业银行接受客户的委托、代为办理客户指定的经济事务、提供金融服务并收取一定费用的业务，包括代理证券业务、代理保险业务、代理商业银行业务、代理中央银行业务、代理政策性银行业务和其他代理业务。代理业务是典型的中间业务。银行充分利用自身的信誉、技能、信息等资源代客户行使监督管理权，提供各项金融服务。目前，私人银行业务日益成为我国商业银行拓展中间业务的竞争核心。

代理业务具有为客户服务的性质，是代理人和被代理人之间产生的一种契约关系和法律行为。商业银行在办理代理业务过程中，不使用自己的资产，主要发挥财务管理职能和信用服务职能。

代理业务的作用主要体现在如下几个方面：

（1）增加银行的盈利。

（2）促进银行间的竞争。

（3）促进银行资产负债业务的发展。

10.1.2 代理业务的种类及内容

1. 代收代付业务

代理业务中应用范围最广的就是代收代付业务，此类业务几乎涉及社会生活的每家每户。代收代付业务是指商业银行利用自身结算的便利，接受客户的委托代为办理指定款项收付的业务，如代发工资业务、代扣住房按揭消费贷款还款业务、代收交通违章罚款等。

代收代付业务的种类繁多，涉及范围广泛，归纳起来可以分为两大类。一是代缴费业务，是银行代理收费单位向其用户收取费用的一种转账结算业务，如代收电话费、保险费、交通违章罚款、养路费等。二是代发薪金业务，是银行受国家机关、行政事业单位及企业的委托，通过其在银行开立的活期储蓄账户，直接向职工发放工资的业务。

2. 代理证券业务

代理证券业务是指银行接受委托办理的代理发行、兑付、买卖各类有价证券的业务，同时包括代办债券还本付息、代发红利、代理证券资金清算等业务。有价证券主要包括国债、金融债券、公司债券、股票等。银证通业务、代理发行、代理兑付、承销政府债券业务等是银行开办的主要代理债券类业务。现行的代理证券资金清算采用第三方存管模式，即证券公司将客户证券交易结算资金交由商业银行等独立第三方存管。实施客户证券交易结算资金第三方存管制度的证券公司，将不再接触客户证券交易结算资金，而由存管银行负责投资者交易清算与资金交收。客户证券交易资金、证券交易买卖、证券交易结算托管三分离是国际上通用的“防火”规则。客户办理第三方存管的具体过程为首先在银行开一个与证券公司对应的存折账号，然后在该账户里存取资金，买股票时再将资金转到银行保证金账户。虽然这时客户仍在证券公司保留有保证金账户，并可以通过该账户查询到资金余额以及交易情况等信息，但该账户实际上只是相对于银行保证金账户的一个虚拟账户，投资者不可能从该账户上取出一分钱，所有的资金在交易完成后都必须回到银行。

3. 代理保险业务

代理保险业务是银行接受保险公司的委托代其办理保险业务，属于兼业代理。代理保险业务是目前我国银行保险发展最为广泛的种类。银行代理保险业务要符合中国保监会2000年《保险兼业代理管理暂行办法》针对兼业代理人的条件才可以进行兼业代理活动。

代理保险业务的种类主要包括代理人寿保险业务、代理财产保险业务、代理收取保费及支付保险金业务、代理保险公司资金结算业务等。

4. 代理政策性银行业务

代理政策性银行业务是指商业银行接受政策性银行的委托，代为办理政策性银行因服务功能和网点设置等方面的限制而无法办理的业务，包括代理贷款项目管理等，并从中收取代理手续费。代理政策性银行业务范围：监督委托项目借款合同或临时借款协议的执行；监督项目贷款资金的使用；办理委托项目贷款资金结算和会计核算；协助做好贷款本息回收工作；办理双方商定的其他委托代理业务。

5．代理中央银行业务

代理中央银行业务是指根据政策法规应由中央银行承担，但是由于机构设置、专业优势等方面的原因，由中央银行指定或委托商业银行承担的业务，主要包括财政性存款代理业务、国库代理业务、发行库代理业务、金银代理业务等。

6．代理商业银行业务

代理商业银行业务即商业银行之间相互代理业务，主要是指代理资金清算业务，具有典型代表性的是代理银行汇票业务。商业银行作为代理行即代理其他金融机构进行资金清算的商业银行的职责是：要求委托行必须按照代理行清算系统操作手册进行操作，确保规范运作；当委托行有违反协议行为，可能危及资金安全时，有权停止有关业务信息的发送，直至终止委托代理关系；根据国家有关规定和双方达成的委托代理协议，收取相关业务费用；保证委托行资金汇划信息在发送和接收过程中准确无误，汇划资金及时到账；向委托行提供办理资金汇划的清算点软件及业务操作手册，负责软件的维护及升级工作。

10.2 商业银行信息咨询业务

咨询业务是指商业银行凭借其专门的知识、经验、技术和广泛的信息渠道，接受客户的委托，对指定企业、项目、产品、技术、市场、管理、服务、资信等情况进行专门的调查、分析、论证，进而向委托人提供经济信息、数据资料、操作方案和可行性报告的业务。

咨询业务包括金融咨询、资信调查、投资咨询、财务管理咨询、商情调查和介绍客户等。

1．金融咨询

金融咨询是指商业银行接受客户的委托，为其提供有关金融政策、法规等方面的咨询业务。主要业务内容包括：了解有关国家金融法规、政策和制度，受托分析和预测国外某种货币利率及金价的变化趋势及动态，了解国内金融市场的发展状况，介绍金融领域新开业务的基本理论和操作方法等。

2．资信调查

资信调查是指商业银行接受客户的委托，对其指定业务对象的资信状况进行调查了解，以决定是否与其发展业务关系；或者是客户委托公司进行调查，以向其业务对象证明自身资信情况的业务。

3．投资咨询

投资咨询是指商业银行接受客户的委托，对其指定的投资项目进行可行性调查和研究，进而为客户选择最佳的投资方案，并协助制定投资合同及其有关文件的业务。投资咨询包括研究投资项目的合理性，技术、法律、政治等因素对投资项目的影响程度，投资项目产品的市场前景，投资收益率，投资回收期等。

4．财务管理咨询

财务管理咨询是指商业银行接受企业的委托，深入企业，运用科学的方法对其财务管理方面存在的问题进行分析研究，找出原因，为解决管理问题提供最佳方案。

5．商情调查

商情调查是指商业银行接受客户的委托，对与信托项目有关的国内外市场动态以及各国、各地的贸易商品价格、贸易政策法令和做法等进行调查的一项活动。

10.3 商业银行信托业务

10.3.1 信托业务概述

信托是一种以信用为基础，以财产为中心，以委托为方式的财产管理制度。在现代市场经济条件下，商业银行和其他金融机构的信托业务处于财产管理制度的核心地位。它表现为一种以信用为基础的法律行为。

信托业务一般牵涉三个方面的当事人：授人信用的委托人、受信于人的受托人和受益于人的受益人。其运作的基本程序是：委托人依照契约的规定，为第三者（受益人）的利益，将财产的权利转让给受托人，由受托人依据谨慎性原则占有、管理和使用信托财产，并处分其收益。

信托业务的主要特点有：

（1）信托财产的所有权发生转移。信托关系存在后，委托人便将信托财产过户到受托人名下，由受托人依约进行经营管理和处理。

（2）信托财产具有独立性。受托人对信托财产实行分别管理，单独核算。信托财产的独立性具体表现在三个方面：第一，信托财产与委托人未设立信托的其他财产相区别。第二，信托财产与本来就属于受托人所有的财产（固有财产）相区别。第三，受托人经营管理和处理信托财产所产生的债权，不得与受托人固有财产产生的债务相抵消；受托人经营管理和处理不同委托人的信托财产所产生的债权债务，不得相互抵消。

（3）受托人必须以受益人的利益为管理和营运的出发点和归宿。信托的目的是受益人的利益，受托人必须忠实而努力地践行这一目的，而不能以自身利益最大化为转移，受托人自身可以获得的只是约定的信托报酬。

（4）受托人不承担委托人指定目的下的风险，而是由委托人自负盈亏。托人按照委托人指定的目的和意愿经营管理和处理信托财产，并按实际结果核算，发生收益归受益人享有，发生亏损也由委托人或受益人负担。受托人赚取约定的信托报酬，不承担损失风险。

10.3.2　信托业务的种类

1．融资性信托

所谓融资性信托，主要是指信贷资产信托理财产品。其模式是商业银行通过和信托公司合作，替换成发行“信托+理财”产品，将募集到的资金通过信托方式，专项用于替换商业银行存量贷款或向企业新发贷款。而银行担保融资信托产品是融资性信托产品的一种，其方式是由银行对融资企业或项目进行担保，从而达到为企业或项目信用增级的目的，帮助企业顺利融资。

2．公益基金信托

公益基金信托是一种他益信托。公益基金，是指由政府、社会团体、单位或个人资助、赞助、捐赠的，用于社会进步和社会福利等社会公益事业的基金。金融信托机构接受公益基金的筹集和管理机构的委托，对各项公益基金进行营运，并将所得收益或约定的款项转移给指定的公益项目或受益人的业务，称“公益基金信托”。相比基金管理模式，以信托管理社会公益基金有明显的好处。

补充资料 10-1　湖南首支公益信托基金发行市民捐100元起加盟爱心计划

2014年9月26日湖南省信托有限责任公司（简称“湖南信托”）发行湖南首支公益信托计划——湘信·善达农村医疗援助系列公益信托计划。该计划募集资金定向用于湖南省武陵山片区、罗霄山脉等贫困地区农村医疗卫生建设。社会机构及个人可以捐赠资金100元起加入该计划。

湖南信托副总裁周江军介绍，“湘信·善达农村医疗援助公益信托计划”是经湖南省人民政府授权湖南省卫生与计划生育委员会和监管，由湖南信托作为受托人依法设立，天职国际会计师事务所湖南分所作为信托监察人进行监察和审计，中国建设银行湖南省分行作为信托资金保管银行对信托资金进行保管的。湖南信托通过实施该公益信托计划，向社会募集捐赠资金，定向运用于湖南省武陵山片区、罗霄山脉等贫困地区农村医疗卫生建设，具体为其辖区内乡镇卫生院及村级卫生室的建设和医疗设施的配备，帮助和支持湖南省农村医疗卫生事业的发展。

“湘信·善达农村医疗援助公益信托计划”期限为五年。五年内，社会机构及个人可随时认购信托计划进行捐赠。2014 年，本信托计划拟投入捐赠资金不低于 1 000 万元，完成 4～5 个乡镇卫生院以及部分村卫生室的建设任务，湖南信托捐赠 500 万元。社会机构及个人可以 100 元起在湖南信托财富管理中心营销网点进行认购捐赠。仪式现场，湖南发展投资集团有限公司、湖南高新创业投资集团有限公司、湖南省公路建设投资有限公司等 22 家企业向该计划共捐赠 305 万元。

“湘信·善达农村医疗援助公益信托计划”为一款纯公益信托产品，受托人不收取信托报酬，监察人不收取监察费用，保管银行不收取保管费用。

（资料来源：http://money.rednet.cn/c/2014/09/26/3478980.htm）

3. 信托投资

信托投资是金融信托投资机构用自有资金及组织的资金进行的投资。以投资者身份直接参与对企业的投资是目前中国信托投资公司的一项主要业务。这种信托投与委托投资业务有两点不同。第一，信托投资的资金来源是信托投资公司的自有资金及稳定的长期信托资金，而委托投资的资金来源是与之相对应的委托人提供的投资保证金。第二，信托投资过程中，信托投资公司直接参与投资企业经营成果的分配，并承担相应的风险，而对委托投资，信托公司则不参与投资企业的收益分配，只收取手续费，对投资效益也不承担经济责任。

10.4 商业银行租赁业务

10.4.1 租赁业务概述

商业银行的租赁业务是指商业银行作为出租人，向客户提供租赁形式的融资业务。其特点如下：

（1）租赁标的的所有权和使用权相分离。出租人租出的只是租赁标的的使用权，租赁标的的所有权仍属于出租人；承租人得到的只是租赁标的的使用权，而不是所有权。

（2）具有金融和贸易双重功能，融资和融物相结合，同时进行。租赁实质是出租人向承租人提供的一种资金融通，但这种资金融通是以商品交易的形式体现出来的，融资的过程也就是商品交易的过程。

（3）租金的分期回流。商业银行作为出租人，将设备等租赁物件租给承租人使用，并向承租人定期收取租金。在这个过程中，商业银行的资金是一次投入，分期回流。

（4）交易方式灵活方便。具体表现在：租赁期限可长可短，短则几个月或几年，长则十几年或几十年；租赁到期后，承租人可以申请留购租赁标的，也可以退还给出租人等。

10.4.2　租赁业务的种类

1．融资性租赁

融资性租赁也称金融租赁。这种方式是指，当企业需要筹措资金添置设备时，商业银行（出租人）不是向其直接贷款，而是根据该企业的选择，代其购入设备，并以租赁方式将设备租给企业，从而以“融物”代替“融资”。因为是由商业银行支付全部设备资金，实际上是对企业（承租人）提供了 100%的信贷。在融资租赁方式下，由于设备（租赁物件）是由商业银行完全按照承租人的要求选定的，所以商业银行（出租人）对于设备的性能、物理性质、老化风险及维修保养不负责任。而且，在大多数情况下，商业银行（出租人）在租期内分期回收全部成本、利息和利润。租赁期满时，出租人通过收取名义货价的形式，将租赁物件的所有权转移给承租人。

融资性租赁的主要特点如下：

（1）融资性租赁一般涉及出租人、承租人和供货商三方当事人，签订两个合同，即出租人与供货商签订购买合同，出租人与承租人签订租赁合同。

（2）融资性租赁的租赁合同不可中途解约。若在某些情况下，租赁合同实在无法继续履行，只能终止或解除时，承租人要按合同规定付清全部租金。

（3）融资性租赁的租赁期限与设备耐用年限基本相同，由此造成租赁支付具有完全支付性或全额清偿以及租赁物在会计处理上要纳入承租人的资产负债表。租赁支付的完全支付性或全额清偿是指出租人只通过一个租赁合同期即可收回全部或大部分投资。

（4）融资性租赁的承租人具有对租赁物件的选择权，并且要承担和负责与租赁物有关的设备缺陷、技术落后等风险以及租赁物的维护、保养等。

（5）融资性租赁的租期结束时，承租人可以退租、续租或留购。

2．经营性租赁

经营性租赁也叫操作性租赁或服务性租赁，是由商业银行向承租人提供的一种特殊服务的租赁。这种特殊的服务主要是指设备的短期使用或利用服务。在租赁契约期间，设备的安装、保养、维修、保险及培训技术人员等都由商业银行负责，商业银行承担的风险较大。这种租赁方式比较适用于需要专门技术保养、技术更新较快或使用频率不高的设备。

经营性租赁的主要特点如下：

（1）经营性租赁的租赁关系简单，只涉及出租人和承租人两个当事人，只签订一个合同，即出租人和承租人签订的租赁合同。

（2）经营性租赁是一种短期租赁，由此造成其租金具有不完全支付性以及其租赁物在会计处理上不纳入承租人的资产负债表。所谓租金的不完全支付性，是指出租人对每个承租人所收回的租金只是全部投资的一部分，要通过多次出租才能收回全部投资。

（3）经营性租赁的租赁合同可以中途解约。

（4）经营性租赁租赁物的选择由出租人决定，租赁物无法出租时的损失也由出租人承担，出租人除了向承租人提供租赁物件外，还要提供租赁物的安装、保养、维修、纳税、支付保险费和提供专门的技术服务等全面服务，租金也高于融资性租赁。

（5）经营性租赁的租期结束时，承租人可以退租或续租。

3. 回租租赁

回租租赁是指财产所有人将其财产出售给商业银行，然后从商业银行租回使用的一种租赁方式。当一家企业既要使用自己原有设备，又急需资金周转时，可以将厂房设备出售给商业银行，然后再租回一部分或全部继续使用。

4. 转租赁

转租赁是指将设备或财产进行两次重复租赁的方式，又叫再租赁。此种租赁形式在国际租赁中通常用得较多。例如，A 国的某家商业银行从某租赁公司租赁了一台高性能的数控机床，然后商业银行又将这套设备转租给 B 国一家公司，两个租约同时生效。

5. 杠杆租赁

杠杆租赁（又称衡平租赁）所涉及的都是比较大的资本项目。在这种方式下，出租人一般只出资全部设备金额的 20%～40%，其余资金则通过以出租的设备为抵押，由金融机构贷款解决。贷款人提供信贷时对出租人无追索权，其资金偿还的保障在于设备本身及承租人。出租人只需拿设备价款的 20%～40%的资金，便可以得到 100%的加速折旧和投资减税的好处，这样，出租人就可以降低租金，与承租人共同受益。

补充资料 10-2　商业银行获准设立金融租赁公司

2007 年 3 月 1 日，中国银监会发布了修订后的《金融租赁公司管理办法》。其中涉及商业银行设立或参股金融租赁公司的政策，已得到国务院原则批准。

在股东资格方面，办法提出了主要出资人的概念，规定只有商业银行、租赁公司、主营业务为制造适合融资租赁交易产品的大型企业及其他银监会认可的金融机构才可以成为主要出资人。在最低注册资本金要求方面，新办法降为 1 亿元人民币或等值的自由兑换货币，并提出必须满足 8%的资本充足率要求。

新办法增加了“吸收股东一年期（含）以上定期存款，向商业银行转让应收租赁款”

业务，并对其他业务进行了整合。在售后回租业务上，要求真正实现合格租赁标的物的买卖及租赁，防止把售后回租业务做成贷款。

（资料来源：http://business.sohu.com/20070202/n247995251.shtml）

10.5　商业银行担保类和承诺类业务

10.5.1　商业银行担保类业务

商业银行担保类业务是商业银行为客户债务清偿能力提供担保，承担客户违约风险的业务。这类中间业务一般不需动用银行有形资金，只是运用银行无形资产——社会信誉来获取收益的一种手段。它是目前我国商业银行比较有代表性的中间业务品种之一。20世纪80年代以来，商业银行担保类业务得到迅速发展，品种创新迭出，西方国家的商业银行陆续推出了备用信用证、资产证券化等业务品种，这些业务品种当前已经成为国外商业银行中间业务的重要组成部分。目前，我国银行开办的担保类业务主要包括备用信用证和银行保函。

1. 备用信用证

备用信用证是开证行应借款人要求，以放款人作为信用证的受益人而开具的一种特殊信用证。其实质是对借款人的一种担保行为，保证在借款人破产或不能及时履行义务的情况下，由开证行向受益人及时支付本金和利息。

银行开出备用信用证实际上是出借银行信用等级的行为，以此可使被担保人的信用等级有所提高。银行由此将面临市场风险与信用风险，但一般情况下这种风险较贷款损失要小很多，银行在开立备用信用证时要收取佣金。

备用信用证的特点如下：

（1）对于开证行而言，备用信用证形成其或有负债，银行只是第二付款人，同时，还具有较低成本性、较高收益性和相对独立性的特点。

（2）对于被担保人而言，备用信用证对其信用水平和融资能力等有强有力的支持作用。

（3）对于受益人而言，备用信用证可以使其避免风险，提高安全性。

2. 银行保函

银行保函是指银行应申请人书面申请，向受益人出具的书面保证，为申请人投标、履行合同、预付款或其他约定义务提供担保，保证在其未能履约时，由银行代为赔付。银行保函是建立在基础合约如销售、借贷及租赁等合约基础上的附属性文件，主要是以银行信用补充或代替商业信用，使交易双方解除顾虑，增加信任，促进交易顺利进行。

银行保函的种类很多，主要有投标保函、履约保函和预付款保函等业务品种。

（1）投标保函。应投标人申请，银行向招标人出具保函，保证在投标人在投标有效期内撤销投标等事件发生时进行赔付。

（2）履约保函。应承包人/分包人/卖方书面申请，银行向业主/总包人/买方出具保函，保证在申请人不能履行合同时代为赔付。

（3）预付款保函。应申请人书面申请，银行向受益人出具保函，保证在申请人收到预付款而未履约时代为赔付。

10.5.2 商业银行承诺类业务

商业银行承诺类业务是指商业银行在未来某一日期按照事先约定的条件向客户提供约定信用的业务，主要包括贷款承诺和票据发行便利。

1．贷款承诺

贷款承诺是指银行同客户签订一种具有法律约束力的合约，规定在有效期内，银行要按照约定的金额、利率等，随时准备满足客户借款需求，客户向银行支付承诺金额一定比例的费用。承诺业务是指银行承诺客户在未来一定时期内，按双方事先确定的条件，应客户要求，随时为其提供一定限额的融资服务的一种表外业务。

（1）贷款承诺的类型。我国商业银行开办的贷款承诺业务主要有项目贷款承诺、开立信贷证明、客户授信额度。

1）项目贷款承诺主要是为客户报批项目可行性研究报告时，向国家有关部门表明银行同意贷款支持项目建设的文件。

2）开立信贷证明是应投标人和招标人或项目业主的要求，在项目投标人资格预审阶段开出的用以证明投标人在中标后可在承诺行获得针对该项目的一定额度信贷支持的授信文件。信贷证明根据银行承诺性质的不同，可分为有条件的信贷证明和无条件的信贷证明两类。

3）客户授信额度是银行确定的在一定期限内对某客户提供短期授信支持的量化控制指标，银行一般要与客户签订授信协议。按照授信形式的不同，可分为贷款额度、开证额度、开立保函额度、开立银行承兑汇票额度、承兑汇票贴现额度、进口保理额度、出口保理额度、进口押汇额度、出口押汇额度等业务品种的分项额度。

（2）贷款承诺的特点：

1）银行必须保证随时满足客户资金需求；

2）不借款也要收取承诺费，一般收取承诺额度的 0.25%～0.75%。

3）办理贷款承诺的优势客户一旦获得银行的贷款承诺，未来获得可靠现金来源的可能性大大提高，竞争优势也随即增强。

（3）贷款承诺适用范围。符合国家有关规定的基本建设或技术改造项目；存在资金缺口，按国家项目审批规定，须由银行对项目资金缺口出具贷款承诺的项目。

2. 票据发行便利

票据发行便利是一种具有法律约束力的中期授信承诺，它是商业银行与借款人之间签订的、在未来一定时期内由银行以承购连续性短期票据的形式，向借款人提供信贷资金的协议。即票据发行便利是银行对票据发行者的一种承诺，如票据发行者未能按计划卖出应发行的票据，银行将负责买下剩余的部分，或以贷款方式予以融通。

票据发行便利业务的交易主体：

（1）组织银行或牵头银行。票据发行便利一般都有一家牵头银行，它是与借款人有密切关系的银行。该行接受借款人的委托，负责组织银团及投标小组，并同借款人商讨协议的各项条款。

（2）循环贷款银行或包销银行。这是指票据发行便利交易中提供部分包销承诺的参加银行，通常由数家甚至十家银行组成。其数量由组织银行（牵头银行）根据具体情况确定，一般都是与组织银行在票据发行便利或辛迪加贷款方面有过良好合作关系的银行。

（3）投标小组。票据发行便利允许组织一个投标小组来拍卖票据。该投标小组由一组指定的商业银行、投资银行、证券代理商及其他需要进行短期投资的大机构投资者组成。投标小组对票据进行投标，可以选择自己认为合适的利率。如果投标与最高利率成本相比没有竞争力，则不会中标，票据由循环贷款银行购买。

（4）票据代理发行机构。该机构是代理发行票据和组织付款的机构。它可能是组织银行，也可能不是。票据发行机构必须尽力使票据以最低成本出售。

（5）担保人。票据发行便利中必须有人为借款人提供担保，以降低银行风险，确保在借款人无力偿还贷款时使银行损失降到最低。

复习思考题

一、单项选择题

1. 商业银行的代收代付业务不包括（　　）。

A. 代发工资　　B. 代理各项公用事业收费

C. 代理财政投资　　D. 代扣住房按揭消费贷款

2. 银行的中间业务也叫收费业务，是指不构成银行表内资产、表内负债的非利息收入的业务。下列关于银行中间业务的说法，错误的是（　　）。

A. 不运用或不直接运用银行的自有资金

B. 不承担或不直接承担市场风险

C. 以收取服务费（手续费、管理费）、赚取价差的方式获得收益

D. 银行作为信用活动的一方参与其中

3. 商业银行利用自身的机构、网络及设备，为企事业单位发放职工工资，属于（　　）。

A. 信托业务　　B. 代理业务　　C. 结算业务　　D. 租赁业务

4. 以下关于贷款担保的说法中，正确的是（　　）

A. 在贷款合同签订时，贷款人无须向银行转移抵押财产占有权

B. 银行对抵押财产无优先受偿权

C. 借款人无须将质押品（如有价证券）移交给银行

D. 若借款人不履行还款责任，由保证人无条件代为履行

二、判断题

1. 开立信贷证明属于商业银行贷款承诺业务。（　　）

2. 现在我国银行开立的信用证业务种类有可撤销信用证和不可撤销信用证。（　　）

3. 狭义的表外业务有担保、贷款承诺和结算业务。（　　）

4. 信用证结算时开证行负第一性付款责任。（　　）

三、简答题

1. 什么是商业银行的中间业务？主要包括哪些类型？

2. 商业银行代理业务的种类及特点有哪些？

3. 商业银行信托必须具备的条件有哪些？可分为哪些种类？

4. 什么是租赁业务？商业银行租赁业务主要有哪些？

参考文献 *References*

[1] 宋羽．商业银行教程——理论与实训[M]．上海：复旦大学出版社，2008.
[2] 郑晓玲．商业银行理论与实务实训[M]．大连：大连理工大学出版社，2009.
[3] 王红梅，王建华．商业银行经营管理[M]．北京：中国人民大学出版社，2009.
[4] 张淑芳，李春．商业银行经营管理[M]．北京：化学工业出版社，2010.
[5] 雷玉华．银行柜员基本技能实训[M]．北京：人民邮电出版社，2011.
[6] 李良，张苏红．商业银行业务与实训[M]．北京：国防工业出版社，2013.
[7] 宋刊．商业银行经营模拟实训[M]．北京：中国人民大学出版社，2012.
[8] 杨开明，宋志秀．商业银行经营管理[M]．北京：经济管理出版社，2010.
[9] 才凤玲．商业银行实务[M]．北京：清华大学出版社，2007.
[10] 中国银行业从业人员资格认证办公室. 个人理财[M]. 北京：中国金融出版社，2010.
[11] 戴国强．商业银行经营学（第 4 版）[M]．北京：高等教育出版社，2014.
[12] 黎贤强．商业银行综合柜台业务[M]．北京：清华大学出版社，2010.
[13] 韩宗英．商业银行经营管理[M]．北京：清华大学出版社，2010.
[14] 李春，曾冬白．商业银行经营管理实务[M]．大连：东北财经大学出版社，2009.
[15] 满玉华．商业银行经营与管理（第 2 版）[M]．大连：大连出版社，2011.
[16] 百度文库网站．http://wenku.baidu.com/.
[17] 建设银行网站．http://www.ccb.com/cn/.
[18] 民生银行网站．http://www.cmbc.com.cn/.

反侵权盗版声明